AF337139

LA
RÉNOVATION SOCIALE
CHRÉTIENNE

CONFÉRENCES DONNÉES A ROME

1897-1900

Par L. DEHON

SUPÉRIEUR DES PRÊTRES DU SACRÉ-CŒUR DE JÉSUS
DOCTEUR EN DROIT ET EN THÉOLOGIE

PARIS
LIBRAIRIE BLOUD & BARRAL
4, RUE MADAME, ET RUE DE RENNES, 59

LA
RÉNOVATION SOCIALE
CHRÉTIENNE

LA
RÉNOVATION SOCIALE

CHRÉTIENNE

CONFÉRENCES DONNÉES A ROME

1897-1900

Par L. DEHON

SUPÉRIEUR DES PRÊTRES DU SACRÉ-CŒUR DE JÉSUS
DOCTEUR EN DROIT ET EN THÉOLOGIE

PARIS

LIBRAIRIE BLOUD & BARRAL

4, RUE MADAME, ET RUE DE RENNES, 59

PRÉFACE

Ces Conférences ont été accueillies à Rome avec une certaine faveur. La presse catholique en a donné des résumés. On nous en demande le texte, le voici.

Nous décrivons la rénovation sociale qui commence.

Nous touchons à la fin d'une hérésie : le paganisme dans la vie sociale et économique. L'erreur aux abois se débat dans les transes du socialisme et de l'anarchie d'un côté, et du conservatisme aveugle de l'autre.

Le Christ a été mis dehors de la vie politique et de la vie économique ; il y veut rentrer avec ses bienfaits, avec le règne de la justice et de la charité.

Les idées préparent les faits. L'idée sociale chrétienne est en pleine voie de conquête. Elle s'est réveillée vers le milieu de ce siècle finissant : Léon XIII a pris la tête du mouvement, il a déterminé la victoire de l'idée. Les faits suivront. L'idée a ses apôtres acharnés. Ils ne reculeront pas plus que les apôtres des premiers temps.

Nous avons voulu donner par ces Conférences notre modeste coup de rame. Puissent-elles éclairer quelques esprits et entraîner quelques volontés !

Le Saint-Père a bien voulu s'y intéresser et nous encourager. Nous les lui dédions comme à un Père tendrement et fermement aimé.

Rome, en la fête du Rosaire, 1900.

LA
RÉNOVATION SOCIALE
CHRÉTIENNE

PREMIÈRE CONFÉRENCE

La crise sociale et économique actuelle en France et en Europe.

Eminences Révérendissimes [1],

L'apôtre saint Paul raconte aux Galates que deux fois il alla à Jérusalem, pour voir Pierre d'abord, et ensuite pour s'entretenir avec ceux qui étaient comme les colonnes de l'Eglise, *qui videbantur aliquid esse,* et cela pour s'assurer de la rectitude de sa doctrine et pour ne pas travailler en vain. Nous autres aussi, prêtres et missionnaires, nous aimons à venir à Rome, pour entendre de plus près les enseignements de Pierre. Mais nous aimons aussi à voir ceux qui sont, avec Pierre, les colonnes de l'Eglise; nous aimons à leur exposer nos doctrines, à recevoir leurs conseils et leurs

---

(1) Les Cardinaux Vincent Vannutelli et Agliardi assistaient à cette conférence avec plusieurs évêques et prélats et un grand nombre d'ecclésiastiques et de laïques.

directions. Aussi c'est avec une profonde gratitude que je vous remercie d'avoir bien voulu prendre part à cette réunion et encourager mon humble apostolat.

I. Durant mon séjour à Rome, j'ai donc cherché à retrouver toute la pensée de Léon XIII, et j'ai été frappé de découvrir dans ses premières encycliques des pages qui renferment tout son programme de réformes.

La vue des dangers que courait la société et des souffrances injustes qu'enduraient les populations ouvrières, devait faire saigner le cœur du Vicaire de Jésus-Christ. Il nous le dit lui-même dans ses lettres apostoliques du 21 avril et du 28 décembre 1878 : il voyait la société se précipiter à sa perte et il était ému du péril extrême que courait la république chrétienne.

Je le vois assis à sa table de travail, ému, les larmes aux yeux, s'écrier comme Notre-Seigneur sur la montagne des béatitudes : « *Misereor super turbam.* » La menace du danger, en même temps que sa pitié pour les faibles, lui dictent son magnifique plan de restauration chrétienne et sociale.

Le désordre est partout, dans les esprits, dans la société, dans la famille, dans le régime économique; mais à chacune des plaies sociales, l'intelligence profonde de Léon XIII saura trouver un remède.

L'étude sérieuse de la philosophie chrétienne est la base de toutes les réformes. L'encyclique *Æterni Patris* lui donnera la direction et l'impulsion dont elle a besoin. Au 10 février 1880, l'encyclique sur le Mariage rétablira les fondements de la famille chrétienne.

Trois encycliques résumeront tout le dogme social en traitant successivement de l'Origine du pouvoir civil, de la Liberté humaine et de la Constitution chrétienne des Etats.

Il ne restera plus à traiter que la question économique. Le Saint-Père s'y préparera longuement, puis il étonnera le monde par sa magnifique encyclique sur la Condition des ouvriers, dans laquelle, après avoir exposé les règles de la justice dans le régime de la propriété, du travail et du crédit, il nous pressera d'agir pour apporter un remède efficace aux maux des travailleurs.

Entre temps, il exhortera en particulier toutes les nations catholiques, il signalera les intrigues des sectes maçonniques, il exhortera les chrétiens à remplir leurs devoirs civiques, il rappellera aux Tertiaires franciscains le rôle social que leurs fraternités peuvent remplir.

Léon XIII n'est-il pas vraiment la sentinelle attentive qui veille sur Jérusalem du haut de ses remparts, et qui signale à propos tous les périls qui menacent la cité sainte ? (Isaïe, LXII.)

Mais il faut reprendre par le détail la description du malaise contemporain qui affligeait notre pontife vénéré.

II. C'est d'abord le désarroi dans les esprits, la crise intellectuelle et religieuse.

La France est envahie par l'indifférence et l'irréligion, la science allemande est livrée au panthéisme et au septicisme, l'Italie a entendu dans ses théâtres chanter l'hymne à Satan.

Nos grandes villes sont devenues en partie païennes. Paris, Berlin, Londres, New-York ont un quart ou un cinquième de leurs habitants qui n'ont pas reçu le baptême.

Au XVIIIe siècle, quand un curé devait renseigner l'intendant sur le chiffre de la population dans sa paroisse, il lui suffisait de compter ses *communiants* au temps pascal, leur chiffre était celui de toute la population adulte et valide.

Aujourd'hui à Paris, sur deux millions d'habitants, cent mille à peu près remplissent le devoir pascal. Sur cent personnes, cela fait cinq communions, dont une d'homme et quatre de femmes !

En province le mal est deux ou trois fois moindre, mais il est encore immense. « La masse rurale, dit un sagace observateur, M. Taine, à l'exemple de la masse urbaine est en voie de devenir païenne. Depuis cent ans la roue tourne en ce sens et cela est grave pour la nation comme pour l'Eglise. »

Les *enterrements civils* sont aussi un des thermomètres de la foi. On en comptait 3.000 par an en 1860 à Paris. En 1880 c'était 10.000. C'est 16.000 aujourd'hui, environ le tiers des morts.

Les lettrés, qui devraient conduire les âmes à Dieu, sont dans l'angoisse du doute.

Jules Simon a dit fort exactement : « Ce siècle a la nostalgie du divin. »

Consultez ceux qui nous ont révélé les souffrances de leur âme. Maine de Biran disait : « J'erre de fête en fête, plein de trouble et d'ennui, comme un galérien dans un bagne. »

Mme de Staël écrivait : « Je suis plongée dans une espèce de désespoir qui me dévore, je ne trouve de plaisir en rien. »

Et George Sand : « L'ennui dévore ma vie, l'ennui me tue. »

Michelet a dit : « Qui ne voit sans les envier ces fidèles qui sortent à flots de l'église, qui reviennent de la table divine rajeunis et moralisés ? Faisons les fiers tant que nous voudrons, philosophes et raisonneurs que nous sommes aujourd'hui... Qui de nous, parmi les agitations du mouvement moderne, entend sans émotion le bruit de ces belles fêtes chrétiennes, la voix touchante des cloches et comme leur doux reproche maternel ? L'esprit reste ferme, mais *l'âme est bien triste...* L'homme de l'avenir, qui n'en tient pas moins de cœur au passé, pose alors la plume et ferme le livre ; il ne peut s'empêcher de dire : Ah ! *que ne suis-je avec eux,* un des leurs, le plus simple, le moindre de ces fidèles ! »

On trouve une foule d'aveux semblables dans Victor Hugo, Sainte-Beuve, Musset et tant d'autres, auxquels un malaise indéfinissable a arraché les plaintes les plus douloureuses.

C'est l'éclatante confirmation de cette parole de saint Augustin : « Vous nous avez faits pour vous, ô mon Dieu, et notre cœur sera dans le trouble et l'agitation jusqu'à ce qu'il repose en vous. »

Malheureusement, aussi longtemps que cette nostalgie du divin ne se manifestera que par une phraséologie vague, par des élans intermittents et sans but, elle sera une source de souffrance plutôt qu'un moyen de relèvement.

III. Le désarroi moral n'est pas moins saisissant que la crise intellectuelle.

Après les maîtres de la littérature, des hommes politiques comme Waldeck-Rousseau et Lefebure, des hommes d'enseignement comme Larroumet et Fouillée s'écrient : « L'état des âmes en France est déplorable. — Plus de ressort ! Plus d'énergie morale ! Plus de généreux enthousiasme ! Partout l'affaissement, le scepticisme, la platitude !... »

« Dans la jeunesse, dit le grand maître de l'Université au concours général, règne une sorte de désenchantement, de pessimisme vague et douloureux, mortel à l'enthousiasme, d'atonie générale caractérisée par la perte de tout idéal et par l'horreur de tout effort. »

« La science positiviste, dit M. Brunetière, nous avait promis qu'elle expliquerait la vie et réglerait la morale. Elle n'a pu ni créer la vie, ni l'expliquer, ni la définir. Comment prétendrait-elle nous servir de guide entre notre commencement qu'elle ignore et notre fin qu'elle ignore de même ? »

En face de l'accroissement constant de la criminalité dans l'enfance, l'*Echo de Paris*, journal ordinairement peu sérieux, a osé dire : « Il a été interdit de parler de Dieu aux enfants, ce qui ne s'était vu à aucune époque chez aucun peuple... On a fabriqué une génération de décadence. Maintenant la peur s'empare des rares personnes qui s'avisent encore de réfléchir. On commence à reconnaître que tout craque, et si les enfants continuent à être élevés de cette manière, nous sommes voués à la plus effroyable dégringolade. »

M. Bourget a écrit : « Nous allons à l'inverse de la grande démocratie américaine, qui favorise la religion et la vie corporative et provinciale. Nous avons tari toutes les sources de la vitalité française. »

M. Fouillée, qui est universitaire, a dit : « N'est-il pas douloureux de penser qu'il a fallu une expérience de plus de quinze années, dont sont peut-être victimes des milliers et des milliers d'individus, pour ramener les esprits à cette vérité élémentaire, qu'en supprimant la religion, on supprimerait un frein moral de premier ordre, et plus encore un ressort moral ; pour reconnaître que ce n'est pas avec des négations qu'on moralise un peuple... ? » (*Les jeunes criminels, l'école et la presse*, par A. Fouillée, de l'Institut.)

En regard de ces aveux, il faut signaler encore le découragement des conservateurs libéraux, l'apathie des catholiques et les inepties du radicalisme.

M. Molinari, dans le *Journal des économistes*, septembre 1893, a écrit cette formule du pessimisme des libéraux découragés : « La classe dirigeante ne sortira pas de l'inaction. Il faut en prendre son parti, laisser faire le socialisme et passer la révolution. »

Quant à l'apathie de la plupart des conservateurs catholiques, elle est, hélas ! trop manifeste. Tout travail à longue échéance, exigeant organisation, discipline, labeur ingrat, efforts soutenus, les rebute. Chez les uns, c'est une sécurité irréfléchie ; chez d'autres, la prudence humaine ou la timidité ; chez la plupart, le manque de ressort et d'énergie. Ils préfèrent attendre, en gémissant ou en discourant... un sauveur qui fera toute la besogne.

Chez les meilleurs, chez ceux qui doivent enseigner les autres, n'y a-t-il pas eu aussi jusqu'à présent, grâce à un reste de doctrine gallicane, un manque de civisme et un enseignement incomplet ?

Enfin, il faut signaler, en se retenant de rire, l'utopie des doctrinaires radicaux. Ils s'aperçoivent bien que la guerre au catholicisme a détruit le ressort moral et laissé le peuple sans frein, mais ils ont un remède tout prêt. Ils ont proposé au Sénat, par l'organe de M. Lavertujon, la fondation à la Sorbonne d'un cours de morale normale. Cette chaire nouvelle donnera un catéchisme à la France et la situation sera sauvée !

IV. Le malaise politique n'est pas moins inquié-tant. Il faut le considérer soit dans les rapports internationaux, soit dans la vie sociale.

Le droit des gens est oublié, il a fait place à l'intrigue et à la force.

La politique extérieure n'est pas seulement athée, c'est-à-dire dominée par les passions et les convoi-tises, mais, dans la plupart des Etats, elle est nette-ment antireligieuse et sectaire.

Aucun principe supérieur et commun de justice ne préside plus à la politique étrangère des grandes puissances. Elles ne prennent conseil que de leurs intérêts et de leurs appétits, et si une paix plus ou moins précaire se maintient au milieu de ces com-pétitions, c'est tout simplement parce qu'elle résulte de l'équilibre et de la mutuelle neutralisation des convoitises.

Tel est désormais le pivot du droit international. Personne n'oserait, de bonne foi, le contester ; mais ce fait, par son évidence même, donne la juste notion et l'exacte mesure d'un *progrès* dont nous sommes décidément trop fiers.

A la vue des massacres d'Arménie tolérés par l'Europe, le cardinal Manning a eu raison de dire : « L'abandon des causes justes est la caractéristique de la politique contemporaine. » Gladstone a dit avec justesse : « Le fardeau de la honte retombe dans la question arménienne sur les six grandes puissances ! »

N'en est-il pas de même pour les massacres de la Crète ?

Nous n'étions certes pas de grands chrétiens dans la première moitié de ce siècle, et pourtant quand la voix des opprimés arrivait jusqu'à l'Occident, elle trouvait toujours de l'écho. On partait, d'abord individuellement, aujourd'hui en Grèce, demain au Liban, et la politique était bien obligée de suivre le mouvement. Depuis deux ans le sang chrétien coule à flots en Arménie, et l'Europe dort en paix. Les Souverains attendent l'heure propice pour avoir part à la curée.

La politique intérieure n'est ni plus rationnelle ni plus chrétienne. On a oublié le but même de l'Etat, le *bien commun*. L'ambition, la spéculation et la concussion dominent manifestement toute la vie politique.

De là une instabilité absurde. Les combinaisons engagées pour la chasse aux portefeuilles renversent trois ministères par an.

De là aussi une stérilité désolante : les lois pratiques cèdent le pas aux querelles des politiciens. Les parlements se succèdent et ne produisent presque rien d'utile.

Les représentants de la nation vendent leurs votes et profitent de leur passage aux affaires pour faire fortune. On se croirait aux beaux temps de l'ancienne Rome décrits par Tacite. On trouve moyen de couvrir tout cela ensuite par des artifices de procédure, en invoquant la prescription ou en détruisant les dossiers.

La dette est énorme, le déficit est de règle, l'amortissement ne se fait pas. Ainsi font les particuliers, quand ils veulent aboutir à la banqueroute.

Une secte est depuis vingt ans au pouvoir. La franc-maçonnerie règne et les lois se préparent au Grand-Orient.

Les Juifs tiennent la franc-maçonnerie dans leurs mains. Ils sont à sa tête avec Lemmi et Nathan. Ils font l'opinion par la presse et ils en imposent aux ministères par leur influence à la Bourse. Ils sont les rois du monde.

Aussi la persécution religieuse inspire les lois et l'administration. Nous avons un Kulturkampf, une oppression systématique, comme en Allemagne et en Italie. De là les lois militaire et scolaire, le décret sur les fabriques, la loi d'abonnement, la laïcisation des cimetières et des hôpitaux, la suppression des processions.

Et tout cela au nom de la liberté et de l'égalité !

Léon XIII n'a-t-il pas raison de nous dire qu'il est temps pour les catholiques de se ceindre les reins et d'engager la lutte ? *Accingendum ad suas quisque partes et maturrime quidem.* (Encyc. *Rerum novarum.*)

V. La *famille,* qui est la base de la société, est désagrégée par la loi.

Nous avons *le divorce.* Il règne dans presque toute l'Europe. En France, c'est 50.000 familles qu'il a détruites en 10 ans. La moyenne annuelle est montée peu à peu de 2.000 à 6.000 ; où s'arrêtera-t-elle ? Cela nous donne déjà 100.000 enfants scandalisés, ballottés et jetés en dehors des conditions normales de l'éducation.

Le divorce n'atteint qu'une famille sur 577 en Angleterre, une sur 450 en Russie. En Autriche, c'est une sur 169 ; en France, une sur 62, hélas ! en

Danemark, une sur 36 ; à Berlin, une sur 17 ! En Suisse, dans les cantons catholiques, en moyenne une sur 142 ; dans les cantons protestants, une sur 19 !

La *diminution de la natalité* est effrayante en France, elle est d'ailleurs universelle en Europe depuis vingt ans. Elle a partout la même cause, l'égoïsme, le calcul, l'immoralité. En France, il y a deux millions de familles sans enfants et deux autres millions qui n'ont qu'un enfant.

Les *enfants illégitimes* sont toujours plus nombreux. On en compte 18.000 par an à Paris, plus du quart des naissances. A Bruxelles, c'est 38 0/0, à Liège 33, à Anvers 22. A Londres, c'est le quart de la population et à Berlin près du tiers.

Les *enfants abandonnés* sont nombreux partout. Paris en compte 50.000 dans ses asiles.

Telle est la famille que nous a donnée l'essai de société sans Dieu.

VI. La *crise morale* est telle qu'elle arrache des larmes aux observateurs sérieux.

C'est d'abord la *licence de la presse*. Par le livre et le journal, tout ce qui est respectable est chaque jour vilipendé. La pudeur est blessée impunément. Les romans les plus libres se tirent à Paris à 150.000 exemplaires. Les théâtres et l'art contemporain seront bientôt, pour la hardiesse du décolleté, au niveau des mœurs de Pompeï.

Et la *licence des rues !* Il faut que le mal soit bien grand de ce côté-là pour qu'une ligue, peu suspecte de pruderie et de cléricalisme, se soit formée en vue d'y porter remède.

Un congrès s'est tenu, où l'on a entendu M. Jules

Simon, M. Gréard, M. Mézières, tous trois de l'Académie, et M. Frédéric Passy, de l'Institut. Ils protestent contre les provocations auxquelles se livre la prostitution dans les rues et contre la diffusion des livres et des dessins scandaleux.

Soixante Conseils généraux ont adhéré à cette ligue. Il faut pour cela que le mal soit bien inquiétant ! Et en effet à Paris seulement la police arrête chaque année quelques milliers de garçons et de jeunes filles au-dessous de seize ans pour faits immoraux. Les autres grandes villes d'Europe ne sont pas moins malades. Berlin compte, d'après ses rapports officiels, 50.000 personnes vouées à la prostitution.

La *criminalité* va toujours en croissant. Les faits poursuivis comme crimes et délits étaient en France au nombre de 167.000 en 1880. Ils se sont élevés à 700.000 en 1892.

La *criminalité dans l'enfance* s'accroît avec une rapidité effrayante : 16.000 faits ont été poursuivis en 1882 et 41.000 en 1892, dont près de la moitié concernaient les mœurs. Depuis 1891, l'accroissement est de 1.800 à 2.000 par an. C'est le fruit de l'éducation sans Dieu.

En Italie, un rapport du procureur général de Bologne en 1896 nous révélait que l'Italie a 200.000 détenus : soit 25.000 galériens, 90.000 prisonniers et 60.000 enfants en maisons de correction !

Le même rapport constatait qu'on en est arrivé à avoir, en Italie, 4.000 morts violentes par an, 70.000 blessés dans les rixes privées et 100.000 condamnés pour vol.

Le nombre des *suicides* a quadruplé depuis 1830. Il était alors de de 1 par 18.000 habitants pour chaque année. En 1835, il s'élève à 1 par 15.000 habitants ; en 1860, 1 par 8.000 ; en 1880, 1 par 6.000 ; en 1890, 1 par 4.500.

On compte 7.500 suicides en France en 1884, et 9.000 dont 2.000 femmes en 1892.

Les *suicides d'enfants* sont montés de 140 à 460 en dix ans. Ils remplissent aujourd'hui les chroniques des journaux. Écoliers, lycéens, apprentis figurent chaque jour aux faits divers sous cette rubrique qui fait frémir : suicides d'enfants.

Le *vagabondage* a vu ses clients monter de 1.000 à 3.300 en dix ans. Les vols commis par les enfants se sont élevés de 5.000 à 15.000. Chaque année de 1.000 à 1.200 enfants sont enfermés dans les maisons de correction, et le rapport officiel constate que 11 0/0 sortent des écoles congréganistes et 89 0/0 des écoles sans Dieu.

L'*alcoolisme* est aussi un fléau de notre temps. En 1870, on consommait en France 600.000 hectolitres d'alcool, soit 1 litre 1/2 par habitant. En 1890, c'est 1.700.000 hectolitres, soit 4 litres 1/2 par habitant. Et quel alcool ! C'est à peine si en 1885 il a été livré à la consommation 23.000 hectolitres d'alcool de vin. La plupart des alcools fabriqués, surtout à l'état de rectification imparfaite, contiennent des poisons dangereux.

En 1885, on buvait à Paris 57.000 hectolitres d'absinthe. En 1892, on en a bu 130.000. On est aujourd'hui à 160.000. L'accroissement en ces dernières années est de 20.000 hectolitres par an.

De là une infinité de malades, de dévoyés, de désespérés, de criminels, d'aliénés, d'êtres maladifs, névrosés, rachitiques ; de là tant d'orphelins sans patrimoine et tant de veuves sans ressources.

Et qui dit cela ? Sont-ce des prédicateurs moroses ? Non, ce sont les autorités compétentes les moins suspectes de pruderie.

C'est l'Assistance publique de Paris, qui va construire des asiles spéciaux pour les aliénés alcooliques.

C'est l'Académie de Médecine, qui s'inquiète d'un mal nouveau, l'*absinthisme*. Elle y voit un danger qui menace le pays. Elle déclare que sur vingt malades admis dans les services hospitaliers de Paris, il y a dix cas d'intoxication ou d'empoisonnement, cinq par l'alcool et cinq par l'absinthe ou les liqueurs analogues. (Rapport du Dr Lancereaux.)

C'est encore le Directeur général des contributions indirectes (M. Catusse), qui a fourni à l'Académie de Médecine les statistiques citées plus haut.

L'absinthe et l'alcool ne sont pas seulement la ruine de la santé, c'est la ruine des économies, du travail, de la richesse, de la population. C'est la ruine de la nation.

L'abus de l'alcool désagrège les familles, transmet les mêmes tendances aux descendants, et conduit les familles au rachitisme et à la destruction.

La Belgique est particulièrement atteinte par ce fléau. Elle a 195.000 débits de boissons, soit 1 par 37 habitants. La Hollande n'en a que 2 par 150 habitants et l'Angleterre 1 par 430.

L'Angleterre compte 10 millions d'abstenants. En Belgique, la consommation était de 3 litres d'alcool par an et par habitant il y a quarante ans ; maintenant elle est de 15 litres.

Les Etats scandinaves ont réduit au contraire leur consommation de 13 litres à 3 litres depuis vingt ans.

Passons maintenant aux *relations sociales*. Depuis qu'on a mis Dieu de côté, l'égoïsme et la convoitise règnent à sa place. Posséder et jouir sont devenus le but de la vie. Le devoir est oublié. La patience n'est plus inspirée par la foi.

Nous ne blâmons pas la richesse justement acquise. Elle est un droit absolu. Nous la voudrions au contraire plus universellement répandue.

Mais nous considérons comme autant de malaises sociaux, qui mettent la nation en péril, la spéculation, la fausse économie sociale et les trafics immoraux dans les rangs élevés de la société, comme la révolte anarchiste et les utopies socialistes dans les rangs inférieurs.

La *spéculation* ! L'Ecriture Sainte nous dit : « Celui qui ne travaille pas ne mérite pas de manger. » (Ep. II aux Thessal.) Spéculer, est-ce travailler ? Enlever à l'épargne ses réserves par les coups de bourse, les fausses nouvelles, les réclames mensongères, le charlatanisme financier et la fondation de sociétés véreuses, est-ce là travailler ? Non, c'est le vol en grand et le jeu dans ce qu'il a de plus immoral. Et c'est là le métier de toute une population qui vit autour de la Bourse.

La *fausse économie sociale :* c'est ce qu'on appelle encore l'économie libérale. Elle consiste à faire de la richesse la fin de l'homme et de la vie une lutte sans merci. Elle prend le travailleur pour un instrument de production; elle estime son salaire au cours du jour, selon la loi de l'offre et de la demande. C'est une doctrine qui dégrade l'homme et qui fait de la société une arène où le fort écrase le faible.

Les *trafics immoraux :* hélas ! tout a été mis à

l'encan dans ces dernières années, les décorations, les votes à la Chambre, les protections administratives. Chaque jour des scandales nouveaux se découvrent dans les grandes affaires et dans la vie publique. Ils ont leurs rubriques dans les journaux. Des personnes élevées s'y trouvent compromises. Les affaires Wilson, celles de Panama et des banques italiennes ne sont qu'un spécimen entre vingt autres. C'est au point qu'on s'est demandé en France s'il ne valait pas mieux, pour l'honneur de la nation, cacher le mal que le châtier.

Après les plaies d'en haut, voyons celles d'en bas. Constatons d'abord une immense *misère* qui est très souvent imméritée. Additionnez les enfants qui meurent d'atrepsie (1), les suicides causés par la misère, avec tous les êtres faibles et languissants qui s'éteignent dans les galetas par défaut d'air, d'hygiène et de nourriture, et vous reconnaîtrez qu'il meurt en France 100.000 individus par an de misère et d'inanition.

Le budget de l'Assistance Publique à Paris doit subvenir aux besoins de 50.000 enfants assistés. Il secourt 400.000 pauvres à domicile, il en entretient 150.000 dans les hospices et hôpitaux.

Sans doute, il y aura toujours des pauvres, mais au sein d'une civilisation brillante, l'existence de classes entières manquant habituellement des moyens suffisants pour subsister, est un état contre nature, engendré par l'économie libérale et par les principes sociaux de la renaissance païenne.

La terre est assez riche pour nourrir ses habitants. Il n'est pas un homme de bon sens qui puisse

____

(1) 5.000 par an à Paris seulement.

croire que la misère du grand nombre soit une loi de la nature.

Ajoutons à ce tableau de la misère sociale le nombre constant des *aliénés*. Ils étaient 11.500 en 1835 dans nos hospices et 38.000 en 1892. Les aliénés par l'alcool étaient au nombre de 300 en 1860, ils se sont élevés à 3.386 en 1892.

L'affaiblissement de la race est une conséquence de la misère. On comptait 21 0/0 d'exemptés à la revision militaire en 1831 ; on en compte 32 0/0 en 1892 et cependant on est moins exigeant.

Les vagabonds et les mendiants vont se multipliant rapidement. La population indigente à Paris a augmenté de 17 0/0 de 1887 à 1891. Sur 119.000 inculpés devant les tribunaux à Paris en 1888, il y avait 33.000 vagabonds. On compte à Paris 8.000 individus sans feu ni lieu, qui couchent sous les ponts, dans les carrières et dans les asiles de nuit. Et quand on offre la soupe aux mendiants dans les journées d'hiver, on distribue 70.000 soupes par jour.

A Rome, ne dit-on pas que les impôts sont recouvrés avec peine, qu'il y a 60.000 contribuables en retard et que le fisc est obligé d'intenter un millier de procès et d'opérer 600 saisies par an ?

La misère s'étend à plusieurs provinces de l'Italie. On dit qu'à Palerme, où la population est de 250.000 âmes, le nombre des sans-travail dépasse 50.000.

Faut-il s'étonner après cela de constater dans le peuple des *ferments de révolte* et des sympathies pour les utopies socialistes ?

On aimerait à lui voir une patience héroïque, mais la foi seule inspire cette patience, quand les vertus qu'elle enseigne, la justice, le travail, la tempérance n'ont pas conjuré le mal. Mais cette fois, la société contemporaine l'a ravie au peuple.

VII. Après le désordre moral, il faut dépeindre le *désordre économique*.

Dans l'industrie, les conflits entre ouvriers et patrons se sont multipliés. Les grèves ne se comptent plus. Les devoirs du patronat ont été généralement abandonnés. Ils sont rares les patrons qui savent, comme M. Harmel, gagner l'affection de leurs ouvriers par une justice exacte et une charité surabondante (1).

La mauvaise organisation de l'industrie moderne a détruit le foyer. Dans les grandes villes, 50 0/0 de nos familles ouvrières n'ont pour logis qu'une seule chambrette de 15 à 20 mètres cubes d'air, alors qu'il en faudrait 45 à 50 par personne. Une enquête faite à Lille l'a constaté. C'est dans cette atmosphère corrompue que nos braves ouvriers passent les nuits, après avoir respiré tout le jour l'air empesté de la fabrique.

Rien de plus navrant que ces misérables mansardes. Regardez le lit, c'est un grabat couvert de haillons infects ; allez à la huche, elle est vide ; demandez le livret de caisse d'épargne, il n'y en a pas.

La femme de l'ouvrier ne peut plus remplir ses devoirs de mère de famille. Pour gagner le pain qui doit faire vivre les enfants, le travail du père ne suffit plus, la mère doit l'accompagner à l'usine. On a constaté en Allemagne que 120.000 femmes vont ainsi user leurs forces à ce travail contre

____

(1) M. Harmel était présent à la conférence. Il a été chaudement applaudi.

nature. Que deviennent leurs 400.000 enfants? Ils ont pour éducateurs les camarades de la rue.

Le développement de la grande industrie s'est fait sans règle ni contrepoids. Le capital anonyme domine les travailleurs et les tient dans une condition presque servile. Privés de leur dimanche, beaucoup deviennent comme des bêtes de somme.

La surproduction amène des crises successives. L'ouvrier a perdu le goût de l'épargne. Dans la période du chômage il s'endette. Les mécontents s'organisent nécessairement en une armée de défense.

Le travail des machines a tué les industries du foyer. De là est né le sinistre chant de la *Chemise,* composé par Hood en Angleterre, sous l'impression de la baisse des salaires amenée par les machines à coudre et de l'affreuse misère qui en résulta tout d'abord pour les femmes dont l'unique ressource était l'aiguille.

VIII. La *crise agricole* n'est pas moins intense que la crise industrielle.

Les campagnes sont désertées. En 1886, en France, 59 départements voyaient encore croître leur population; en 1891, c'est 38 seulement; en 1896, 24 seulement. Dix départements agricoles perdent plus de 10.000 habitants. La perte des campagnes est de 300.000 habitants en 4 ou 5 ans au profit des villes. La proportion de la population rurale était encore de 76 0/0 en 1886; elle est tombée à 64 0/0 en 1891, à 60 0/0 en 1896.

On ne peut pas s'imaginer tout ce que disent ces chiffres. Le village natal avec son clocher et son horizon, gracieux ou austère, mais toujours aimé, n'est-ce pas la patrie? Au pays natal se rattachent les traditions, les souvenirs, les exemples des an-cêtres. Il faut quitter tout cela pour aller chercher du travail entre les murs enfumés de l'usine et du bureau, et l'on s'étonne que l'amour de la patrie se perde.

La terre a trop d'impôts, de charges, de droits d'enregistrement et de succession. Il semble que la loi ait tout fait pour détruire la petite propriété, ce qui revient à détruire la patrie. L'impôt foncier en France équivaut à 27 0/0 du revenu. La propriété industrielle ne paie que 7 0/0 et la propriété mobi-lière 8 0/0. Et les produits agricoles ont baissé de 25 0/0 depuis 15 ans.

Aussi l'endettement du sol va toujours croissant. Il est en France de 18 milliards environ.

La dette hypothécaire, dit Claudio Jannet, équi-vaut à 13 0/0 de la valeur des propriétés foncières en France en 1886; elle est de 20 0/0 en Italie, de 25 en Autriche, de 40 en Irlande.

De là une émigration énorme, douloureuse pour les familles et périlleuse pour la religion.

Quatre millions d'hommes ont quitté l'Europe en 10 ans. L'Italie envoie 100.000 émigrants par an en Amérique et l'Allemagne 200.000.

IX. Signalons enfin le *péril économique et socia-liste.*

Le malaise économique dont nous souffrons ne va-t-il pas s'accroître encore ? L'Europe et les Etats-Unis ont pressuré les pays d'exportation depuis un demi-siècle en exigeant le paiement en or. Une ré-action se prépare. Les pays à monnaie d'argent, notamment l'Inde, la Chine et le Japon, se couvrent d'usines ; et comme le salaire y est à un prix infime, ces pays nous enverront bientôt leurs produits à bas prix et ils ruineront notre industrie. C'est déjà commencé. En 1880, les exportations de l'Europe surpassaient encore les importations. En 1894, les importations des trois grands Etats commerciaux, l'Angleterre, l'Allemagne et la France, surpassent de 5 milliards les exportations. En 1895, la différence est de plus de 6 milliards. L'ouvrier indien se contente en effet d'un salaire de 10 à 15 centimes, l'ouvrier chinois vit avec 40 centimes.

Le blé des Indes nous arrive au prix de 10 francs et le nôtre coûte 20 francs à produire. La soie travaillée en France était encore produite par la France dans la proportion de 35 0/0 en 1872; en 1892, la proportion est de 1 0/0. Le développement industriel du Japon est prodigieux. Ce pays compte déjà 4.500 sociétés industrielles et 27 compagnies de chemins de fer. Il fabrique presque tous nos produits européens et peut nous les vendre à des prix minimes.

Ces questions de commerce et d'industrie deviennent des questions sociales, des questions qui intéressent au plus haut point le sort de la patrie et de la religion.

Le péril socialiste est plus menaçant aussi que beaucoup ne le croient. Partout les groupes socialistes progressent, en Allemagne, en Belgique, en France, en Italie. On ne comptait que 30.000 voix socialistes aux élections de 1885 en France. Il y en avait déjà 176.000 en 1889 et 600.000 en 1893. Ces groupes ont une organisation puissante. Ils agissent sans relâche et leur propagande gagne les campagnes.

Leur idéal, vous le connaissez, c'est cette vaste machine collectiviste qui fera de la terre un bagne, des citoyens autant d'esclaves travaillant sous la baguette de surveillants, et de la liberté un souvenir. Quand le dieu Etat nous aura fait ce nivellement, nous serons tous égaux, ce sera l'égalité dans l'abjection.

Ne vous y trompez pas, la servitude ne fait plus peur au peuple. Il consentira à se laisser enrégimenter dans les ateliers nationaux, parce qu'à défaut de sa liberté, il aura du moins deux repas par jour, tandis qu'aujourd'hui il souffre souvent de la faim. Mais, pire que le loup de la fable, il acceptera la chaîne qu'on lui offre pour avoir sa place au râtelier.

X. *Conclusion.* A l'œuvre donc ! En face de la détresse actuelle, pour les hommes sans foi, sans vaillance, sans générosité, il ne reste que le découragement, le pessimisme ; pour les vaillants, les nobles cœurs, les apôtres, c'est l'action qui s'impose.

Quand un navire est en détresse en vue du port, le témoin timide et faible prie, pleure, se lamente ; le vaillant, sans qu'il s'en glorifie, va à la mer, au sauvetage, et cela lui est comme tout naturel.

Allons au sauvetage de la société en détresse, par les œuvres, par les revendications légales. Mais n'oublions pas que le pilote sauveur, c'est Pierre. C'est lui qu'il faut écouter, c'est lui qu'il faut suivre, c'est lui qui indique le chemin du salut.

Au bord du lac de Tibériade, Jésus vit deux barques devant lui, *vidit duas naves*, mais c'est sur celle de Pierre qu'il monta, *ascendens autem in unam navim quæ erat Petri;* c'est de la barque de

Pierre qu'il exhorta la foule, c'est de cette barque que doit sortir la vérité.

Et quand il eut fini de parler, Jésus dit à Pierre : « Conduis-nous vers la haute mer : *Duc in altum* », et il dit aux autres apôtres : « Et vous, jetez vos filets pour prendre du poisson : *et laxate retia vestra in capturam.* » C'est Pierre qui conduit la barque, guidé par Jésus, et les autres jettent le filet là où Pierre les conduit. Admirable symbole ! Pierre aujourd'hui nous conduit vers la haute mer de la démocratie chrétienne. Laissons-nous conduire, jetons le filet et nous ferons une bonne pêche : *et laxate retia vestra in capturam.*

DEUXIÈME CONFÉRENCE

**Les vraies causes et les remèdes du malaise
contemporain.**

Messeigneurs, Messieurs,

Nous avons dépeint, avec le malaise économique
actuel, l'immense désordre moral au milieu duquel
nous vivons et qui nous acheminerait à la ruine de
la société, si l'on n'y portait remède.

Dans la famille, dans les mœurs, dans les relations sociales règne une désorganisation croissante,
qui nous conduit par l'anarchie morale à l'anarchie
sociale.

Mais quelles sont les véritables causes du malaise
social actuel sous ses divers aspects, et quels remèdes y faut-il apporter ? C'est ce qu'il faut étudier
aujourd'hui.

Plusieurs écoles expliquent le mal par des causes
fausses ou incomplètes et proposent des remèdes
insuffisants.

Léon XIII seul a signalé les vraies causes de la
décadence et du péril modernes, et il a indiqué les
seuls remèdes efficaces.

I. Les socialistes ont une solution fort simple :
« C'est, disent-ils, le capital qui est la cause de tout

le mal. C'est lui qui opprime les travailleurs et qui suscite la lutte des classes. Il faut le détruire avec tout ce qui le favorise, avec les aristocraties qui en profitent et les clergés qui le justifient. » Tel est le fond de tous leurs raisonnements.

Leur erreur est facile à discerner. Ce n'est pas le capital qui est coupable. C'est l'abus du capital qui est un des fauteurs du désordre.

Qu'est-ce en effet que le capital? C'est l'épargne accumulée et gardée en réserve ou employée pour obtenir de nouveaux produits. Le capital n'est pas plus injuste que l'épargne ni que la propriété. Comme eux il est le fruit de la prudence. Il dérive du droit naturel qu'a chacun de vivre et de faire vivre les siens.

Jamais l'Eglise n'a réprouvé le capital. Aux siècles chrétiens, on l'a souvent employé à des fondations pieuses ou à des travaux publics, mais on le faisait valoir aussi par soi-même ou en sociétés dans des travaux agricoles ou des entreprises commerciales et industrielles.

Si le capital est souvent aujourd'hui un instrument d'oppression et d'usure, ce sont ses abus qu'il faut combattre et non pas son emploi légitime.

II. Les anarchistes accusent l'Etat de tout le mal. Les uns veulent supprimer toute organisation sociale; les autres, sous le nom de communistes, accepteraient la commune tout en supprimant l'Etat. « L'Etat, disent-ils, écrase les populations d'impôts ; l'Etat demande le service des armes, qui est la plus dure des servitudes; l'Etat opprime, entrave, torture les populations par toutes les exigences d'une administration tracassière. Supprimons l'Etat, et il n'y aura plus de guerres, plus d'employés parasites et gênants ; les communes vivront en bonnes voisines et toute la terre prospérera dans la paix universelle. »

Est-il besoin de dire que ce n'est là qu'une illusion d'enfants et qu'un rêve de Robinson ? L'homme est fait pour la vie sociale. Sans l'Etat, il n'y aura ni paix intérieure, ni sécurité extérieure, ni travaux publics, ni commerce, ni grandes entreprises, ni développement artistique et littéraire. Familles et communes seraient impuissantes pour les grands travaux et se feraient la guerre autant et plus que ne font les Etats.

Si les impôts sont trop lourds ou mal distribués, il faut les réformer ; on ne peut pas les supprimer. Si le service militaire est exagéré, il n'y a de remède que dans les conventions internationales et surtout dans l'organisation de la chrétienté sous la présidence du Pape. Si l'administration a des rouages inutiles, il la faut simplifier.

III. Nous avons ensuite des moralistes étroits et grondeurs qui mettent tout le mal à la charge des travailleurs. « Si les ouvriers souffrent, c'est leur faute. Ils sont gourmands et ivrognes. Ils consomment trop d'alcool, ils se nourrissent mieux que leurs maîtres, ils habillent leurs filles comme des princesses, etc. »

Qu'il y ait des abus de ce genre-là, nous ne le nions pas. Mais la classe bourgeoise observe-t-elle toutes les règles de la tempérance et de la modestie, et peut-elle bien jeter la première pierre à l'ouvrier ? N'a-t-elle pas ses parties fines, ses appartements babyloniens, ses hippodromes, ses théâtres et le reste? L'exemple du luxe et du plaisir n'est-il pas venu d'en haut?

Et puis certains excès de l'ouvrier ne sont-ils pas plutôt un effet qu'une cause? Notre organisation industrielle a déraciné l'ouvrier de son foyer d'autrefois. Il est instable, il vit au jour le jour dans l'étroit et infect logement des villes industrielles; n'ayant plus la maisonnette aimée où se passa son enfance, ni le jardin cultivé de ses mains, il va chercher consolation à l'estaminet. Est-ce lui qui est cause de ce désordre? N'est-ce pas plutôt la société où il vit?

IV. Nous avons aussi des économistes à courte vue qui mettent en avant des causes fausses ou incomplètes. Ils en sont toujours à regretter le développement du machinisme et reprochent aux ouvriers d'avoir abandonné les campagnes.

Les machines sont bien innocentes de tout le mal. La Providence nous les a données pour soulager l'ouvrier et non pour l'écraser. Dans une société mieux organisée, les machines n'auraient servi qu'à procurer à l'ouvrier un travail plus facile, plus court et mieux rétribué. Il fallait pour cela que la loi et les règlements corporatifs missent obstacle à tous les abus de l'industrialisme moderne : concurrence effrénée, journées trop longues, travail des enfants, etc.

Quant à l'abandon des campagnes, c'est plutôt aussi un effet qu'une cause de la désorganisation économique. Si vous voulez que l'ouvrier reste à la campagne, rendez-lui d'abord la campagne attrayante. Réformez les lois de succession, d'enregistrement et d'impôts, qui détruisent les petits domaines. Protégez la culture autant que c'est nécessaire. Vous n'empêcherez pas quand même une certaine désertion des campagnes, parce que les machines agricoles y font concurrence aux bras humains et parce que les petites industries du foyer, filage, tissage et le reste, ne sont plus là pour suppléer aux chômages de la culture.

Mais ce que vous avez oublié de faire, c'était de rendre à l'ouvrier une maison et un jardin à la ville, comme on l'a fait à Mulhouse, pour lui conserver l'alliance si saine et si naturelle à l'homme avec la propriété et la terre.

V. L'école économique dite libérale ne reconnaît au malaise actuel que des causes naturelles. L'abondante production des pays nouveaux et le développement de l'industrie ont jeté le trouble dans les marchés. Il n'y aurait d'ailleurs qu'à laisser faire et à patienter, les pays favorisés recevraient bientôt un surcroît de population et l'équilibre se produirait spontanément.

Il y a là encore une illusion. Non, les causes naturelles ne sont pas tout, et le laisser-faire n'est pas le remède à tout le mal. Laissez la concurrence se produire sans aucune règle et les puissants opprimeront les faibles sur toute la ligne. Les producteurs, pressés par la nécessité et par l'appât du gain, exploiteront l'ouvrier et lui demanderont la plus grande somme de travail possible pour le salaire le plus minime. Les régions avantagées écraseront les autres sans leur laisser même le temps de se retourner.

Dans la vie économique, de la liberté naît l'oppression, de l'organisation naît la liberté.

VI. Les conservateurs, et même les catholiques avant l'Encyclique, n'avaient pas non plus reconnu toutes les causes du mal. La classe dirigeante s'en prenait à elle-même et croyait qu'avec plus de charité, elle aurait empêché tout le mal. C'était un acte d'humilité fort louable et une preuve manifeste de bonne volonté.

L'école de M. le Play voulait raviver les coutumes fécondes du patronat. C'est bien, mais ce n'est pas tout. Il n'y a pas que le patronat qui ait dégénéré. Et l'Etat ? et les associations ?

Angers était un centre de vie catholique sous l'impulsion de son évêque. Il y avait là un groupe d'hommes d'études et d'hommes d'œuvres qui voyait aussi le salut dans le patronat. « La liberté du travail, disait Mgr Freppel en 1890, la liberté de l'association entre patrons et ouvriers, la liberté pour les œuvres ouvrières... c'est dans cet ordre d'idées que nous chercherions plus volontiers la solution du problème, sans recourir aux formules décevantes et dangereuses du socialisme d'Etat. »

Le dévouement, la charité, le patronage chrétien devaient suffire à tout.

Le groupe des patrons chrétiens du Nord était du même avis.

Des économistes chrétiens, Périn, Claudio Jannet, Hubert-Valleroux, d'Haussonville et plus tard Théry et Rambaud écrivaient dans le même sens.

L'Œuvre des Cercles avait aussi une vive répugnance pour l'action de l'Etat et pour l'initiative ouvrière. Elle essayait de raviver le patronat et elle proposait les corporations, sans toutefois en définir l'organisme. C'était encore bien incomplet comme étude des causes du mal et des remèdes à y apporter.

La *Revue catholique des institutions et du droit*, comme l'école d'Angers, croyait que la charité patronale serait une panacée universelle.

« Les devoirs attribués au patron, disait-elle en 1890, ne correspondent pas à des droits chez l'ouvrier. Les avantages destinés aux classes populaires leur sont dispensés par les classes dirigeantes à titre de don gratuit et volontaire, par obéissance aux prescriptions de la charité, non à cause d'une obligation de justice. » Combien cela est incomplet et insuffisant !

Aux réunions des Propriétaires chrétiens, le comte Yvert disait : « Nous avons de grands et nobles devoirs à remplir ; là est la question sociale, là est aussi notre salut. »

Toutes ces écoles redoutaient l'action de l'Etat et l'initiative propre de l'ouvrier.

VII. C'est alors qu'est venue l'Encyclique. Léon XIII a fait la synthèse de cette vaste question. Il a reconnu ce que les diverses écoles pouvaient avoir d'exact et de sensé et il a indiqué la solution intégrale du problème avec les véritables causes du mal et les remèdes.

Il y a d'abord des causes naturelles et providentielles. Léon XIII y fait allusion en quelques mots dès le début de l'Encyclique : *Nova industriæ incrementa, novisque euntes itineribus artes*, l'industrie s'est développée et les découvertes modernes ont changé les conditions du travail.

La marine à vapeur a rapproché l'Amérique et l'Australie de l'Europe. De là l'invasion de nos marchés par les céréales de ces pays où l'on trouve un sol vierge sans prix et sans impôts, où les machines agricoles se jouent dans de magnifiques plaines.

Contre cette concurrence et celle de l'Inde, de la Hongrie et de la Crimée, la protection des lois est ordinairement insuffisante et toujours combattue par les consommateurs.

Signalons en passant l'épreuve de nos vignobles, dans laquelle la Providence est seule en cause. Le phylloxera avait diminué notre production de vin de 50 millions d'hectolitres par an : cela faisait un milliard et demi d'hectolitres ou 50 milliards de francs perdus en trente ans.

C'est la facilité des transports qui a ruiné nos marchés de soie de Lyon et de Milan au profit de ceux de l'Inde, de la Chine et du Japon.

Pour ce qui est de l'industrie, les pays qui étaient tributaires de l'Europe et de l'Amérique arrivent à se passer des produits européens et même à leur faire une concurrence désastreuse.

L'Australie a pris un grand développement industriel. La Russie organise rapidement son outillage. Les Indes produisent déjà des tissus à meilleur marché qu'on ne peut le faire à Manchester et à Lancastre.

Au Japon, l'industrie textile s'est accrue en quelques années d'une manière prodigieuse. Le bon marché de ses produits forcera bientôt l'industrie de nos pays à plier bagage. L'importation du coton brut au Japon, qui n'était en 1886 que de 5 millions de livres sterling, atteignait en 1894 le chiffre de 105 millions, soit vingt fois plus. Les fabriques de la ville d'Osaka, le Manchester japonais, emploient 27.000 ouvriers et ouvrières.

Pour les autres branches de la production industrielle, le progrès est le même. Les produits de l'horlogerie, de la pelleterie et les articles de fantaisie sont importés en grande quantité du Japon aux Etats-Unis. De nombreuses agences japonaises en font l'écoulement dans les villes européennes.

La plus terrible concurrence que font les Japonais en ce moment aux Etats-Unis, qui le croirait? c'est celle des bicyclettes. Ils les font aussi bien, peut-être mieux, et à meilleur marché qu'en Amérique.

La fabrication de la bière prend aussi des proportions considérables à Tokio et fait une concurrence redoutable aux bières allemandes.

Les prix des produits industriels japonais aux Etats-Unis sont en général de 30 à 50 % inférieurs au prix de revient des mêmes articles de fabrication américaine, malgré les droits de douane et les frais de transport.

Inutile d'ailleurs de nous étendre davantage.

Les motifs de ce revirement industriel sont faciles à comprendre.

D'abord il n'existe pas encore au Japon une *législation protectrice* du travail qui puisse entraver tant soit peu l'exploitation capitaliste, tant par rapport au travail des femmes et des enfants que par rapport aux heures de travail.

Les industriels japonais font ce qu'ils veulent avec leurs salariés. Ils font des équipes qui travaillent douze heures chacune, l'une le jour, l'autre la nuit, en sorte que leur capital est toujours actif et productif.

Les salaires sont dérisoires au Japon. Dans les manufactures de coton, les salaires moyens de la province de Tokio atteignent 74 centimes pour les hommes, 70 centimes pour les femmes.

Dans d'autres provinces ils ne dépassent pas 50 centimes pour les hommes et 30 centimes pour les femmes. A Ossaka, la moyenne est de 55 et 30 centimes.

Il y a des *gisements de charbon* qui sont considérables au Japon, ce qui aide beaucoup l'industrie...

Ce sont là sans doute les résultats naturels des transformations de l'industrie et du développement des pays nouveaux.

Est-ce un fait moralement indifférent ? Non, il en résulte un malaise au moins temporaire dans nos vieilles nations d'Europe, et les socialistes en profitent pour enrégimenter ceux qui souffrent sous leur bannière.

VIII. Mais ce sont les causes morales de notre immense malaise social que nous voulons surtout étudier, et la première que nous rencontrons, c'est la déviation religieuse et doctrinale.

C'est Dieu qui manque à notre société.

Evidemment l'ordre social ne repose plus sur ses bases légitimes, la religion et la justice.

La première de ces bases, c'est la croyance en Dieu. Telle a été la foi universelle du genre humain, jusqu'à cet essai d'athéisme social qui nous a si mal réussi.

Toute l'antiquité a mis ce principe en pratique. Les philosophes ont proclamé qu'on ne pouvait pas plus organiser un Etat sans Dieu que bâtir une cité en l'air (Cicéron). Les peuples ont trouvé dans cette croyance leur dignité, leur force et la base de leur civilisation. Sans doute ils ont mêlé à la vérité des erreurs et des superstitions, mais une lumière directrice perçait les nuages. L'homme savait que Dieu est le Maître commun et qu'il est le Juge des consciences. Il savait qu'il faut le craindre, en même temps qu'il faut l'adorer et le prier, et cette crainte des jugements divins fortifiait les enseignements de la conscience et maintenait le règne de la justice dans la vie sociale.

Combien plus salutaire encore pourrait être parmi nous l'action sociale du catholicisme !

Nous avons le *Credo* pour éclairer nos esprits et gagner nos cœurs.

Le *Credo* nous montre Dieu, notre Créateur, notre Père commun et notre Juge ; l'Homme-Dieu, notre rédempteur et sauveur ; notre origine, notre destinée, la raison et la sanction de tous nos devoirs. Il nous montre la vie présente sous son vrai jour, en ouvrant à nos regards consolés la perspective de nos destinées éternelles.

A nos cœurs, il présente le Dieu de l'Incarnation abaissé jusqu'à nous pour devenir notre frère, notre ami et notre guide. Il fait apparaître à nos yeux ravis l'enfant de Bethléem, l'ouvrier de Nazareth et la victime du Calvaire. Il nous rappelle les prédilections du Sauveur pour les humbles et les déshérités, et les leçons de dévouement et de charité qu'il a données aux heureux de la terre. N'y a-t-il pas là déjà une force immense pour adoucir les douleurs, prévenir les conflits et résoudre les questions les plus brûlantes ?

Avec le *Credo,* nous avons le Décalogue, qui saisit nos consciences et dirige nos volontés. Il nous intime la loi de Dieu et nous somme de l'accomplir sous la condition des sanctions éternelles. Il n'est pas sujet aux changements et aux erreurs comme les lois humaines. Il n'est pas appliqué par des juges qu'on peut tromper et qui peuvent se tromper.

Il renferme tous les principes de justice, toutes les conditions de l'ordre et de la prospérité. Voyez-le dans ses derniers préceptes poursuivre et atteindre le mal jusque dans sa source, en proscrivant les mauvais désirs et les mauvaises pensées qui préparent les actes désordonnés. Remontez plus haut et vous rencontrez les préceptes qui protègent notre réputation, notre honneur, notre vie et nos biens. Plus haut encore, vous trouvez pour la famille et pour la société toute garantie de justice dans ceux qui exercent l'autorité, comme de respect et de soumission dans ceux qui doivent obéir. Il y a là le remède préventif à tous les attentats contre le droit, à toutes les révoltes et à toutes les violences.

Mais quelle force auraient tous ces commandements, si le premier était mis de côté, celui qui donne aux autres leur autorité et leur sanction ?

A ces moyens d'action sur la vie nationale, il faut ajouter le culte chrétien. Combien il élève les âmes dans ses grandes manifestations ! Combien il les purifie et les fortifie dans ses sacrements intimes ! On ne le nie pas de bonne foi.

Nous avons encore l'enseignement de l'Evangile. Vous aurez peut-être entendu formuler le préjugé qui a cours dans le monde, à savoir que l'Evangile est une doctrine pessimiste qui ne prêche que jeûne, pénitence et pauvreté volontaire, et qui est par conséquent opposée à tous les progrès sociaux.

Ce reproche ne peut venir que d'un jugement superficiel. Comment ! l'Evangile est hostile au progrès ! mais toute l'histoire vous oppose un démenti. Jetez un regard sur les deux hémisphères : où sont les nations civilisées, les nations amies du progrès ? C'est en Europe, c'est en Amérique, c'est dans les pays où règne l'Evangile. Où sont les nations arriérées et barbares ? C'est dans l'extrême Asie, c'est en Afrique, là ou l'Evangile n'a pas encore pénétré.

Nos deux grands siècles chrétiens, le XIIIᵉ et le XVIIᵉ, n'ont-ils pas été des siècles de progrès ? Etaient-ce des gens arriérés que saint Louis, saint Thomas d'Aquin, les architectes de nos cathédrales, Le Dante, Racine, Corneille et Bossuet ?

Il faut savoir lire l'Evangile. Il propose deux formes de vie chrétienne : l'une pour le grand nombre, simple, facile, réduite aux devoirs de justice, de travail et de sobriété et répondant aux meilleures conditions du progrès social ; l'autre pour le petit nombre, pour une minime exception, qui veut se dégager des choses de la terre et s'élever à une plus haute piété. A ceux-ci, le Sauveur a conseillé la pauvreté volontaire, la chasteté perpétuelle et l'abnégation de la volonté.

Mais il ne faut pas confondre la vie commune des chrétiens avec l'ascétisme. Laissez l'ascétisme à ceux qui ont pour cela un attrait spécial et une vocation déterminée, et contentez-vous de la piété commune, qui a, comme dit saint Paul, les promesses de la vie présente aussi bien que celles de la vie future.

Non, la religion n'est pas l'ennemie du progrès. Elle enseigne les conditions mêmes du progrès, le travail, l'économie, la justice, la charité. Quel progrès peut-il y avoir sans le travail ? Quel bonheur social sans la pratique de la justice et de la charité ?

L'Eglise aime la science et la vraie liberté ; elle

n'a jamais cessé de faire la guerre à l'ignorance, au despotisme, à l'esclavage.

Nous, prêtres, nous désirons avidement le bien des masses. Nous sommes heureux de toutes les transformations utiles. Nous sommes passionnés pour le progrès.

Le bien-être matériel du peuple trouve une large place dans nos cœurs d'apôtres. Notre idéal, c'est le bien temporel du peuple avec son bien spirituel. Tout ce qui est obstacle à ce bien-être, que ce soit la faim, la maladie, l'excès du travail, les logements insalubres, nous avons à cœur d'en poursuivre l'abolition. Voilà le véritable enseignement de l'Evangile et toute l'histoire de l'Eglise n'est qu'une série ininterrompue de fondations charitables et de revendications en faveur de la justice et du droit.

Oui, si le peuple souffre, c'est que Dieu nous manque, c'est que l'Eglise nous manque parce qu'elle a été entravée dans son libre épanouissement.

Les hommes les plus éclairés de la société contemporaine en arrivent à reconnaître que le salut social nous doit venir par l'Eglise. Le XIXe siècle finissant fait sa confession.

Rousseau vieilli avait dit aussi : « J'ai cru long-temps qu'on pouvait être vertueux sans religion, j'en suis désabusé. » Je crois bien : de braves gens l'accablaient d'amers reproches parce qu'ils avaient pris à la lettre le plan d'éducation sans Dieu tracé dans son *Emile* et ils avaient élevé des enfants devenus intolérables par leurs passions effrénées. Une pauvre mère en mourut de douleur. Notre société actuelle s'est laissée leurrer de la même façon.

Les aveux se multiplient.

Le siècle finissant revient de ses longs égarements. Il regrette la foi de ses premières années. Il voit que son apostasie a produit une société sans boussole, sans frein et sans mœurs. Il veut remonter le courant et se tourne vers l'Eglise.

Le Saint-Siège, du reste, rayonne actuellement d'un éclat qui dissipe les ténèbres.

Le siècle établit son bilan, il suppute ses profits et il constate... une banqueroute générale.

Ecoutez les aveux de ses intelligences d'élite :

« L'école sans Dieu, nous dit Lavisse, prépare des épaves pour la dérive. »

« La science positiviste, dit Brunetière, nous avait promis qu'elle expliquerait la vie et réglerait la morale. Elle n'a pu ni créer la vie ni l'expliquer. Impuissante à nous révéler le mystère de notre origine, comment prétendrait-elle nous servir de guide entre notre commencement qu'elle ignore et notre fin qu'elle ignore de même ? »

« On espérait, dit un journal ordinairement frivole et irréligieux (*l'Echo de Paris*), refaire l'âme de la nation par l'enseignement laïc. Il a été interdit de parler aux enfants de Dieu, ce qui ne s'était vu à aucune époque, chez aucun peuple. C'était supprimer d'un seul trait de plume le *caractère absolu de la morale*. Les écoliers, depuis 1882, ont appris à ne croire à rien, sinon à eux-mêmes et à la satisfaction de leurs appétits. L'exemple fut à la hauteur de l'enseignement. Ils ont vu leurs aînés dans la vie politique attachés uniquement au culte du veau d'or, à leurs intérêts personnels et à la religion du plaisir. On a fabriqué de la sorte une *génération de décadence*. Maintenant la peur s'empare des rares personnes qui s'avisent encore de réfléchir. On commence à reconnaître que tout craque et si les enfants continuent à être façonnés de cette manière, nous sommes voués à la plus effroyable dégringolade. »

Il faut entendre encore un littérateur très goûté, M. Bourget ; dans ses belles études sur l'Amérique, il montre comment nous marchons depuis un siècle à l'inverse de la puissante et féconde démocratie américaine. Elle favorise toutes les forces vives du pays, *la religion*, la vie provinciale, les associations.

« Nous avons tari toutes les sources de la vitalité française. Il faut donc, dit M. Bourget, remonter tout un siècle. Il faut retrouver l'autonomie provinciale et communale, les universités locales et fécondes ; reconstituer la famille terrienne par la réforme de nos lois de succession et d'enregistrement, protéger le travail par le rétablissement des corporations, rendre à la vie religieuse sa vigueur et sa dignité par la liberté de l'Eglise... »

C'est là l'orientation actuelle.

Nous souffrons et nous commençons à en reconnaître la cause principale : Dieu nous manque, l'Eglise nous manque dans la vie sociale. Sans Dieu et sans l'Eglise, comme le redit Léon XIII, tous les essais de relèvement seront vains : *Sine dubitatione affirmamus inania conata hominum futura, Ecclesia posthabita.*

IX. Mais dans cette lamentable situation le clergé n'a-t-il pas sa part de responsabilité ?

Hélas ! oui. Ecartés de la vie publique par le gallicanisme, nous étions devenus timides et pusillanimes. Nous avions perdu la vraie notion de nos devoirs. Nous érigions en principe ce qui pouvait être dans une certaine mesure la nécessité du moment. Nous n'agissions plus. Nous étions, sans le savoir, malades du libéralisme politique, du libéralisme économique, du libéralisme moral. Une erreur de pastorale entravait la marche de l'Eglise.

Nos devanciers s'étaient habitués à la pensée qu'il n'y a rien à faire pour les hommes.

Un livre qui a d'excellentes pages, le *Manuel de l'Œuvre des campagnes,* était encore, il y a trente ans, le directoire des œuvres. La préface de son édition de 1865 nous dit que ce livre devient le manuel des séminaires et des jeunes prêtres, que les éditions s'écoulent rapidement. Des directeurs de séminaires écrivent qu'ils sont ravis de l'apparition de ce volume, qu'ils le propagent et que c'est bien là la direction qu'il faut donner au ministère pastoral.

Or, quelle est cette direction ? Le livre érige en principe qu'*il n'y a rien ou à peu près rien à faire pour les hommes.* « Occupons-nous, ajoute-t-il, des enfants et des malades. Il n'y a pas d'autre marche, c'est la règle, c'est la loi. C'est ainsi qu'a fait Notre-Seigneur. Les enfants, les vieillards, les pauvres, les malades, les affligés : voilà les cinq doigts de l'apostolat des campagnes. Pour les autres, pères, mères, jeunes gens, il n'y a pas la même facilité. Avec eux, contentons-nous d'attendre. »

Aujourd'hui, évidemment, ces affirmations nous horripilent. Elles défigurent le Christ qu'elles présentent comme l'apôtre timide des enfants et des malades. Ce n'est plus là le lion de Juda, ce n'est plus le pasteur d'hommes qui réunissait à Tibériade trois ou quatre mille galiléens, en laissant à l'arrière-plan les femmes et les enfants : *Erant autem qui manducaverunt, quatuor millia hominum, extra parvulos et mulieres.* (Matth., xv, 38.)

L'erreur cependant n'a pas entièrement désarmé. Un prédicateur de retraite ecclésiastique disait encore dernièrement : « Tenez-vous-en aux pratiques de l'ancienne pastorale. Faites des confréries d'enfants de Marie et peut-être de petits patronages, il n'y a que cela de possible. »

Il y a encore de braves gens qui sont visiblement agacés par le nom même d'œuvres sociales, tant ils ont peur, sans doute, d'être obligés de faire quelque chose. Voici à ce sujet une perle extraite d'une *Semaine religieuse* : « Nous avons été rassurés quand nous avons appris que le cardinal de Reims prenait en mains le Congrès des prêtres... Tout devenait alors limpide et nous n'aurions pas à entendre les centons courants sur les droits et les devoirs de la démocratie : *justice sociale, devoir social, aide sociale.* On ne nous parlerait même pas du *curé social,* car nous avons lu cette dénomination spéciale appliquée à un très digne confrère. On nous ferait enfin grâce de tous les *leit-motives* de cette logomachie à laquelle, décidément, nous ne pouvons nous faire... On dirait vraiment, à entendre certains des nôtres, que l'œuvre divine de Notre-Seigneur Jésus-Christ n'a été comprise que par eux et en la fin de notre XIXᵉ siècle... »

Mais non, cher confrère, nous disons au contraire que la pensée du Christ a été comprise par tous les siècles chrétiens, en particulier par les beaux siècles du moyen âge, qui avaient organisé les corporations, les communes chrétiennes, les nations catholiques et la grande union de la chrétienté. Mais la pensée du Christ a été amoindrie par le gallicanisme et le régalisme, et nous voulons lui rendre tout son éclat.

Heureusement le pasteur suprême veillait dans cette sombre nuit où les flambeaux de l'apostolat vacillaient. Il se demandait à lui même : *Custos, quid de nocte ?* Comme la Providence divine, il voyait les choses de haut : *Alta a longe cognoscit.* Il a jeté le cri d'alarme, ce long cri de son cœur, l'immortelle Encyclique *Rerum novarum,* couronnement de toute une série d'enseignements sur le dogme social chrétien.

Mais le mal est grand. Les prêtres et les lettrés nous ont donné un enseignement religieux incomplet. C'était comme une demi-hérésie, qui datait du grand siècle, et que les Papes ont maintes fois condamnée sous les noms de naturalisme, libéralisme, gallicanisme.

Nous n'avions plus de justes notions sur la société civile, les associations, l'organisation du travail, l'usure, la propriété, la loi.

Il a fallu toute une série d'Encycliques pour nous redire que la société civile est l'œuvre de Dieu, qu'elle doit à Dieu un culte social et qu'elle doit s'inspirer de ses préceptes dans la conception de ses lois ; que la famille est antérieure à la société, qu'elle est plus essentielle encore à l'homme et qu'elle doit être respectée dans son organisation divine et dans sa liberté ; que les associations sont de droit naturel et que l'Etat les doit respecter et favoriser ; que le travail est une loi de l'humanité et que ses produits doivent être distribués avec une délicate équité ; que le travailleur n'est pas un vil instrument de profit, mais un frère de l'employeur ; que la propriété répond aux besoins de l'homme et à sa nature ; que si le propriétaire a l'honneur de participer à la richesse du Créateur, il doit aussi participer aux charges de sa Providence ; que la loi est une ordonnance du pouvoir en vue du bien commun et que les lois capricieuses et tyranniques ne sont pas des lois et ne méritent pas le respect.

Mais tous ces principes, le prêtre ne les enseignait plus guère. Le gallicanisme de l'ancien régime pieusement conservé par les gouvernements nouveaux tenait le prêtre à la sacristie et l'amenait, tant par la crainte que par l'illusion, à n'oser plus toucher aux questions sociales.

Voilà bien la première et la plus grande des causes du mal social : Dieu nous manquait, et la doctrine de l'Eglise elle-même était mutilée par l'hérésie régalienne et gallicane.

La plupart des catholiques étaient illusionnés ou endormis. Un homme de bonne foi, comme Claudio Jannet, écrivait encore il y a vingt ans ces énormités : « A la différence des anciennes législations religieuses, le christianisme a laissé absolument à la liberté des peuples et à l'expérience scientifique ce qui constitue la civilisation matérielle. Il s'est renfermé, dès le premier jour, dans le domaine spirituel et moral, accroissant ainsi considérablement le champ ouvert à la science et à la liberté humaine. » (*Les grandes époques de l'histoire économique*, p. 26.)

Comme si l'Evangile ne déterminait pas le but et le rôle des richesses matérielles dans la vie humaine, les lois morales du travail, de son organisation, de la répartition et de l'échange de ses produits, les droits et les devoirs des différentes classes sociales !

Quelques clairvoyants seulement jetaient de temps en temps un cri d'alarme. Quelques œuvres isolées, quelques voix de prophètes préparaient et annonçaient la résurrection.

L'humble apôtre des ouvriers en Allemagne, le P. Kolping, fondateur des Gesellenverein, disait :

« Nous avons trop perdu de terrain depuis que l'Eglise a été séparée de l'ouvrier par la ruine des institutions des siècles passés.

« Nous avons besoin de reconquérir ce terrain et de faire oublier que peut-être trop de prêtres l'ont longtemps déserté et ont semblé indifférents aux intérêts du peuple. »

Les Ketteler et les Manning signalaient l'immense péril vers lequel l'illusion actuelle des catholiques conduisait l'Eglise. C'est alors que Léon XIII est venu nous faire ouvrir les yeux et secouer notre torpeur.

Il s'adresse à tous dans l'Encyclique *Rerum novarum,* puis il répète ses avertissements dans diverses encycliques adressées aux nations catholiques.

« Il faut agir et au plus tôt, dit-il dans l'Encyclique *Rerum novarum,* le mal est si grand qu'une plus longue hésitation le rendrait incurable. »

« Il faut l'avouer, dit-il aux évêques d'Italie en 1892, la plupart des Italiens se sont laissés gagner par une sécurité irréfléchie et ils ne voient pas le péril. »

« L'apathie et les dissensions des catholiques, écrit-il aux Hongrois en 1893, préparent le triomphe de leurs ennemis. »

« Le Seigneur, dit-il au patriciat romain en 1897, tire du malaise présent et des périls futurs l'occasion de secouer et d'avertir les esprits oublieux. »

Heureusement, à la même date, le Saint-Père pouvait ajouter : « Nous avons un juste motif de consolation dans le réveil de l'action chrétienne. »

X. Une autre cause, c'est que l'Etat manquait dans une large mesure à ses devoirs.

L'Etat se détournait de Dieu et méprisait sa loi ; il laissait sans protection suffisante le pauvre et le prolétaire ; il tolérait l'usure sous ses formes nouvelles, il supprimait les corporations et les associations qui sont le soutien naturel du faible.

Et d'abord, l'Etat se détournait de Dieu. Comme le remarque l'Encyclique *Quod apostolici,* par une impiété toute nouvelle et que les païens eux-mêmes n'ont pas connue, on a vu se constituer des gouvernements, sans qu'on tînt nul compte de Dieu et de l'ordre établi par lui. On a proclamé que l'autorité publique ne tenait pas de Dieu son principe, sa dignité, son autorité, et que la loi dépendait uniquement du caprice populaire.

Puis, après qu'on eut combattu et rejeté comme contraires à la raison les vérités surnaturelles de la foi, l'auteur même de la Rédemption fut contraint par degrés et peu à peu de s'exiler des études, des écoles et de toutes les habitudes publiques de la vie humaine.

Enfin, après qu'on eut livré à l'oubli les récompenses et les peines de la vie future, le désir ardent du bonheur a été renfermé dans les limites du temps présent.

Avec la diffusion de ces doctrines et la licence effrénée de penser et d'agir qui a été tolérée de toutes parts, concluait Léon XIII, faut-il s'étonner que la vie publique ait été profondément troublée et que les hommes de condition inférieure se soient laissés gagner par l'envie d'échanger leurs mansardes contre les palais des grands ?

Soustrait à la juste autorité de Dieu, l'Etat est tombé sous la tyrannie des sectes qui l'ont exploité à leur profit en semant la division et en persécutant l'Eglise.

En second lieu, l'Etat a négligé son devoir de protéger les faibles. Comme le remarque Léon XIII dans l'Encyclique *Rerum novarum*, l'Etat, qui a pour but la protection des droits privés, doit avoir égard surtout aux faibles et aux pauvres. Il doit se faire à un titre particulier la providence des travailleurs : *Mercenarios debet cura providentiaque singulari complecti respublica.*

L'Etat doit protéger le droit, réprimer les abus, promouvoir le bien. Il n'a pas rempli ces devoirs vis-à-vis de la classe ouvrière. Il n'a protégé ni l'âme, ni la santé, ni les ressources des travailleurs.

Il n'a pas protégé son dimanche, qui est la condition de la liberté de son âme comme de la santé de son corps. Il n'a pas veillé sur le contrat de travail où tous les droits du pauvre étaient violés par l'excès des journées de travail, par les conditions du travail des femmes et des enfants et du travail de nuit.

Il n'a pas protégé le foyer de l'ouvrier, sa famille

et son épargne en écrasant la petite propriété par les droits fiscaux.

Et ainsi, après avoir biffé les trois premiers commandements du Décalogue, l'Etat amoindrissait les autres commandements, qui imposent le respect du foyer, de l'âme, de la vie et des biens du prochain.

L'Etat, en troisième lieu, a toléré ou même favorisé l'usure moderne. Il a laissé une liberté presque illimitée aux émissions de valeurs, sans contrôle et sans responsabilité. Il a permis à la spéculation et au jeu de régner à la Bourse sur une grande échelle. Par des emprunts exagérés, à la suite de gaspillages financiers, il a favorisé le capitalisme contre nature dans lequel on cherche des produits sans travail.

Il a donné aussi un immense développement à l'irresponsabilité de l'anonymat dans les sociétés commerciales. Il a encouragé la productivité absolue et irresponsable dans les émissions d'obligations, ce qui est souvent contraire à toute justice et ce qui oblige l'industriel à faire peser ces charges trop lourdement sur l'ouvrier.

Enfin l'Etat a, par une faute inconcevable, supprimé et interdit les corporations et les associations, dans lesquelles le travail était protégé par de sages règlements et le travailleur trouvait des ressources pour les mauvais jours.

XI. Il faut bien encore compter parmi les causes du malaise les fautes personnelles des intéressés, c'est-à-dire des patrons et des ouvriers.

La plupart des patrons ont oublié leur rôle social. Ils n'ont plus compris qu'une fois à leur service les ouvriers font partie, jusqu'à un certain point, de leur famille. Ils n'ont plus vu dans l'ouvrier qu'une machine intelligente, instrument de profit, qu'il fallait utiliser sans y mettre de sentiment, comme on fait d'un instrument ou d'un outil.

Les enquêtes faites spécialement en Angleterre ont révélé jusqu'à quelle aberration morale allaient les excès des employeurs, notamment en ce qui concernait la durée du travail et le travail des enfants. Ces traitements barbares laissaient loin derrière eux les rigueurs du régime de l'esclavage.

Les Pères du Concile s'en étaient émus en 1870. Dans un *Postulatum* adressé à Pie IX, ils disaient : « Un des grands maux du temps présent est le socialisme. Il faut que le Concile oppose à ces erreurs les enseignements de la vérité et les règles de la justice morale. — Que les riches et les patrons, *divites et proceres,* apprennent leurs devoirs envers les pauvres, les ouvriers, les domestiques et réciproquement. On ne peut pas nier que la passion et l'abus des richesses, la négligence envers les ouvriers, la dureté inhumaine envers eux par laquelle on viole très souvent le Ve et le VIIe préceptes du Décalogue, ont favorisé les erreurs des socialistes et leurs agitations. » (Coll. lac. t. VII, n° 860.)

Léon XIII rappelait le même fait douloureux dans l'Encyclique *Rerum novarum :* « Les travailleurs sentent, par les traitements inhumains qu'ils reçoivent de leurs maîtres cupides, qu'ils n'en sont guère estimés qu'au poids de l'or produit par leur travail, et ils se laissent circonvenir par des sociétés impies. »

Les ouvriers ont bien aussi à faire leur *mea culpa.* Sans doute il y aura toujours parmi eux, comme dans les autres classes, des hommes oublieux de leurs devoirs, mais n'ont-ils pas été trop nombreux ? Les conditions de l'aisance sont, avec le règne de la justice, le travail, la sobriété, l'économie, la prévoyance. Ces vertus nécessaires n'ont-elles pas été remplacées trop souvent par les excès du gaspillage et l'ivrognerie ?

XII. Après avoir dépeint le mal, il faut dire le remède.

Il est tout indiqué déjà par l'analyse des causes du malaise.

Le premier remède, c'est la restauration des principes chrétiens de la vie sociale. Le branle est donné. Pie IX a condamné l'athéisme social. Léon XIII a indiqué dans leurs grandes lignes les rapports nécessaires de la justice chrétienne avec la vie sociale et économique des peuples. C'est au clergé, c'est aux économistes chrétiens qu'il appartient de développer cet enseignement et d'en montrer les applications quotidiennes.

L'œuvre se fait. Les Manning, les Ketteler, les de Mun, les Harmel ont fait école. Nous touchons à l'heure où se réalisera ce qu'appelait de ses vœux un écrivain dont la jeunesse n'empêchait pas la clairvoyance, Henri Perreyve : « Il faudrait, au temps où nous vivons, des chrétiens intelligents et libres qui ne se laissassent devancer par personne dans l'étude et l'application pratique des sciences sociales. Nous ne devrions pas souffrir que quelqu'un dans le monde parlât mieux que nous sur ces grandes questions qui agitent si puissamment et si légitimement les esprits de ce siècle et que l'Evangile seul a soulevées dans ce monde, les questions du paupérisme, du travail, de la famille, des associations, des caisses de retraites : questions d'une importance absolue et qui intéressent les fondements essentiels de la société humaine. Il faudrait que nous, prêtres, nous fussions à la tête de toutes les entreprises d'améliorations sociales. Il faudrait qu'il n'y ait pas une invention, pas une découverte, pas une organisation nouvelle, pas une association bienfaisante, pas un essai pour soulager une souffrance, pas une tentative destinée à alléger le travail humain, sans que nous soyons les premiers à les connaître, à les développer, à y donner du temps, des efforts, l'ardeur, l'espérance, la vie. Il faudrait cela et là est notre devoir, notre devoir à tous. »

Que le clergé ait commencé à se mettre à l'action, ses œuvres l'attestent, ainsi que la part ardente qu'il prend aux congrès catholiques en Allemagne, en Belgique, en Italie, aux congrès des Cercles, de la démocratie et du Tiers-Ordre en France.

Ce n'est plus le sommeil, c'est bien le réveil, et c'est bien par ce mot qu'est saluée partout l'action catholique.

XIII. Un autre remède, c'est l'action de l'Etat. Là aussi le réveil est commencé. Le souverain de l'Allemagne n'a-t-il pas réuni un congrès pour étudier les réformes qu'il fallait demander à la législation ?

Tous les parlements sont en branle pour formuler des lois sur les associations professionnelles, sur la formation des corporations, sur la durée du travail dans les manufactures, sur le travail des femmes et des enfants, sur les retraites des travailleurs, sur le contrat de travail.

Le reste suivra. On réformera les opérations de bourse et les émissions d'actions ; on réglera la question des salaires ; on rendra au travailleur la liberté du dimanche, on l'arrachera aux excès de l'alcoolisme.

A nous de revendiquer sans cesse l'intervention de la loi, dans les limites où elle est justifiée et réclamée par l'économie chrétienne.

XIV. On ne peut pas dire non plus que les intéressés, les patrons et les ouvriers, n'aient pas fait quelques efforts.

Nous les voyons groupés en Allemagne dans les comités catholiques, le Volksverein, le Gesellenverein ; en Belgique, dans les œuvres diverses réunies sous l'étendard de la démocratie chrétienne ; en Italie, dans les comités paroissiaux et leurs œuvres ; en France, dans l'œuvre des Cercles, l'union fraternelle du commerce et les comités de la démocratie chrétienne.

XV. Concluons. Il faut agir. Le mal est immense, le remède est dans nos mains. Etudions, répandons la vérité, organisons-nous.

La puissance sociale est aujourd'hui aux mains du peuple. C'est à lui qu'il faut aller.

Pour combattre efficacement le socialisme, il faut tenir compte d'un fait important, l'existence d'un *mouvement démocratique universel*. Que l'on discute tant qu'on voudra sur l'étymologie, la valeur, la convenance, l'opportunité du mot, le fait de ce mouvement démocratique universel n'en demeure pas moins certain. Le Saint-Père l'affirmait à Mgr Doutreloux, évêque de Liège, en 1893, dans les termes mêmes que nous venons de citer.

Le mouvement démocratique a été déterminé par l'ascension naturelle des classes inférieures qui veulent avoir leur part de la puissance politique et économique, et par les abus fréquents des autorités diverses : monarchies, aristocraties, patronat.

L'avenir de la démocratie est certain. Son règne viendra *avec nous* ou *contre nous*. Si donc nous voulons que le Christ règne, il faut que personne ne nous devance dans l'amour du peuple.

Faut-il s'étonner s'il y a quelque hésitation parmi les catholiques ? Le centenaire du baptême du peuple franc nous rappelle une situation analogue.

Au Ve siècle, les Francs grandissaient. Les évêques les plus clairvoyants, Remi, Avit, Waast, les évêques de Langres, de Rodez, de Tours aidaient au triomphe de Clovis. D'autres tenaient pour les vieilles institutions romaines.

Le Pape d'alors, saint Anastase, prit le parti des barbares. Il écrivit à Clovis : « Notre nacelle est ballottée par les flots écumants qui menacent de l'engloutir ; mais, grâce à vous, nous voulons espérer contre l'espérance même et nous bénissons le Seigneur d'avoir ménagé à son Eglise un si puissant auxiliaire. » Le Pape avait compris qu'il faut s'attacher à ce qui vit et grandit et non pas à ce qui dépérit et s'éteint.

Ainsi Léon XIII nous dit d'aller au peuple, parce que le peuple a pris conscience de sa force et qu'il a l'avenir pour lui.

Le Pape est la sentinelle d'Israël qui veille sur Jérusalem, il voit d'où vient l'ennemi et d'où vient le secours : ne pas l'écouter serait une folie ; le suivre, c'est le salut,

TROISIÈME CONFÉRENCE

Le judaïsme, le capitalisme et l'usure.

I. Je veux traiter aujourd'hui la question juive. Peut-être m'objecterez-vous que Léon XIII n'a pas parlé des Juifs dans ses documents sociaux.

Je répondrai d'abord qu'il en a parlé au moins indirectement en stigmatisant toutes les formes du capitalisme : l'*usura vorax*, les abus de l'industrie, la faction maîtresse de toutes les sources de la richesse. Ce sont là les hautes œuvres des Juifs modernes.

Il est vrai que le Pape ne les a pas nommés. Il y a à cela plusieurs motifs. Et d'abord ce n'est pas une question nouvelle, comme celle du socialisme. Tout a été dit sur les Juifs et leurs méfaits, par les Papes, par les conciles, par le droit canon. Et si les nations chrétiennes souffrent de l'oppression juive, c'est parce qu'elles ont abandonné les directions bien connues du droit ecclésiastique.

Il faut ajouter encore que l'Eglise, tout en se tenant en garde contre les Juifs, ne veut pas les exaspérer. Elle ne désespère pas de leur retour. Elle les a toujours traités avec compassion et charité, tout en agissant vis-à-vis d'eux avec prudence.

Tout récemment encore, le prince-archevêque d'Olmutz, qui est issu d'une famille juive convertie, a répondu avec autant de compétence que de sagesse à ceux qui le consultaient sur cette question, que pour conjurer le péril juif, il n'y avait pas besoin d'une direction nouvelle, il eût suffi de s'en tenir aux règles du droit canon.

II. A travers leurs fautes actuelles, on aperçoit encore leur passé glorieux. Ils ont été le *peuple de Dieu*.

Ce sont les fils d'Abraham, dont le nom symbolise la foi et le sacrifice.

C'est le peuple de Moïse, le héros de la sortie d'Egypte.

Parmi leurs ancêtres, je vois Isaïe, le plus sublime des poètes ; David, le chantre inspiré, le modèle du repentir et de la douceur.

Je vois Paul, l'apôtre des nations, — Marie, le lis de la vallée, — Jésus, l'agneau de Dieu.

Saint Paul ne pouvait contempler leur endurcissement sans pleurer : *Tristitia mihi magna est et continuus dolor cordi meo.* Il aurait voulu se sacrifier pour les sauver : *Optabam ego anathema esse pro fratribus :* eux, qui ont reçu de Dieu la faveur de l'adoption, la gloire de l'alliance, la loi, le culte et les promesses ; eux qui comptent dans leurs rangs les patriarches et par-dessus tout le Christ qui est Dieu, mais qui, selon la chair, est aussi le fils de David. (Ep. aux Romains, ix.)

Saint Jérôme, qui les voyait souffrir et acheter le droit de prier auprès des ruines du temple, s'écriait : « Peuple malheureux, qu'on ne sait comment plaindre ! »

Dieu lui-même ne les a rejetés qu'avec tristesse et compassion.

Les deux testaments ont été figurés par *Isaac et Ismaël, Sara et Agar.* (Gen., XVI, XXI. Ep. ad Gal., IV.)

Abraham qui représentait Dieu renvoya avec regret Agar et Ismaël :

Dure accepit hoc Abraham pro filio suo.

Dieu a tant aimé son peuple ! sa vigne choisie, plantée et cultivée par ses soins.

Il le regrette toujours : *Popule meus, quid feci tibi aut quid molestus fui tibi?* (Mich., VI.)

C'est son enfant prodigue.

Il l'attend toujours : *Expandi manus meas tota die ad populum incredulum.* (Is., LXV.)

Notre-Seigneur n'a-t-il pas pleuré sur la défection de sa patrie ?

Jerusalem ! Jerusalem ! Si scires !...

III. Sont-ils encore intéressants aujourd'hui ?

On en fait un portrait peu flatteur : ils sont moroses, dissimulés, malpropres... On ne voit en eux que l'usurier, le marchand d'habits, de lorgnettes ou de vieux galons.

Tout cela est vrai, surtout pour ceux du Nord.

N'ont-ils aucune excuse ? N'y a-t-il aucune circonstance atténuante à faire valoir ? Pendant mille ans on les a abreuvés de mépris. Ils vivaient au ghetto, ils portaient la rouelle, ils payaient le péage comme les animaux... En beaucoup de pays, comme en Alsace, on ne leur laissait pas d'autres métiers que le prêt à intérêt, la friperie, la revente des marchandises d'occasion. Les bains leur étaient interdits... Faut-il s'étonner de l'abjection atavique qu'ils ont contractée ?

Les Juifs chrétiens de Bethléem et de Nazareth

ne sont-ils pas restés la plus belle race du monde ? On en retrouve quelque chose chez les Juifs portugais qui sont des tribus de Juda et de Benjamin.

S'ils n'étaient pas une race d'élite, nous domineraient-ils si facilement ?

IV. Ne sont-ils pas destinés à revenir à la foi pour déterminer le triomphe final de l'Eglise ?

Is. X. 21. Les restes se convertiront, et ce qui restera, répandra la justice avec abondance.

Osée III. 4. Les fils d'Israël resteront pendant beaucoup de jours sans roi et sans princes, sans sacrifice et sans autels... Et après cela les fils d'Israël reviendront et ils rechercheront le Seigneur leur Dieu.

Saint Paul surtout parle clairement : *ad Rom. XI* : Sont-ils donc tombés pour ne se relever jamais ? A Dieu ne plaise ! Leur chute a donné occasion au salut des Gentils... Mais si leur petit nombre a été la richesse du monde, qu'adviendra-t-il de leur retour en masse ? Ce sera comme la résurrection des morts.

1. *Numquid Deus repulit populum suum ? Absit, nam et ego israelita sum.*

12. *Quod si diminutio eorum divitiæ gentium, quanto magis plenitudo eorum !*

Il faut suivre tout le raisonnement de saint Paul dans ce chapitre XI de l'épître aux Romains.

« Vous n'étiez, dit-il aux Gentils, que des branches sauvages, vous avez été insérés à l'arbre du Peuple de Dieu. Ne méprisez pas ces rameaux brisés, c'est d'eux qu'est la racine. — Mais vous me direz qu'ils ont été brisés pour que vous soyez greffés. — Ils ont été retranchés à cause de leur incrédulité. Vous, vous êtes greffés par la foi, mais demeurez dans l'humilité et la crainte. Si en effet Dieu n'a pas épargné les branches naturelles, il ne vous épargnera pas non plus, s'il y a lieu. Mais eux, s'ils reviennent de leur incrédulité, ils seront insérés à l'arbre de nouveau ; car si des branches sauvages ont pu être greffées, les branches naturelles seront plus facilement insérées à l'arbre qui est de la même nature qu'elles. — Je vais d'ailleurs vous révéler un mystère : l'aveuglement partiel d'Israël durera jusqu'à la conversion des nations et ensuite tout Israël sera sauvé. Selon l'Evangile, ils sont ennemis de Dieu et vous êtes ses amis, mais ils restent chers à Dieu à cause de leurs pères et ils sont appelés à revenir. Les dons et les appels de Dieu sont en effet sans repentir : *Sine pœnitentia enim sunt dona et vocatio Dei.*

Mais ce retour des Juifs, ce réappel du peuple de Dieu est-il proche ?

Bossuet et Fénelon, constatant le courant d'irréligion croissante, craignent pour les nations et attendent le salut général du retour des Juifs.

(Bossuet : *Méditations sur la Transfiguration, etc.* Lémann, p. 203.)

Au XVIII° siècle, plusieurs auteurs français et italiens écrivent dans le même sens.

L'Eglise en effet est à l'état de *mort civile* en plusieurs nations.

Serait-ce l'incrédulité des nations prévue par saint Paul ?

C'est le *mystère* de Dieu.

Des conversions marquantes ont eu lieu dans ce siècle.

Un moment on s'est demandé si ce n'était pas le commencement du retour général.

Citons :

Les Ratisbonne — Les Libermann — Geschleer — Jules Lewel — Le P. Hermann — Les Lémann, etc.

Et combien intéressants la plupart de ces convertis !

Donoso Cortès et Lacordaire ont écrit de belles pages sur cette union des deux peuples élus, les juifs et les chrétiens, d'où résultera, à la fin du monde, un éclat incomparable pour la gloire de Dieu.

Laissons parler Lacordaire :

« Après que, dans la mêlée des nations, tous les enseignements auront subi l'épreuve du feu, et que les religions intermédiaires auront succombé, il ne subsistera en face l'une de l'autre que la vérité totale et l'erreur totale, le christianisme et l'athéisme, Dieu seul et l'homme seul. Alors, aucun nuage ne s'interposant plus entre *les deux peuples choisis,* entre le juif et le chrétien, entre le peuple du passé et le peuple de l'avenir, ils s'apercevront des extrémités de l'univers ; ils se regarderont fixement, et, s'étant reconnus, ils se mettront en marche comme deux géants pour s'embrasser. » (*Dixième conf. sur l'Écriture...*)

V. Quelle a été dans le cours des siècles la conduite de l'Eglise à l'égard des enfants d'Israël dispersés parmi les nations ? Elle a toujours usé envers eux d'une charité mêlée de prudence. Tout le droit canonique en témoigne, saint Thomas en donne les motifs rationnels et surnaturels. (2ª 2ᵃᵉ, q. x.) Leur culte doit être toléré. Leurs enfants ne doivent pas être contraints au baptème, ce serait contraire à la justice naturelle. Mais il faut éviter dans les relations sociales de leur donner autorité et d'exposer les gens faibles et simples à leurs séductions.

Quand les populations exerçaient envers eux des rigueurs excessives, les Papes intervenaient, Grégoire le Grand et Innocent III renouvelaient la défense de les forcer à embrasser la religion chrétienne. Le même Grégoire le Grand et Alexandre III défendaient de leur ôter leurs synagogues. En fait, au XVIIᵉ siècle, ils avaient 9 synagogues à Rome, 19 dans la campagne romaine, 36 dans la Marche d'Ancône et d'autres encore dans le reste des Etats pontificaux.

Les canons ecclésiastiques défendirent aussi de troubler leurs sabbats et de profaner leurs cimetières.

L'Eglise les mentionne formellement dans ses supplications solennelles du vendredi saint devant la croix du Rédempteur.

L'Eglise les a toujours protégés quand on les massacrait dans les sociétés civiles.

En 1349, le Pape prosteste quand on les met à mort à Strasbourg sur le soupçon d'avoir incendié la ville.

Quand Ferdinand de Castille veut les détruire parce que plusieurs d'entre eux ont trahi la cause catholique, les évêques s'y opposent efficacement.

Au temps des croisades, les chevaliers croyaient servir Dieu en faisant des hécatombes de juifs, Alexandre II et Grégoire IX arrêtent ces massacres et saint Bernard prêche contre ces excès de cruauté.

Clément V s'élève contre les sévices exercés envers les Juifs par les Pastoureaux.

Clément VI empêche qu'on ne les persécute au moment de la peste.

Les Papes d'Avignon offrent un refuge à ceux qui fuient les persécutions de France et d'Espagne. Les Papes de Rome accueillent ceux qui sont chassés d'Espagne par Ferdinand le Catholique.

Les Juifs ont reconnu loyalement en 1859 que les Etats du Pape leur avaient toujours offert un refuge hospitalier.

Clément III, Jules III, Paul III, Jean XXII et le Concile de Latran de 1168 ont défendu aux princes et aux barons de confisquer les biens des Juifs convertis, sauf à ceux-ci à restituer ce qu'ils avaient acquis injustement par l'usure.

Mais si l'Eglise a toujours été miséricordieuse pour les Juifs, elle ne s'est pas pour cela départie des règles de la prudence à leur égard.

Le droit canon leur ouvrait certaines carrières où ils ne sont pas restés inoffensifs, tels que le négoce des épiceries, soieries, joailleries, etc. ; la banque, le courtage, le colportage, l'imprimerie, l'astronomie, la médecine.

Il leur interdisait de posséder des biens-fonds : la terre en pays chrétien doit appartenir aux enfants du Christ. Il leur défendait de posséder des esclaves et d'en faire le marché, d'avoir des domestiques chrétiens, de tenir des écoles ; d'occuper des emplois à l'armée, au parlement, dans la magistrature ; de tenir des pharmacies ou des hôtelleries. On trouvera ces prescriptions au livre V des Décrétales et dans saint Thomas d'Aquin (2ª 2ᵐ, q. x, art. 1). Il faut lire aussi la lettre de saint Thomas à la duchesse de Brabant : *De regimine Judæorum.*

Il leur était interdit d'habiter la même maison que les chrétiens et de s'unir à eux par le mariage.

Saint Thomas enseigne qu'ils doivent être exclus

de toute autorité et de toute juridiction sur les chrétiens. Le IV° concile de Latran en 1216 leur interdit l'accès des charges publiques et leur impose un costume spécial. Grégoire XIII en 1581 recommande de punir ceux qui blasphèment et qui tournent la religion en ridicule.

Comme tout cela était justifié !

En 1790, quand un engouement aveugle pour la liberté voulait leur ôter tout frein, un rapport présenté par les catholiques d'Alsace disait :

« Qu'en aucun cas le Juif ne soit éligible pour les corps politiques, administratifs et judiciaires. Qu'il ne soit revêtu d'aucune de ces fonctions importantes et délicates auxquelles doivent toujours présider les principes d'une morale chrétienne. — La puissance illimitée de tous les droits du citoyen mettrait les avantages de la condition du juif au-dessus de celle de tout autre français. Car d'une part il *moissonnerait l'or en abondance*; et d'autre part, cet or, mettant dans ses chaînes un grand nombre d'esclaves, desquels il *dirigerait les suffrages* dans les assemblées, lui servirait d'instrument pour s'élever jusqu'au fauteuil du président de la nation... »

Ne semble-t-il pas que les rapporteurs animés d'un esprit prophétique aient vu poindre cent ans d'avance les Arton, les Herz et les Reinach ?

VI. Ils ont souvent abusé de la bonté de l'Eglise.

L'histoire est remplie des plaintes que les chrétiens ont eues à formuler à leur égard.

Saint Augustin, saint Jérôme, saint Hilaire, saint Chrysostome, saint Ambroise déplorent leurs intrigues et leurs usures.

Quatre conciles généraux, quinze Papes, plus de

soixante conciles particuliers ont eu à légiférer pour réprimer leurs abus.

Nos grands prédicateurs populaires ont dû s'élever contre leurs rapines. Saint Jean de Capistran fut surnommé le Fléau des Hébreux. Il soulevait le peuple contre leurs usures en Allemagne et en Pologne.

Saint Bernardin de Feltre parcourait l'Italie et le Tyrol en dénonçant leurs exactions. Il fonda les Monts-de-Piété pour soustraire le peuple chrétien à la rapacité des Juifs.

Saint Agobard de Lyon décrit déjà leurs agissements néfastes, dans une lettre à Louis le Débonnaire, en 840. Pierre le Vénérable répète les mêmes plaintes en écrivant à Louis VII en 1146.

Innocent III, dans une lettre à Philippe-Auguste, signale leurs méfaits : rapines, usures, blasphèmes, persécution religieuse et même assassinats.

Saint Pie V écrivait en 1569, dans une constitution sur les Juifs : « Leur impiété est armée de toutes pièces. Ils sont les recéleurs et les complices des brigands et des voleurs... Plusieurs pénètrent, sous prétexte d'affaires, chez des femmes honnêtes et les font tomber dans les turpitudes les plus infâmes. »

Clément VIII disait en 1593 : « Tous les chrétiens de mes Etats souffrent de leurs usures, de leurs monopoles, de leurs fraudes. Ils ont réduit à la mendicité un grand nombre de malheureux et principalement les paysans. »

Un Juif converti, M. Joseph Lémann, avoue en ces termes les faiblesses de sa race : « Hélas ! nous le reconnaissons en baissant la tête, notre peuple apparaît dans l'histoire avec le *stigmate éclatant de l'usure*. Dégradé physiquement par des institutions de mépris, par le péage, par la rouelle, par le chapeau jaune, il se dégradait encore lui-même moralement par l'usure. Aussi, que de plaintes, que de termes amers et outrageants nous avons trouvés sur ces usuriers dans les vieux livres !... L'usure judaïque a été justement comparée au Protée de la Fable. L'usure se métamorphosait et prenait autant de formes qu'il y avait d'espèces de contrats dans la société civile. On ne peut rien citer de plus fort, pour exprimer les ravages qu'elle causa en Alsace du temps de Louis XVI, que ce mot d'un historien : *On vit des villages entiers qui ne renfermaient plus de particuliers solvables...* L'Alsace comptait seulement 18.000 Juifs sur 500.000 habitants, et le tiers des terres leur était hypothéqué... » (*L'entrée des Juifs dans la société chrétienne*, p. 29.)

Shakespeare, dans son *Schylock*, était l'interprète des plaintes du peuple chrétien. Empruntons-lui une description malheureusement trop exacte : « Pour que tel pauvre homme s'adresse au Juif, pour qu'il s'approche de cette sombre petite maison si mal famée, pour qu'il parle à cet homme qui, dit-on, crucifie les petits enfants, il ne faut pas moins que l'horrible pression du fisc. Entre le fisc qui veut sa moelle et son sang, et le diable qui veut son âme (1), il prendra le Juif pour milieu. Quand donc il avait épuisé sa dernière ressource, quand son lit était vendu, quand sa femme et ses enfants tremblaient de fièvre ou criaient du pain, alors, tête basse et plus courbé que s'il avait porté sa charge de bois, il se dirigeait lentement vers

(1) Par le suicide.

l'odieuse maison et il restait longtemps à la porte avant de frapper. Le Juif ayant ouvert avec précau-tion la petite grille, un dialogue s'engageait, étrange et difficile. Que disait le chrétien ?

— Au nom de Dieu, ouvre-moi.

— Le Juif l'a tué, ton Dieu.

— Par pitié !

— Quel chrétien eut jamais pitié du Juif ? D'ail-leurs, ce ne sont pas des mots qu'il me faut, il me faut un gage.

— Que peut donner celui qui n'a rien ?

Le Juif lui dira doucement :

— Mon ami, conformément aux ordonnances du roi, je ne puis prêter ni sur habit sanglant, ni sur soc de charrue. Non, pour gage je ne veux que vous-même... »   (Shakespeare. Act. I, sc. III.)

Ils sont capables d'une dissimulation qui dépasse toutes les limites du vraisemblable.

En Espagne, de fausses conversions se déguisè-rent 300 ans.

Pierre Léon se fit chrétien pour conserver ses richesses. Son fils fut l'anti-pape Anaclet II (1130). Dépossédé, il retourna à la synagogue.

Les Juifs portugais avaient été admis à Bordeaux en 1550, comme nouveaux chrétiens. Quand ils jugèrent le moment favorable en 1686, ils retour-nèrent ostensiblement au judaïsme.

Les meurtres rituels dont on les accuse ne sont pas douteux. L'Eglise a mis sur les autels plusieurs de leurs innocentes victimes.

Le pasteur Stoeker disait dans un congrès : « Ce qui est absolument sûr, ce qui m'a été affirmé par des diplomates qui ont séjourné en Orient, c'est que des Juifs fanatiques et superstitieux commettent des assassinats pour se servir du sang de leurs victimes... Et les notabilités israélites se font un tort énorme (je répète ici le jugement public d'un rabbin américain) en couvrant les assassins par tous les moyens possibles ; de telle sorte qu'on ne trouve jamais les coupables... »

La cause principale de ces abus, c'est le Talmud.

C'est le manuel du parfait israélite, le manuel du détrousseur, du corrupteur, du destructeur social.

C'est une compilation du IIe siècle, mélange de traditions religieuses et de rêveries semblables à celles du Coran.

Les Juifs eux-mêmes sentent qu'il est odieux ; ils le cachent, ils l'éditent avec des interpolations et des suppressions.

Ils sont pétris et nourris de son esprit comme les chrétiens de l'Evangile.

« Le Talmud ne peut être communiqué aux Goyms sous aucun prétexte... »

« Le Goy qui l'étudie mérite la mort. »

Le Talmud divinise les rabbins : « Tout ce que les rabbins décident sur la terre est une loi pour Dieu. Jehovah lit le Talmud avec respect... »

« Les Juifs seuls sont des hommes, les autres nations sont des variétés d'animaux, de la semence de bétail, etc.

« Les non-juifs n'ont été créés que pour servir les Juifs jour et nuit.

« Dieu a donné tout droit à Israël sur le sang et les biens de tous les peuples.

« Les non-juifs n'ont pas le droit de propriété.

« Les biens des non-juifs sont comme des choses abandonnées.

« Le mensonge et le parjure sont permis vis-à-vis des chrétiens.

« Le chien vaut mieux que les Goyms. »
(Conf. *Le Juif selon le Talmud*, par Rohling.)

VII. Et cependant on les a émancipés !

L'adoucissement des mœurs, la pitié, la miséricorde, la charité y ont aidé ; et puis la poussée de la philosophie rationaliste et humanitaire du XVIIIe siècle.

L'Autriche a donné le branle. Le décret d'émancipation date de 1781. « Persuadé, disait l'Empereur, de la grande utilité qui ressort pour la religion et l'Etat d'une véritable tolérance chrétienne, Nous ordonnons de tolérer tous les cultes et leur exercice. Nous accordons aux Juifs la faculté de fréquenter les écoles chrétiennes, les lycées et les universités, avec le droit d'obtenir les grades et d'exercer toutes les professions. »

Joseph II préparait la décadence de l'Autriche en opprimant les catholiques et en émancipant les Juifs. La puissance des Juifs en Autriche date de cet édit de 1781.

Louis XVI suivit la même voie. Par un décret de 1784, il relevait la condition des Juifs en Alsace. Il préparait l'acte d'émancipation qui a été voté en 1791.

Ce décret de 1784 donnait aux Juifs d'Alsace toute liberté pour le commerce et l'industrie. Il maintenait cependant quelques sages précautions. Les Juifs ne pouvaient pas posséder d'autres immeubles que leurs maisons. Ils devaient garder une résidence fixe et ne pouvaient pas se marier sans autorisation. Leurs actes commerciaux et ¡paiements devaient être faits devant notaire ou devant deux préposés de la communauté.

L'émancipation successive du Juif a eu lieu en Europe par des lois portées en

Angleterre.	en 1849-1858
Danemark.	» 1849
Italie	» 1860-1870
Autriche	» 1867
Allemagne.	» 1869
Suisse	» 1866-1874
Bulgarie	» 1874
Serbie	» »
Roumanie	» »

— L'Espagne, le Portugal et la Russie attendent et se réservent.

VIII. L'émancipation n'a pas tardé à produire l'invasion et le péril juifs.

Quelle *faute capitale,* désastreuse, les nations ont commise en se débarrassant de la maternelle, discrète et prudente coopération de l'Eglise, et en substituant à l'antique droit chrétien qui les régissait, leurs fameux *droits de l'homme !*

Elles-mêmes ont ouvert alors la brèche par laquelle les Juifs ont passé et sont *devenus des souverains...*

— *Dès* 1825, l'anglais Cobbet dénonçait *la puissance des Juifs.*

En 1846, M. Toussenel écrivait la brochure : *Les Juifs, rois de l'époque.*

En 1844, Cerfbeer disait : Il n'est point d'emprunt public qu'ils n'accaparent, point de désastre qu'ils n'aient préparé et dont ils ne profitent. (*Ce que sont les Juifs de France :* introduction.)

Mais au fait, combien sont-ils de par le monde ces Israélites si encombrants? Un éditeur londonien publie chaque année un *Jewisk Year Book* où l'on trouve une collection de chiffres et de renseignements sur toutes les questions relatives au peuple juif.

D'après cet ouvrage, le nombre des Juifs répandus sur la surface du monde atteint environ 11 millions. Sur ce nombre, 7.900.000 habitent l'Europe, dont 4.500.000 en Russie et 1.800.000 en Autriche-Hongrie.

En Allemagne, on compte environ 567.000 Juifs, en Roumanie 300.000, en Turquie 120.000. Le nombre des Israélites fixés en Angleterre s'élève à 101.000. En France ils sont aussi environ 100.000.

C'est une faible proportion en regard des chrétiens, mais malgré cela ils sont les maîtres de la situation, parce qu'ils détiennent l'or et la presse, les deux principaux instruments de la domination parmi les peuples.

— Par *le capital* ils sont les maîtres de la production de la richesse.

A l'aide des *sociétés anonymes* ils dirigent toutes les grandes industries.

(Lire : *Les maîtres financiers des nations,* par John Reeves. Londres, 1887.)

— Les Rothschild, les Hirsch, les Erlanger, les Camondo, à Paris ;

— Les Oppenheim, à Vienne ;

— Les Hambro, à Hambourg ;

— Les Bischoffheim et les Cahen, à Anvers ;

— Les Lipmann et les Rosenthal, à Amsterdam ;

— Les Morpurgo, à Trieste ;

— Les Bleichraeder, les Mendelsohn, à Berlin ;

ont des fortunes qui leur permettent de faire le cours des valeurs, et de tenir en tutelle les Etats qui ont sans cesse besoin de recourir à l'emprunt.

(Cf. Claudio Jannet : *Le capital*.)

IX. En France, ils ne sont que 100.000 contre 38 millions de Français.

Or cette minorité infime de 100.000 Juifs donne, d'après les documents fournis à la Chambre lors de l'interpellation Denis :

49 préfets ou sous-préfets juifs ;

19 Juifs au Conseil d'Etat ;

10 Juifs à la Cour de Cassation ;

10 conseillers juifs à la Cour de Paris ;

Un nombre considérable et inconnu de Juifs dans les cours et tribunaux et dans l'enseignement ;

11 fonctionnaires juifs au ministère de l'Agriculture ;

21 Juifs à la direction des Postes ;

30 Juifs au ministère des Travaux publics ;

27 Juifs à celui des Finances ;

35 Juifs à celui de l'Instruction publique, etc., etc.

Il peut y avoir quelques erreurs, la religion étant toujours cachée par les budgétivores, mais cette liste ne dit rien des milliers d'emplois moins importants et dont les titulaires sont Juifs.

Ils remplissent les banques et le haut commerce.

Ils détiennent la presse.

Ils sont à l'assaut de l'administration, du barreau, de la science et de l'armée.

Presque toute la *grande presse d'Europe* est entre leurs mains, sauf quelques journaux catholiques, où ils ont même souvent un pied par le courrier de la bourse, les agences et les annonces.

Ex. : *Le Figaro* : Wolff, Millaud, Berr, Rosenthal (Jacques Sincère);

Le Gaulois : Arthur Meyer, Ferdinand Bloch;

Le Temps : Hément..., etc., etc.

La majorité du *Tribunal de commerce* de la Seine;

Un tiers des abonnés du *téléphone* à Paris ;

102 *banquiers* à Paris sont Juifs.

Les *grands magasins* dans nos grandes villes, toute l'industrie et le commerce en *Algérie* sont entre leurs mains.

On vient de créer une Ecole de droit à Marseille : sur 12 professeurs, 8 sont Juifs.

Il y a, à Paris, une chambre syndicale de la confection pour hommes, femmes et enfants.

La voici, d'après la *Libre Parole* :

Président d'honneur : Simon (juif). *Président* : Dury (non juif). *Vice-Président* : Salon (juif). *Secrétaire* : Lazard (juif). *Membres du bureau* : Cahen (juif), Mayer Cahen (juif), Akar (juif), Louis Bloch (juif), Behr (juif), Maurice Bloch (juif), Blum (juif), Salomon (juif), Dreyfus (juif), Guilhmassé (?), Lévy jeune (juif), Maus (?), Rothschild (juif), Salomon (juif), J. Lazard (juif), Weill (juif), Thiery et Sigrand (non juifs).

Soit 17 Juifs avérés, deux douteux, sur 22 membres.

X. Ce qui a lieu en France se reproduit dans toute l'Europe.

La Prusse qui comptait, au recensement de 1890, 372.059 Juifs, en a actuellement 379.716 sur une population de 20.351.448 habitants.

Voici, pour quelques villes, la population juive accusée par le dernier recensement :

Berlin	86.152
Francfort-sur-Mein	19.488
Breslau	18.449
Cologne	7.932
Posen	5.810
Hanovre	4.151
Kœnigsberg	4.076
Dantzig	2.474
Cassel	2.199
Magdebourg	2.006

« Le mouvement antisémite allemand, dit le pasteur Stœcker, est sorti des grandes transformations sociales qui se sont produites peu de temps après la guerre de 1870. Lorsque la haute finance et les boursicotiers eurent *englouti la plus grosse part des milliards* venus de France ; lorsque nos Juifs, plus nombreux et moins assimilés qu'en France, eurent *exproprié les paysans* de plusieurs provinces et *absorbé l'industrie et le commerce* des grandes villes, quand les *journalistes juifs,* maîtres absolus de l'opinion publique, c'est-à-dire de la presse, se sont mis à insulter journellement notre religion, en inondant en même temps la littérature de torrents d'immoralité et de dévergondage, alors nous nous sommes levés contre les détenteurs insolents de ces funestes pouvoirs... »

A Berlin, sur la population générale de la ville, les Juifs ne sont que 8 0/0. Cependant, ils sont 70 0/0 dans le barreau ; 60 0/0 dans la médecine ; 48 0/0 dans le commerce ; 36 0/0 dans la magistrature, en attendant mieux. A la cour d'appel, on compte 36 Juifs sur 54 avocats. Au tribunal de première instance, 200 contre 150 chrétiens. On compte 54 notaires juifs sur 150.

Par contre, parmi les gens de service il n'y a pas plus de 3 Juifs pour 1.000. Les Juifs aiment à se faire servir, ils n'aiment pas à servir les autres.

En Autriche : dans les huit journaux principaux qui paraissent à Vienne, il y avait en 1894 une centaine de rédacteurs juifs ainsi répartis :

— *Le Fremdemblatt,* organe du jour : 14 rédacteurs juifs.

— *La Neue Freie Presse :* 18.

— *Le Neuer Wiener Tageblatt :* 20.

— *La Presse :* 15.

— *Le Wiener Tageblatt* (officieux) : 12.

— *L'Illustrirtes Extrablatt :* 20.

— *La Vorstadtzeitung :* 6.

— *La Deutsche zeitung :* 6.

Eux-mêmes se vantent d'être tout-puissants par la presse. (Journal de Mayence.)

Les banques autrichiennes sont entre leurs mains.

Ils ont acheté ou hypothéqué la plupart des grandes propriétés. Ils détiennent même des patronats ecclésiastiques et nomment à 60 cures.

A l'Université de Vienne, sur 6.400 étudiants, il y a 2.500 Juifs. A la faculté de médecine, ils sont plus de 50 0/0.

Ils sont 2.500 officiers dans l'armée.

En Hongrie, il n'y a que 30 ans qu'ils peuvent acheter des propriétés, et déjà ils ont 30 0/0 du sol. Sur 3.000 grands propriétaires fonciers, 1.000 sont Juifs.

A l'Université de Pesth, 30 0/0 des étudiants sont Juifs, et ils ne sont que 3 0/0 dans le pays !

A Hambourg, à Anvers, ils détiennent le haut commerce.

En Italie, ils détiennent aussi les principales

banques. Ils ont occupé le ministère des finances sous plusieurs chefs de cabinets. Ils ont treize députés au Parlement.

XI. Quels sont donc les principes et les mobiles qui font leur force ?

Ils sont unis dans la haine du Christ. Ils ne pardonnent pas aux chrétiens l'humiliation séculaire qu'on leur a fait subir.

Ils sont essentiellement cosmopolites. C'est un peuple *dispersé* et non un peuple émigré volontairement.

Napoléon Ier au conseil d'Etat, en 1806, disait : « Les Juifs doivent être traités comme un *peuple particulier* et non pas comme une secte religieuse. »

L'écrivain allemand Schopenhauer a dit avec raison : « Le Juif éternel (Ashaver) est la personnification du peuple juif. La patrie du Juif, ce sont les autres Juifs; combattre pour eux, c'est pour lui combattre *pro aris et focis*. Il n'y a pas de société aussi unie que les Juifs. » (*Parerga*, II, § 133.)

L'un d'eux, Bernard Lazare, fait cet aveu :

« Les Juifs ne sont pas encore assimilés, c'est-à-dire qu'ils croient encore à leur nationalité. Ils résolvent le problème qui paraît insoluble de faire partie intégrante de deux nationalités : s'ils sont français et s'ils sont allemands, ils sont aussi juifs... On les considère comme une tribu d'étrangers ayant conquis les mêmes privilèges que les autochtones, et ayant refusé de disparaître. »

Claudio Jannet nous explique comment leur intérêt est de rester cosmopolites :

« Tous les grands marchés de marchandises sont en communication; toutes les Bourses sont solidaires, et il n'y a réellement pour l'argent et les capitaux mobiles qu'un seul marché qui embrasse l'univers. Il fallait un organe à ce nouvel état économique. Cette fonction que les Templiers, les Vénitiens, les banquiers florentins avaient remplie à l'époque où les croisades avaient créé l'unité entre les nations chrétiennes, les Juifs la remplissent de nos jours parce qu'ils sont *essentiellement cosmopolites.* » (*Le capital.*)

Leurs mobiles manifestes sont la soif de l'or et l'esprit de domination.

La passion des richesses, c'est chez eux un instinct de race. Isaïe le constatait déjà : *Unusquisque ad avaritiam suam, a summo usque ad novissimum.* (Ch. LVI.)

Karl Marx, dans son almanach de 1884, décrit le caractère de sa race : « Ne cherchons pas le secret du Juif dans sa religion. Son mobile est temporel, c'est la richesse. Quel est son culte ? acquérir. Son dieu ? l'argent. »

Leur désir de domination universelle est la forme qu'ils donnent aujourd'hui à leurs espérances messianiques. Le Messie, pour eux, c'est la puissance et la richesse du peuple juif.

XII. Quelle peut bien être leur organisation actuelle ?

On sait qu'après la prise de Jérusalem leur sanhédrin s'est transporté à Tibériade, puis de là à Babylone en Mésopotamie. Les princes du peuple ou satrapes se succédaient et constituaient le grand conseil de la nation.

Babylone était trop loin, ils se transportèrent à Constantinople qui était un centre d'action plus favorable. Ils y étaient encore au XVe siècle. Au XVIIe, ils se fixèrent à Amsterdam.

Au XVe siècle, le sanhédrin de Constantinople donnait au peuple dispersé sa ligne de conduite.

En 1489, les satrapes de Constantinople écrivent à leurs nationaux d'Arles :

« A ce que vous dites que le roi de France vous oblige à vous faire chrétiens, faites-le, puisque vous ne pouvez pas faire autrement, mais que la loi de Moïse se conserve en votre cœur.

« On commence à vous dépouiller de vos biens, faites vos enfants marchands, afin que peu à peu ils dépouillent les chrétiens des leurs.

« On détruit vos synagogues, faites vos enfants chanoines et clercs, afin qu'ils détruisent leurs églises.

« On vous fait bien d'autres vexations, faites en sorte que vos enfants soient avocats ou notaires, et que toujours ils se mêlent des affaires des Etats, afin que, en mettant les chrétiens sous votre joug, vous puissiez vous venger d'eux.

« Suivez cet ordre, et d'abaissés que vous êtes vous arriverez au faîte de la puissance... »

Sous le stathoudérat de Guillaume de Hollande en 1672, les Juifs obtinrent la liberté religieuse et le droit civil.

Plusieurs centaines de familles juives, chassées de l'Espagne et du Portugal, s'établirent à Amsterdam... Dans un court espace de temps, ils devinrent propriétaires de trois cent palais dans la ville, s'emparèrent de tout le commerce et des opérations de banque. Ils firent venir de *Constantinople* des *rabbins fanatiques* (les princes ou satrapes), et organisèrent *clandestinement* une alliance judaïque

— *Ghabaza* — contre les chrétiens indigènes. Amsterdam devint le centre de l'orthodoxie juive, d'où la propagande se répandit dans toute l'Europe.

J. Lémann doute qu'ils aient encore un sanhédrin organisé.

Le journal russe *Le Nord*, 23 août 1890, disait qu'ils obéissaient tous en Russie à leur kahal (ecclesia) et à l'Alliance israélite universelle.

Nous inclinons à penser que l'Alliance israélite universelle voile l'action secrète du sanhédrin qui serait encore à Amsterdam ou à Londres.

Les kahal sont des tribunaux religieux nationaux qui dépendent de l'Alliance israélite universelle.

Gougenot des Mousseaux, dans son livre *Le Juif*, raconte qu'il a connu un homme d'Etat prussien qui était averti par un juif de tous les événements révolutionnaires prochains. Il était persuadé qu'un conseil d'une douzaine d'individus menait le monde par les sociétés secrètes.

Blaetter, écrivain allemand franc-maçon, se plaint, dans son *Histoire politique,* de la domination des Loges juives et en place la direction à Londres.

Des actes de leurs synodes généraux ont été édités à Lemberg en 1866, à Leipzig en 1869.

XIII. Quelle est leur stratégie?

Ils veulent faire de Rome la capitale de leur empire universel. Rome serait sans doute le siège du gouvernement d'une république fédérale européenne et les Juifs en seraient les chefs.

« Le royaume de la liberté universelle sur la

terre, disait Stamm en 1860 à Amsterdam, sera fondé par les Juifs. »

« La domination des Juifs, disait Crémieux en 1861, est le messianisme des nouveaux jours, qui doit éclore et se développer. » Il ajoutait, en visant Rome : « Les Juifs élèveront sur les ruines de la chrétienté une Jérusalem nouvelle, capitale de la domination juive universelle et qui sera substituée à la double cité des Césars et des Papes. »

Stanle disait à Francfort en 1856 : « Rome qui, il y a 1800 ans, a foulé aux pieds le peuple juif, doit tomber par les forces réunies de ce même peuple, qui par là répandra la lumière sur tout le monde entier et rendra à l'humanité un service éminent. »

La situation actuelle de Rome, c'est donc l'œuvre des Juifs, servis par la franc-maçonnerie. C'est la revanche de la dispersion d'Israël. Mais ils visent plus loin et rêvent la domination de Rome sur l'Europe à leur profit.

Sir John Readclif a signalé leur tactique, leur mot d'ordre, dans le compte rendu des événements des dix dernières années, publié en 1884. Nous empruntons au journal *Le citoyen de Marseille,* du 6 nov. 1884, quelques citations d'un discours du rabbin président du synode général : « Nous pouvons espérer d'atteindre bientôt notre but qui est de régner sur toute la terre, comme cela a été promis à notre père Abraham.

« Jamais nos ancêtres n'avaient pu concentrer autant d'or entre leurs mains. Favorisons les emprunts, afin de prendre, en nantissement des capitaux que nous fournirons aux nations, l'exploitation de leurs chemins de fer, mines, forêts, usines.

« Chaque guerre, chaque révolution nous rapproche du but.

« Le commerce ne doit pas sortir de nos mains. Nous serons les dispensateurs des grains à tous.

« Les sciences, la médecine, la philosophie doivent faire partie de notre domaine. Nous dicterons au monde ce qu'il doit croire.

« L'Eglise est notre ennemie. Propageons la libre pensée, le scepticisme et les divisions chez les chrétiens.

« L'idée du progrès amènera la tolérance et la suppression de la religion dans l'enseignement.

« Après l'or, la seconde puissance est la presse : il faut que les nôtres aspirent à la direction de tous les journaux.

« Il faut entretenir le *prolétariat* et le mécontentement. Par ce moyen nous soulèverons la révolution quand nous voudrons..... »

Ce qu'a dit le rabbin président, tout le peuple d'Israël l'exécute.

Voulons-nous savoir quelle est la vivacité de leurs espérances ? Nous en trouvons la naïve expression dans un journal juif d'Algérie, le *Haschophet*. Commentant un verset d'Isaïe : *Et restituam judices tuos ut fuerunt prius...* (I, 26), il conclut en disant : « Le christianisme est sur le point de toucher à son terme. La tiare se débat contre le sceptre de la *révolution juive* de 1793 ; en vain elle veut se dégager des bras de fer du sémitisme qui l'étreint, tous ses efforts sont inutiles. »

XIV. Il nous reste à montrer comment la franc-maçonnerie et le socialisme sont des instruments du judaïsme.

La franc-maçonnerie actuelle est une concentration de diverses sectes hostiles à l'Eglise. Elle s'est organisée à l'assemblée clandestine de Wilhemsbad, au duché de Nassau, en 1781, sous l'inspiration d : Weishaupt, fondateur de l'Illuminisme.

Les Juifs prirent une part active à cette réunión, qui était présidée par le duc Ferdinand de Brunswick et favorisée par Frédéric II et par le prince de Saxe-Cobourg.

Les débris de toutes les sectes y étaient réunis : templiers, albigeois, manichéens, sociniens, cabalistes, illuminés, martinistes, perfectibilistes, francs-maçons, rose-croix, voyants, swedenborgiens, etc.

La plupart de ces sectes subissaient déjà l'influence juive. Les Juifs avaient toujours favorisé tout ce qui s'organisait contre l'Eglise. Les protestants à Wilhemsbad avaient aussi pour objectif de diriger l'activité des sectes contre l'Eglise et contre les nations catholiques.

C'est un juif portugais, Martinez Paschalis, qui avait fondé, en 1754, l'ordre des cohens, les martinistes, les illuminés français, les cabalistes.

En Allemagne, une jeunesse israélite ardente, passionnée et enthousiaste de Lessing, était entrée dans les sectes sous la conduite de Dohm.

De Maistre, dans un mémoire à Alexandre Ier en 1816, signalait le concours des Juifs et des sectes pour la Révolution.

Le comte de Virieu, au retour de l'assemblée de Wilhemsbad, prévoyait la chute des gouvernements catholiques et l'écrasement de la religion.

Le cardinal Caprara, alors nonce à Vienne, écrivait au Pape en 1787 : « Le danger approche, car de tous ces rêves insensés de l'illuminisme et du franc-maçonnisme, il doit sortir une effrayante réalité. Les visionnaires ont leur temps, la révolution qu'ils préparent aura le sien. » (Crétineau-Joly : *L'Eglise Romaine en face de la Révolution*, t. I. — Deschamps : *Les sociétés secrètes*, t. II, p. 113.)

L'influence juive dominait dans la Révolution, elle continue à régner dans les Loges.

Les chefs suprêmes de la franc-maçonnerie à Rome, Lemmi, Nathan, etc., sont des juifs, comme les chefs du socialisme antireligieux, Marx, Bebel, etc.

Dans les grands-orients des diverses nations, les Juifs dominent. Dans la liste des grades supérieurs à Paris, vous ne trouverez guère que des noms comme Weil, Mayer, Blum, Lévy, Goldschmidt, etc.

L'écrivain allemand franc-maçon Blaetter, dans son *Histoire politique*, se plaint lui-même de la domination des Loges juives. Il en place la direction à Londres, à Hambourg, à Leipzig. Une Loge dirigeante entièrement juive, dit-il, siège à Rome.

Le pasteur Stoeker montrait récemment, dans un congrès, la même alliance entre les Juifs et les socialistes.

— Que voulez-vous obtenir des Juifs ? lui demandait-on.

— Rien que leur faire baisser un peu la tête. Qu'ils se rangent un peu et laissent en paix la religion chrétienne. Leur argent je m'en moque ! je n'en veux qu'à l'usage mauvais qu'ils en font. Qu'on les empêche de détruire ce qui reste de bon dans la morale des masses, qu'on les fasse taire quand ils tentent de démolir les belles idées de patrie, de religion, de morale.

— Mais les socialistes n'en font-ils pas autant ?

— Justement ! les socialistes, ce sont eux ! Voyez-les ! Quels sont les chefs ! Liebknecht, Singer ! des juifs ! Leurs prédécesseurs, Lasalle, Karl Marx ! des juifs aussi ! Oh ! ils sont malins ! Ils veulent être du côté du manche le jour où une révolution éclaterait.....

— Vous croyez donc que le mouvement socialiste est un mouvement juif ?

— Je vois que dans les états-majors, ce sont les Juifs qui dominent, voilà tout. Avez-vous jamais vu les socialistes attaquer les Juifs ? jamais !

Il n'y a pas de doute, Judas vit toujours et la troupe qu'il conduit aujourd'hui contre le Christ comprend les francs-maçons et les socialistes.

XV. *Conclusion.* — Saint Thomas d'Aquin l'a dit avec sa pénétration habituelle : Dans une société chrétienne, les princes et les magistrats sont les collaborateurs de l'Eglise. Une telle société doit refuser aux Juifs toute part d'autorité dans l'Etat. Il serait insensé de nommer lieutenants du Christ ses plus obstinés négateurs.

- Les Juifs sont un péril pour la religion, pour la propriété et la liberté, pour la patrie.

Ils sont finalement hostiles à l'Eglise, qui est dans l'Etat l'instrument suprême de l'ordre et du progrès.

Ils sont cosmopolites et ne peuvent nulle part devenir sincèrement patriotes.

- Ils sont un péril pour la liberté du bien par leurs intrigues souterraines.

Ils sont un danger pour la propriété parce que les enseignements du Talmud leur ôtent tout scrupule et tout souci de justice dans leurs rapports avec les chrétiens.

Ces observations justifient amplement les résolutions que prenait récemment le congrès démocratique de Lyon à l'égard des Juifs et dont voici le résumé :

1° *Le décret de* 1791, qui a donné les droits de citoyen aux Juifs, doit être aboli, ainsi que le décret Crémieux sur l'Algérie.

2° En attendant, les Juifs doivent être exclus de *l'enseignement public,* de la magistrature, des emplois administratifs, et des grades dans l'armée.

3° Pour ce qui est de *l'opinion,* le congrès remercie les journaux qui ont mené campagne contre le sémitisme.....

4° Pour *les affaires,* le congrès réclame la réforme des lois sur les sociétés anonymes, sous lesquelles se cache l'action juive.

Il réclame l'application intégrale des lois sur les *monopoles et accaparements.*

5° Il demande que les Juifs soient exclus du commissariat de l'armée et des adjudications de fournitures...

Et nous, quelles seront nos résolutions?

Nous voudrons étudier, travailler, agir sur l'opinion, revendiquer les réformes qui ont été acclamées à Lyon.

Nous favoriserons en particulier les œuvres sociales chrétiennes.

Voyez en Alsace : M. Cetty, avec son syndicat et sa caisse de crédit, fait décamper les Juifs de Mulhouse.

Il rachète les biens expropriés et relève les familles de travailleurs. Ce sont maintenant, dit-il, les Juifs qui font banqueroute.

Pro aris et focis : c'est pour Dieu et pour la patrie

qu'il faut combattre. Suis-je donc né, disait Mathias Macchabée, pour voir l'écrasement de mon peuple? Et il cria de toutes ses forces dans la cité sainte en disant : Que tous ceux qui ont le zèle de la vérité me suivent! (I Macch., II.)

XVI. Le programme de cette conférence comprenait le judaïsme, le capitalisme et l'usure. L'abondance de la première partie a dépassé nos prévisions, nous serons plus concis pour la seconde.

Les mots *capital, capitaliste* ont un sens favorable. Le capital, c'est la réserve, le fruit du travail, l'instrument de la production. Le capitaliste, c'est le détenteur d'un capital.

Le mot *capitalisme* a deux sens odieux :

1º Le sens vulgaire, général : c'est tout abus de la puissance du capital.

2º Le sens scientifique : tous les abus du capital peuvent revenir à ceci : Abus du capital-argent, par l'usure ; abus du capital-marchandises, par l'accaparement et le monopole ; abus du capital-outils, par l'asservissement des travailleurs.

Le capitalisme est donc bien, comme le dit l'abbé Lémann, un protée aux formes multiples.

Le Père Monsabré a décrit le capitalisme avec son éloquence habituelle.

« Le dieu du jour, dit-il, c'est l'or. Qu'importe pour moi la religion, la patrie, l'ouvrier?... ce que je veux c'est de l'or.

« Mammon a ses pontifes, ses adorateurs, et, hélas ! aussi ses victimes.

« Les *pontifes* de Mammon, ce sont les *spéculateurs* aux desseins hardis, à la conscience cautérisée, aux entrailles impitoyables, qui dévorent par le mensonge et l'injustice l'épargne des petites gens et se taillent dans l'avoir de tous, par des vols gigantesques qu'on appelle des affaires, des fortunes scandaleuses.

« Les *adorateurs* de Mammon, ce sont les misérables qui se vendent sans vergogne et savent organiser la conspiration du silence autour de leurs lâchetés et de leurs trahisons, ce sont les cupides qui veulent avoir vite beaucoup et par tous les moyens pour jouir à outrance. Ce sont les prétendus honnêtes gens qui, perdant à la longue la sainte horreur de l'iniquité, fréquentent les pontifes de l'argent, se glissent dans leur intimité, recherchent l'union de leurs enfants sans se demander d'où vient leur prospérité.

« Les *victimes* de Mammon, ce sont ces légions d'hommes, de femmes et d'enfants dont on exploite les forces et le travail, sans souci de leur âme, de leur vie morale et religieuse, de leur éternel avenir : gens de peine et de misère qui, pouvant à peine suffire aux besoins de l'heure présente, sont impuissants à prévoir le lendemain et à se garantir des ressources contre la vieillesse, les maladies et les infirmités ; destinés à être mis un jour au rebut comme des instruments inutiles, sans savoir ce qu'il adviendra d'eux et de leur famille. Ils vivent en la compagnie de femmes qui, partageant leurs labeurs, n'ont ni le temps ni la force d'être épouses et mères comme elles le devraient. Ils voient leurs maisons peuplées d'enfants rachitiques et mal soignés... »

Le capitalisme a été aussi sévèrement stigmatisé par Léon XIII.

Empruntons quelques lignes à son Encyclique :

« Une *usure dévorante* est venue s'ajouter au malaise qui pesait déjà sur les travailleurs. Condamnée à diverses reprises par l'Eglise, elle n'a pas cessé d'être pratiquée sous une autre forme par des hommes avides de gain et d'une insatiable cupidité.

« D'autres se livrent aux *monopoles et accaparements*.

« Les riches doivent s'interdire religieusement tout acte violent, toute fraude, toute manœuvre usuraire qui serait de nature à porter atteinte à l'épargne du pauvre.

« Les spéculateurs *abusent des nécessités et de la faiblesse des travailleurs* pour satisfaire d'insatiables cupidités. — Une faction, maîtresse absolue de l'industrie et du commerce, détourne le cours des richesses et en fait affluer vers elle toutes les sources.

« Des patrons cupides abusent de leurs ouvriers et ne respectent ni leurs âmes, ni leurs santés, ni leurs foyers, ni leurs salaires. »

Les plaintes des socialistes à ce sujet ne sont pas toujours injustes. Citons-en quelques-unes.

Allemane : « La transformation sociale brisera les dernières chaînes de la servitude et forcera les travailleurs d'agir, sous peine de tomber dans l'abjection la plus dégradante, d'être livrés sans merci aux *grands seigneurs* du capital, maîtres, de par les *trusts* internationaux, des hommes et des choses bien plus sûrement que ne le furent autrefois, malgré leurs nids d'aigle et leurs gens de guerre, les grands seigneurs féodaux... »

Camille Pelletan : « A côté du malheureux qui crève de faim et qui finit par se tuer, un autre vit comme tout étourdi de ses richesses colossales. Un jour son père aura raflé 30 ou 40 millions dans un coup de bourse. Cela se voit dans ce bas monde où, disent les économistes, le capital représente l'accumulation du travail, la somme des services rendus... Ici le service a consisté à détrousser des milliers de familles par les manœuvres d'un jeu scandaleux... » (*Almanach socialiste.*)

Les économistes ne sont pas moins sévères.

« Ce qu'étaient, dit Leroy-Beaulieu, dans les temps agités du moyen âge, les grandes compagnies d'aventuriers et de brigands qui rançonnaient les marchands et pillaient les campagnes, les sociétés par actions le sont aujourd'hui, non pas toutes sans doute, mais beaucoup d'entre elles, avec plus de sécurité, plus d'impunité, plus de loisirs et plus de jouissances pour leurs fondateurs et directeurs. C'est une organisation savante et méthodique du pillage.

« Une série de mesures s'impose : surveiller les agissements de certaines agences véreuses, toujours à l'affût de quelque nouvelle spéculation ; ouvrir des enquêtes sérieuses sur les faits délictueux commis par ces sociétés anonymes qui se moquent de l'honnêteté publique et de la fortune des particuliers ; poursuivre la répression pénale des coupables menteurs qui jettent de la poudre aux yeux du public en inscrivant sur leurs prospectus : *Société au capital de 50 millions,* quand ces millions n'existent que dans leur imagination et dans la bourse des gens qu'ils veulent exploiter ; étendre la *solidarité* à tous ceux qui prêtent la main aux souscriptions publiques, aux banquiers, aux agents de change, aux courtiers de commerce, aux auteurs de fausses allégations, aux journaux *payés* pour vanter et prôner l'affaire. »

Rappelons ces faits de l'histoire auxquels fait allusion M. Leroy-Beaulieu.

L'aristocratie féodale était généralement paternelle et bienfaisante pour les laboureurs des campagnes. C'était le but de son institution.

Il y avait cependant quelques barons impies, écumeurs de routes et spoliateurs des faibles. Tel le comte Ezzelino de Vérone. Tels, en France, le baron des Adrets et d'autres que leurs crimes ont rendus célèbres : Hugues du Puiset, Guarin de Sens, Hugues de Brétigny, etc.

Les pauvres gens, marchands, artisans, laboureurs, étaient les victimes de leurs déprédations.

Louis VI le justicier, et son ministre Suger, abbé de Saint-Denis (le Père de la Patrie), châtièrent les oppresseurs.

Les pauvres gens des campagnes s'unirent aux troupes du roi. Les prêtres les encourageaient. A l'assaut de la forteresse maudite du Puiset, le curé menait ses paroissiens au combat.

Le premier il s'élança sur les palissades pour les arracher et il ouvrit la porte aux troupes du roi.

(Cf. Trognon, *Histoire de France*. An. 1113.)

Il ne s'agit plus aujourd'hui de lutte violente, mais par l'étude, par l'enseignement, par les œuvres, aidons les opprimés, arrachons les palissades et démasquons l'ennemi.

XVII. Il faudrait dire ici quelles sont les formes de l'usure moderne.

Nous ne voulons pas proscrire tout prêt à intérêt. Il y a aujourd'hui une quasi-productivité de l'argent, soit :

1° Par la tolérance de l'Eglise ;

2º Par la loi civile ;

3º Par un nouveau contrat : placement, prêt de production, *pecunia concessa,* comme dit Benoît XIV dans la bulle *Vix pervenit ;*

4º Par le titre devenu habituel du *lucrum cessans* à cause de la facilité actuelle de l'emploi productif de l'argent.

L'usure moderne résulte de l'inégalité oppressive dans les contrats.

On peut l'étudier dans les rapports :

1º Entre capitalistes et travailleurs : contrat de salariat ;

2º Entre capitalistes et entrepreneurs : location, prêt, association ;

3º Entre commerçants et consommateurs : accaparements et monopoles ;

4º Entre les capitalistes eux-mêmes, dans les cas d'agiotage, d'escroquerie, de coups de bourse, etc.

Le contrat de salaire devrait comprendre :

1º Le salaire minimum, destiné à assurer le pain quotidien de la famille dans les conditions ordinaires ;

2º Le salaire normal, destiné à assurer à l'ouvrier des moyens d'existence en cas d'accident, de maladie ou de vieillesse, par ses propres réserves ou par des institutions de mutualité ;

3º Le salaire juste, destiné à faire participer l'ouvrier à la plus-value qui est le résultat de son travail.

Le salaire à forfait élude cette participation,

Le patron équitable y pourvoit par l'élévation du salaire et les institutions diverses qui complètent le salaire.

On y remédiera surtout par le développement de la coopération et de la participation.

Le contrat de travail doit aussi tenir compte de tout ce qui concerne l'hygiène et la moralité des travailleurs.

Dans les relations entre capitalistes et entrepreneurs, signalons les abus qui se rencontrent dans les rapports entre les propriétaires et les fermiers, entre les chefs d'usines, les actionnaires et obligataires.

Les propriétaires s'en tiennent parfois au droit absolu de propriété du paganisme. Ils ne tiennent compte à leurs fermiers ni des années de disette, ni des cas de force majeure, ni des accroissements de valeur de la propriété.

Les actionnaires prennent parfois sous le titre de dividendes la part du lion. Les obligataires privilégiés gagnent encore quand l'entreprise est en perte. Les intérêts stipulés pour les uns et pour les autres sont parfois exagérés.

Voici maintenant quelques exemples d'accaparements et de monopoles.

Nous avons eu les accaparements des sucres, des cuivres, du pétrole, du café, du nickel, des cuirs. On annonçait ces jours-ci celui du soufre.

L'Italie avait mis un droit considérable sur l'exportation des soufres, 11 fr. par tonne.

L'Amérique tenta de s'en passer en tirant l'acide sulfurique des pyrites. En 1890 elle tirait de la Sicile 1.300.000 quintaux de soufre ; en 1892 850.000 quintaux seulement.

L'Angleterre fit de même.

L'Espagne et le Japon développèrent la production de leurs soufrières.

Le prix de la tonne en Sicile tomba de 110 fr. à 55.

Les producteurs siciliens demandèrent le retrait du droit de 11 fr. En même temps ils firent un concordat avec des spéculateurs anglais pour maintenir les prix. Les salaires restent bas. Producteurs et spéculateurs feront des profits aux dépens des travailleurs et des consommateurs.

L'usure entre les capitalistes eux-mêmes ou les manieurs d'argent est plus manifeste encore. Elle revêt cent formes diverses.

Citons l'agiotage financier, les coups de bourse, les fausses nouvelles...

Le lancement d'affaires véreuses...

Les réclames mensongères...

Les journaux de bourse...

Les bulletins financiers...

L'industrie des book-makers...

Tout une population vit de cela comme les pirates d'Algérie vivaient de leurs prises.

XVIII. *Conclusion.* — Il faut donc agir ; mais il faut étudier d'abord, pour ne pas agir en aveugles et sans discernement. Et cette étude des conditions modernes de l'usure réclame une application sérieuse.

Après avoir étudié, il faut enseigner, par le livre, par la presse, par les conférences, voire même par des prédications concrètes, qui sortent de la routine des dévotions de sentiment et de surérogation. Les Antoine de Padoue, les Bernardin de Sienne énuméraient dans leurs sermons toutes les formes d'usure ou d'injustice qui se rencontraient dans la pratique du commerce do leur temps.

Il faut agir par les œuvres et les associations. Parler est bien, mais agir est mieux. Les vrais défenseurs des faibles, les vrais démocrates chrétiens sont ceux qui de nos jours fondent des caisses de crédit, des syndicats agricoles, des secrétariats du peuple, des mutualités.

Favorisons les entreprises de coopération et de participation, pour réaliser ce que Léon XIII appelle une plus équitable répartition des produits du travail.

Il faut réclamer les réformes législatives nécessaires, une meilleure répartition de l'impôt, des lois sur le contrat de travail, sur la réglementation du travail, sur l'émission des valeurs, sur la création des associations, et contre les jeux de bourse, les accaparements et les monopoles.

Soyons vaillants et avec le Pape toujours.

Nous sommes envahis, dominés par le nombre, trahis par beaucoup. N'est-il pas trop tard ? Non.

Au combat de Monte-Libretti en 1867, les soldats du Pape étaient 80, leurs ennemis étaient 1.200.

Les 80 furent des héros:

L'amour du Pape était leur force.

Au plus fort de la lutte, voyant auprès de lui son clairon blessé qui cherchait à sonner encore la charge, *Guillemin* lui dit : Crie encore : Vive Pie IX ! cela donne de la force.

Nous, nous crierons : Vive Léon XIII ! et cela aussi nous soutiendra.

Les 80 furent vainqueurs des 1.200.

Nous vaincrons aussi avec la grâce de Dieu.

QUATRIÈME CONFÉRENCE

Le Socialisme et l'Anarchie.

I. Dès ses premières encycliques *Inscrutabili* et *Quod apostolici* en 1878, Léon XIII signale les dangers du socialisme et du communisme. Mais c'est surtout dans l'Encyclique *Rerum novarum* qu'il attaque de front cette doctrine, qu'il la réfute pleinement en montrant combien elle est injuste et contraire à la nature dans ses principes, combien elle serait funeste dans son application.

« En dehors de l'injustice de leur système, on n'en voit que trop les funestes conséquences : la perturbation dans tous les rangs de la société, *une odieuse et insupportable servitude* pour tous les citoyens, la porte ouverte à toutes les jalousies, à tous les mécontentements, à toutes les discordes : *le talent et l'habileté privés de leurs stimulants,* et, comme conséquence suprême, les richesses taries dans leur source : enfin, à la place de cette égalité tant rêvée, *l'égalité dans le dénûment, dans l'indigence et la misère.* »

II. Le socialisme économique, en soi, c'est la suppression de la propriété privée et la mise en commun des richesses acquises et des moyens de production. Dans ce sens strict, la vie commune des ordres religieux est une forme de socialisme volontaire.

La doctrine socialiste contemporaine ne se borne pas à la mise en commun volontaire et libre des biens acquis et des instruments de production ; elle veut imposer à tous le joug de cette communauté et de plus elle se complique de doctrines subversives de la religion, de la famille et de toute liberté.

III. Les causes de cette explosion actuelle du socialisme sont multiples. On peut mettre au premier rang les causes morales : la diminution de l'action évangélique, l'oubli de la philosophie chrétienne, l'effloraison des utopies philosophiques du xviii° siècle.

La diminution de la foi a ruiné l'esprit de justice et de charité dans les classes supérieures de la société, l'esprit d'humilité et de patience chré-tiennes dans les classes inférieures.

Mais il faut bien se garder de méconnaître les causes économiques du malaise contemporain.

L'*industrialisme* a amené,

    par les crises de surproduction et de chômage ;

    par les effets de la concurrence ;

    par l'iniquité des contrats de travail ;

    par la suppression des industries domestiques ;

    par l'entassement des travailleurs dans les cités industrielles ;

    par le travail des femmes et des enfants à l'usine, etc. :

un *mal-être* général,

une décomposition sociale, un mécontentement profond des classes déshéritées.

En même temps que l'industrie, le grand commerce désorganisait le travail. Le mal s'étendait partout, jusque dans la culture, qui prenait des allures industrielles ; jusque parmi les familles patriarcales de nos travailleurs de la mer. Un exemple entre cent :

Il y a dix ans encore, nos matelots allaient à la pêche *à la part* (en coopération). Chacun avait son lot de filets, il allait à la mer avec un patron de bateau, lui-même pêcheur, et sauf un prélèvement pour le bateau et le ravitaillement, on distribuait entre tous le bénéfice d'une année. Chaque homme gagnait alors, bon an mal an, 5.200 à 5.000 fr. sur lesquels il fallait déduire 7 à 800 fr. pour l'entretien des filets.

Mais les *saleurs* (entrepreneurs de salaison) ont acheté bateaux et filets et donnent un salaire fixe, qui fut d'abord de 130 à 150 fr. par mois, et qui est tombé à 70 fr., et il y a deux mois de chômage !

Comment les travailleurs et ceux qui leur portent intérêt n'auraient-ils pas cherché un remède à cet état social intolérable ?

Dès le milieu de ce siècle, après les premières exploitations de l'industrialisme, les théories émises par Babœuf, au siècle dernier, sur l'égalité, revinrent sur l'eau. Saint-Simon, Fourier les développèrent en France, en s'appuyant surtout sur le sentiment et en allant droit à la pratique par le projet d'une société communiste et égalitaire.

Karl Marx voulut aller scientifiquement à la source du malaise. Il appliqua au capital industriel les théories sur la *plus-value,* que Ricardo, Malthus et Stuart-Mill appliquaient à la propriété en Angleterre.

Les uns et les autres disaient, avec trop de fondement en fait : La propriété, l'industrie s'enrichissent, le salariat s'appauvrit; c'est donc que la propriété et l'industrie recueillent injustement la plus-value procurée par le travail.

En fait, cela s'est réalisé souvent dans notre siècle, sous le règne de la cupidité qui domine les âmes et dans l'état de désorganisation sociale où nous vivons.

Mais le remède n'est pas, comme nous le verrons, dans le socialisme. Ce serait l'accroissement indéfini du mal.

IV. Quelle est aujourd'hui l'importance de l'école socialiste ?

En France, elle compte cinq ou six branches : les Blanquistes, sous-divisés en deux tronçons ; les Broussistes, les Allemanistes, les Guesdistes (ou Marxistes français) et les Indépendants.

En 1897, les *Blanquistes* ont pour chefs Vaillant et Granger, assistés de Chauvière et de Walter. Ils sont plus politiques que sociaux et s'inspirent de Blanqui et de Babœuf. Ils s'attribuent 35.000 adhérents. Leurs progrès sont dus surtout à des influences locales. Ils ont conquis 50 municipalités dans le Cher, grâce à Baudin et à Thivrier.

Les *Broussistes* sont les socialistes d'Etat. Ils attendent leurs succès de l'action parlementaire. Ce sont les opportunistes du parti. Ils se nomment aussi Possibilistes. Ils ne comptent qu'un député, M. Lavy.

Les *Allemanistes* sont les partisans de la lutte des classes et de la grève générale. Ce sont des agités plutôt que des doctrinaires. Ils ont trois groupements régionaux : une fédération du Centre,

dont le siège est à Paris et qui compte 60 groupes ;
une fédération des Ardennes, dont le siège est à
Charleville, et une fédération de l'Est, centralisée
à Dijon.

Les *Guesdistes,* ou Marxistes français, sont les
collectivistes purs. Les noms les plus marquants
du groupe sont ceux de Guesde, Deville, Ferroul,
Chauvin, Carrette et Zevaës.

Les *Indépendants* sont des politiciens sans doctrines économiques précises. L'un d'eux, Fournière,
les décrit ainsi :

« Ceux qui, ainsi que moi, ne sont encadrés par
aucun des bataillons du socialisme militant : le
le *marxiste,* le *possibiliste broussiste,* le *possibiliste
allemaniste,* le *blanquiste nuance Vaillant,* le *blanquiste nuance Granger, l'intransigeant,* et se disent
socialistes sans épithète et marchent au canon quel
que soit le corps engagé, sont de beaucoup les plus
nombreux dans le parti socialiste. Ils ne sont pas
organisés en sections spéciales, mais ils comptent
des hommes tels que *Jaurès, Millerand, Viviani,
Sembat, Rouanet.*

« Pour ne parler que de Paris, alors que la
fraction broussiste n'a que deux députés, la fraction
allemaniste trois, la fraction blanquiste Vaillant
deux, la fraction blanquiste Granger trois, la fraction intransigeante trois, la fraction marxiste pas
un, ils en comptent sept. — De même au conseil
municipal : sur dix-neuf révolutionnaires, les non-
encadrés sont au nombre de six : les treize autres
appartiennent à quatre fractions différentes. »

On peut consulter, sur cette classification, l'*Association catholique* du 15 février 1897 : le *Monde
socialiste,* par de Seilhac.

La vérité est que le socialisme gagne du terrain ; il envahit les ouvriers des villes, atteint les ruraux et pénètre dans les couches supérieures de la société. Ce fait est incontestable.

Les syndicats ouvriers, les bourses du travail, foyers actifs du socialisme, voient leur nombre s'accroître d'année en année. Les doctrines du parti sont répandues à profusion par un nombre considérable de journaux et de revues. Il y en a pour toutes les catégories de lecteurs, depuis le *Père Peinard,* écrit en langue d'atelier, jusqu'à la *Revue socialiste,* s'adressant au monde savant. (Cette revue va toujours progressant par son importance et sa diffusion.)

Le socialisme augmente dans les grandes villes et dans les centres ouvriers, comme le prouve le nombre croissant des voix obtenues par les candidats socialistes dans les élections générales qui ont eu lieu depuis 1887. Cette année-là, les candidats du socialisme organisé ne réunirent guère que 30.000 voix. En 1889, les candidats possibilistes en obtinrent à Paris et dans les départements 53.000 ; le chiffre des voix données aux autres socialistes dans vingt départements fut de 153.000. Le 20 août 1893, les candidats socialistes de toute nuance arrivèrent à 600.000 (1) sur 7.153.000 voix émises.

Le collectivisme s'étendra dans les campagnes. Déjà il a conquis 100.000 voix de plus parmi les ruraux aux élections de 1893. Le mot d'ordre du socialisme international, depuis 1895, est de faire une propagande active dans les campagnes. A cet

______

(1) Ce chiffre devait s'élever en 1898 à 1.100.000 voix.

effet, on promettra aux paysans l'élimination de la grande propriété au profit de la petite et de la moyenne culture. C'est ce qu'ont décidé les congrès de Marseille (1892), de Roubaix, de Paris, d'Auxerre et de Zurich (1893).

Actuellement, le projet d'impôts sur le revenu présenté par le ministère radical, exempte d'impôts tous les revenus au-dessous de 2.500 fr., c'est-à-dire la majorité des cultivateurs propriétaires... Ce projet sera la plate-forme des prochaines élections et il aidera puissamment au progrès des radicaux-socialistes (1)...

Aux élections sénatoriales de janvier 1897, cinq départements ont été perdus pour les conservateurs : ceux de l'Ille-et-Vilaine, de la Mayenne, de la Nièvre, du Gers et de l'Indre.

Un manifeste adressé par le parti aux populations agricoles formule assez adroitement les griefs réels ou imaginaires des paysans. En voici les principaux passages :

AUX CULTIVATEURS

Citoyens,

« Pendant que se succèdent les gouvernements opportunistes et réactionnaires, vos souffrances s'aggravent : et il apparaît de plus en plus que les dirigeants ne peuvent pas ou ne veulent pas vous aider.

« M. Méline, qui vous a si longtemps leurrés de vaines promesses, ne peut aujourd'hui que constater votre détresse croissante : il ne peut ni trouver

(1) Ces prévisions, on le sait, ont été largement réalisées.

ni même chercher un remède. Pris entre les grands banquiers et spéculateurs du centre, et les grands propriétaires de droite, il ménage, par d'évasives paroles, les égoïsmes contradictoires de sa majorité, et il est incapable de sauver la production agricole, incapable de défendre la démocratie paysanne.

« L'heure est venue pour les travailleurs de la terre, pour les petits fermiers, les petits propriétaires, les métayers, les journaliers, les valets de ferme, de se sauver enfin eux-mêmes en formulant leur programme, en dressant le programme de leurs revendications.

« A coup sûr, travailleurs du sol, tant que le régime social ne sera pas transformé, que le travail ne sera pas souverain, tant que les deux tiers du sol appartiendront à la grande propriété oisive et à la finance, comme presque toute la production industrielle est monopolisée par le grand capital, il ne sera pas possible de guérir entièrement vos souffrances : il sera possible seulement de les soulager.

« Le parti socialiste vous convie donc à une œuvre double. Il vous invite d'abord à préparer avec lui une société nouvelle où ceux qui travaillent pourront jouir enfin des fruits de leur travail, au lieu d'être spoliés tous les jours par la rente du sol, par l'usure, par l'hypothèque, par l'agiotage, par l'impôt.

« Il vous invite aussi à préparer avec lui les réformes immédiates qui allégeraient un peu votre fardeau en attendant la complète délivrance.

« C'est dans ce but que les élus socialistes ont décidé d'ouvrir à la Chambre, aussitôt après le vote du budget, un débat d'ensemble sur la crise agricole. Nous voulons signaler le mal, ses causes profondes, ses remèdes. Nous voulons obliger le gouvernement responsable óu à apporter enfin des solutions décisives, ou à avouer sa misérable impuissance... »

Les signatures du manifeste nous révèlent les meneurs du parti; citons-les :

> Jaurès, E. Baudin, Antide Boyer, Calvinhac, Carnaud, Thierry Cazes, Chauvière, Chauvin, Coutant, Couturier, Gabriel Deville, Franconie, Gérault-Richard, Paschal Grousset, Jules Guesde, Clovis Hugues, Jourde, Lavy, Millerand, Rouanet, Sauvanet, Marcel Sembat, Vaillant, Pierre Vaux, René Viviani, Walter.

V. La multiplication des journaux du parti indique aussi ses progrès. Au commencement de 1897, l'Europe en compte 350. *L'Almanach de la question sociale* en donne l'énumération. Ils sont ainsi répartis :

France	91
Allemagne	73
Angleterre	9
Belgique	29
Italie	26
Autriche	37
Suisse	16
Hollande	18
Espagne	10
Portugal	12
Grèce et Etats balkaniques	12
Etats scandinaves	15
Pologne	9

C'est une propagande quotidienne et incessante.

Certains de ces journaux ont une existence éphémère. Ils tombent comme les feuilles des arbres. Mais ils revivent, ils se relèvent, ils se multiplient surtout dans les périodes électorales. Leur instabilité montre qu'ils sont les organes d'un parti pauvre, mais agissant et remuant.

VI. La statistique de la presse montre la vitalité du parti dans tous les pays d'Europe. Les rapports présentés par les délégués de chaque nation au congrès de Londres en 1896, montrent mieux encore les progrès universels de l'idée socialiste.

Pour l'*Allemagne,* écoutons Bebel lui-même, l'un des deux principaux chefs du socialisme allemand et le plus populaire :

« Nous avons, dit-il, 1.500.000 électeurs et 36 députés au Reichstag. Et ces résultats seraient bien autrement considérables si, comme en France, les élections pouvaient avoir lieu le dimanche, et si l'âge des électeurs était fixé à 21 ans au lieu de 25, car depuis longtemps les enfants sont nourris de socialisme. Mais, quand même, nous avons conscience que le parti s'augmente tous les jours ; l'agitation des réunions publiques de plus en plus suivies, l'expansion de la littérature socialiste et tant d'autres signes nous le prouvent... »

Les ressources des socialistes allemands montrent aussi leur force et leurs progrès. En 1894, ils disposaient déjà de 10 millions de marks, et voici l'emploi intelligent qu'ils en font : Honoraires aux 50 chefs : 10.000 marks chacun ; indemnité à 300 agitateurs : 5.000 marks chacun ; propagande dans 350 collèges électoraux : 3.500.000 marks ; subven-

tions aux journaux : 1.880.000 marks ; aux gré-
vistes et aux compagnons pauvres : 1 million.

Quand donc saurons-nous les imiter ?

En *Espagne*, en 1895 le socialisme a pénétré dans
quelques municipalités. Aux élections politiques il
a obtenu 7.000 voix en 1893 et 15.000 en 1896.
Comme le remarque le rapport du Comité national
au congrès de Londres, ce n'est qu'un début, mais il
y a déjà un progrès de cent pour cent en trois ans.

En *Hollande,* le 1ᵉʳ mai est fêté en bon nombre
de communes, il compte à Amsterdam plusieurs
milliers de manifestants. Le secrétariat national du
travail, à tendances socialistes, forme le trait d'u-
nion entre trente et une fédérations et associations
ouvrières qui comptent ensemble 18.700 adhérents.
Il était représenté au congrès de Londres.

En *Belgique,* les élus socialistes représentent
près du sixième du Parlement, et par leur propagande incessante, par leurs fédérations, par leurs
coopératives, ils sont en contact permanent avec le
peuple ouvrier.

En *Italie,* les élections marquent un progrès
constant et considérable dans le mouvement socialiste. Aux élections de 1892, les socialistes n'obtinrent que cinq sièges avec 26.000 voix. Trois années
après, en 1895, les voix socialistes montèrent à
70.000 pour faire triompher 13 candidats. Des élections partielles en 1896 ont donné la victoire aux
socialistes à Milan, à Imola dans les Romagnes, à
Carpi en Emilie. Aux dernières élections (1897),
vingt socialistes ont passé dès le premier tour, avec
141.000 voix. Les circonscriptions rurales de l'Emilie ont envoyé à elles seules cinq députés socialistes
à Rome. Un congrès national socialiste tenu à

Mantoue en 1885 comptait 99 délégués, représentant 132 associations. Le congrès de Florence en 1896 réunissait 300 délégués. On compte aujourd'hui, en 1897, 460 organisations locales avec 21.000 adhérents inscrits et payant leur cotisation, conscientes du but et formant comme le noyau de là nébuleuse socialiste qui s'élargit autour d'eux. A Rome, la chambre socialiste fondée en 1892 compte près de 11.000 membres.

En *Autriche*, les nationalités, si divisées pour le reste, s'entendent pour le socialisme. Elles ont formé un pacte d'entente au congrès de Prague en avril 1896. La puissance de la presse socialiste montre les progrès de la propagande du parti en Autriche. On y compte 65 journaux socialistes, politiques ou professionnels, avec un tirage de 229.000 exemplaires ; 750 syndicats ouvriers comptent ensemble 90.000 membres. L'augmentation, comparativement à 1893, a été de 100 %. (Rapport au congrès de Londres.)

En *Russie*, en 1896, l'action socialiste a soulevé des grèves auxquelles ont pris part 30.000 ouvriers. Une bonne partie des étudiants dans les universités sont gagnés à l'idée socialiste.

En *Angleterre*, l'esprit politique et socialiste pénètre de plus en plus par les Trades-Unions, et là aussi l'heure est proche où au Parlement même le parti socialiste pourra paraître et agir. — Les trades-unionistes sont comme les chevaux qui conduisent le socialisme. Au congrès de Liverpool, il y a deux ans, 1.500.000 trades-unionistes étaient représentés. Il s'agissait pour les socialistes de faire voter l'adhésion des trades-unions au programme collectiviste complet.

Il y a eu alors 53 voix pour et 263 contre. — Au congrès de Glascow (en 1895), le nombre des opposants est descendu à 153, et les partisans du programme collectiviste se sont trouvés au nombre de 128, c'est-à-dire à peu près en force égale.

(Déclarations de John Burns, membre du Parlement, citées par Huret dans ses enquêtes sociales.)

Il y a 12 socialistes au conseil municipal de Londres et ils ont déjà obtenu des résultats.

VII. Nous avons constaté les progrès rapides et universels du socialisme. Comment les expliquer ? Il y a sans doute dans la propagande socialiste des plaintes exagérées, des utopies sans fondement, des promesses vaines et irréalisables, mais il y a aussi, il faut le reconnaître, une *part de vérité.* Ce n'est pas en le niant que nous arrêterons le courant, c'est en reconnaissant loyalement ce qui est fondé dans les plaintes des prolétaires et ce qui est juste dans leurs revendications.

Il serait puéril de nier en bloc tous les faits apportés par les docteurs du socialisme. Les documents nombreux qui figurent dans le *Capital* de Karl Marx sont empruntés à des sources officielles. Engels est un statisticien de haute valeur. La science et la loyauté de Schöftle et de Henry George ne sauraient être mises en doute.

Fermer les yeux aux maux provenant de l'ordre économique actuel, c'est de l'optimisme. Laissons cette illusion aux médecins tant-mieux de l'école classique. Aux statistiques complaisantes, qui montrent la classe des travailleurs plus heureuse aujourd'hui qu'autrefois, les collectivistes répondent en haussant les épaules, et exposent la situation réelle du prolétaire de notre temps.

Avouons-le, les remèdes proposés par l'école socialiste ne sont pas tous entachés d'injustice ou d'utopie.

Lorsqu'on réclame la décentralisation, la protection des femmes et des enfants, la réglementation du travail de nuit, la réglementation de la spéculation, des monopoles et accaparements, la législation du travail, etc., nous ne pouvons qu'approuver ces mesures. (Conf. les résolutions du congrès socialiste de Marseille, en septembre 1892.)

Plusieurs de leurs vues sont justes. Ils décrivent des faits douloureux, ils rappellent des principes oubliés ou méconnus et ils concluent avec raison à la nécessité d'une réforme sociale.

1º Il faut le reconnaître avec eux, l'industrialisme contemporain a engendré, grâce aux crises de surproduction et aux chômages qui en résultent, grâce aussi à la désorganisation du travail, à la destruction du foyer, à l'oubli des devoirs du patronat, une nouvelle forme de paupérisme inconnue aux autres époques.

2º L'individualisme, qui a été la loi du travail en ce siècle, est contraire à la nature. La solidarité s'impose à l'humanité.

L'association produit l'ordre et la richesse et remédie à la pauvreté.

3º L'Etat a d'autres devoirs à remplir que celui d'assurer l'ordre matériel. Il ne doit pas seulement au peuple la justice au sens judaïque du mot. Il ne doit pas tolérer l'oppression et les abus de la force. Il est surtout le tuteur des petits et des

faibles et il doit dans une certaine mesure seconder la Providence.

4° Si l'inégalité est la loi de la nature et de la
vie universelle, le pouvoir social a la noble mission de la corriger en ce qu'elle a de contraire au
droit et à la morale.

5° La concentration rapide et anormale des
capitaux et le luxe des parvenus exaspèrent à
juste titre le peuple qui travaille péniblement.

6° L'agiotage effréné, le règne du capitalisme
et de l'usure font mépriser et haïr les richesses.

7° Il y a aujourd'hui un malaise général chez
les hommes de travail, à côté de quelques fortunes
insolentes : malaise chez l'ouvrier d'industrie, chez
l'ouvrier de culture, chez le travailleur de la mer,
chez le petit commerçant lui-même. Cette situation
anormale appelle une réforme sociale considérable.

Les premiers maîtres du socialisme reprochaient
à la société contemporaine des griefs trop réels.
Qui ne souscrirait la page suivante de Pierre
Leroux :

« Abolissez dans les lois et dans les mœurs le
repos du dimanche, le peuple des travailleurs
verra inévitablement son salaire diminuer, et, ce
repos ne lui venant pas en aide pour réparer ses
forces, sa vie en sera amoindrie et écourtée. — La
limitation de la journée de travail est une garantie
du loisir nécessaire et une protection contre
l'épuisement de la force de travail. — Le premier
devoir de l'Etat est d'empêcher les hommes de
priver leurs semblables de la vie par tous les
moyens capables d'atteindre l'existence humaine.
— Le travailleur placé dans l'alternative de mourir
de faim, lui, sa femme et ses enfants, ou de tra-

vailler quatorze heures par jour, n'est pas libre dans le consentement qu'il donne et qui n'est autre qu'un consentement au suicide. — Que les chefs d'industrie qui encouragent ou exigent un travail de quatorze heures ne viennent pas dire que leurs ouvriers y consentent et couvrir l'homicide de ce beau nom de liberté des contrats, de liberté des transactions. On peut toujours lui répondre : Vous n'avez pas le droit d'attenter à la vie de votre semblable, même avec son consentement...»

(*Almanach de la question sociale*, 1897, p. 28.)

Les socialistes n'ont pas entièrement tort, non plus, quand ils insinuent que la multiplication des suicides, de la folie et de la criminalité a coïncidé avec l'avènement de la grande industrie et la désorganisation du travail.

Le nombre des suicides n'a pas cessé de croître dans cette période. Il est maintenant de 9.000 par an. En 60 ans, le chiffre annuel a quintuplé.

La folie aussi se développe avec la civilisation industrielle et capitaliste. Le nombre des aliénés s'est accru de 41 % dans la période de 1872-1888.

On sait quels progrès effrayants a faits aussi la criminalité.

L'industrie a favorisé l'abandon du foyer, le paupérisme, la vie d'estaminet et l'alcoolisme.

N'y a-t-il pas aussi un fond de vérité dans les affirmations suivantes d'Allemane, de Camille Pelletan, de Jules Guesde ?

« Les travailleurs sont livrés sans merci aux grands seigneurs du capital, accapareurs et spéculateurs, qui par les *trusts* internationaux, sont les maîtres des hommes et des choses bien plus sûrement que ne le furent autrefois, malgré leurs nids d'aigles et leurs gens de guerre, les grands seigneurs féodaux. » (Allemane.)

« Tels banquiers raflent quelques millions dans un coup de bourse et les économistes continuent à dire que le capital représente l'accumulation du travail, la somme des services rendus par un homme intelligent à ses contemporains. Ici le service rendu a consisté à détrousser des millions de familles en provoquant un désastre par les manœuvres d'un jeu frauduleux. » (C. Pelletan.)

« Les consommateurs manquent parce que les travailleurs sont écrasés dans notre régime économique et n'ont pas de quoi consommer. Ils ont une trop faible part de la répartition. — L'esclavage antique a produit les beaux siècles d'Athènes en donnant aux citoyens des loisirs pour se livrer à l'art et à la science. Les machines aujourd'hui doivent remplacer l'esclavage en facilitant le travail et donner à tous des loisirs suffisants. » (J. Guesde, *Almanach de la question sociale.*)

Nous aurions mauvaise grâce même à nier à priori les prémisses suivantes d'un discours de J. Guesde :

1º Il y a séparation de plus en plus tranchée entre le travail, qui incombe tout entier à une classe, et le capital, qui est exclusivement détenu par une autre. De ce divorce entre les deux facteurs de la production découlent tous les maux de la société ;

2º Il y a une tendance universelle, pour diminuer les frais de production, à réduire au minimum les salaires des ouvriers. Cette loi fondamentale, tendancielle, suffit à briser toutes les bonnes intentions ou volontés des employeurs, prisonniers de l'ordre social dont ils bénéficient ;

3º L'offre du travail tend, de plus en plus, à

dépasser la demande ; d'où concurrence effrénée des travailleurs, travail des femmes et des enfants, travail de nuit.

4° Conséquences sociales de la rupture entre le capital et le travail : la guerre de tous contre tous, guerre entre prolétaires et capitalistes pour le partage du produit, guerre entre prolétaires et prolétaires pour le partage des salaires, guerre entre capitalistes et capitalistes pour le partage des profits ; insécurité générale devenue la condition normale de la société. »

(Discours reproduit par la Société libérale pour l'étude des sciences et des œuvres sociales.)

Nous reconnaissons même un fond de justice dans les observations suivantes de M. Soloview, citées par M. Huret (Enquêtes sociales), quoique nous n'acceptions pas du tout le remède qu'il propose, la nationalisation des principaux instruments de la production et de la distribution, et quoiqu'il exagère le rôle providentiel de l'Etat :

« Une des raisons d'être de la société par rapport à ses membres, dit-il, est d'assurer à chacun d'eux non seulement l'existence matérielle, mais encore une existence digne. Or il est évident que la pauvreté, au delà d'une certaine limite — quand elle devient sordide ou quand elle oblige l'homme à sacrifier tout son temps et toutes ses forces à un travail mécanique — est contraire à la dignité humaine et partant incompatible avec la vraie morale publique. La société doit donc garantir tous ses membres contre cette *pauvreté dégradante* en assurant à chacun un minimum de moyens matériels... La solidarité humaine, ce principe supérieur de la vie collective, veut que tout le monde soit également garanti du mal économique (la pauvreté dégradante), mais il ne demande pas que chacun ait une quantité égale de biens matériels, comme il n'exige pas pour tout le monde une taille égale ou une chevelure également épaisse.

« Il nous importe au point de vue moral que tous nos prochains soient également exempts de la misère, mais pas du tout qu'ils soient également riches.

« En dehors de l'*esclavage économique* qui doit disparaître comme a disparu l'*esclavage personnel et civil*, la différence des fortunes n'est qu'un fait extérieur, étranger à toute idée d'ordre moral...

« Le principe de la propriété dans son vrai sens peut bien être maintenu sans qu'on renonce pour cela au grand devoir social indiqué plus haut.

« Pour remplir ce devoir, pour assurer à chacun un minimum de moyens matériels indispensables à la conservation et au développement libre de ses forces morales et intellectuelles, l'Etat, comme *représentant exécutif de la société, sera forcé sans doute* à concentrer entre ses mains les principaux instruments de la production et de la distribution — fabriques, banques, voies de communication, maisons de commerce. »

VIII. Ces germes de vérité ne sont qu'un aspect du socialisme; il y en a un second, ses utopies et ses rêves, et un troisième, ses excès et ses violences.

Ce qu'il y a de vrai dans le socialisme lui a gagné les travailleurs opprimés et avides de justice. Ses utopies ont séduit les rêveurs et les hommes désireux d'une vie facile. Ses violences ont trouvé un écho dans l'esprit révolutionnaire qui règne dans les masses urbaines depuis un siècle.

Il importe de réfuter ses utopies.

Voici Lafargue qui démontre aux ouvriers de Fourmies que, sous le règne du socialisme, l'ouvrier en travaillant trois heures gagnera 10 francs par jour.

Un autre affirme, chiffres en main, que la nationalisation de la richesse rapportera 2.000 francs de rente par tête.

Il est facile de leur répondre que l'Etat est généralement mauvais administrateur. Ses chemins de fer en France sont ceux qui coûtent le plus de frais d'administration par kilomètre et qui rapportent le moins. Ses allumettes coûtent cher et sont détestables. Le meilleur stimulant du travail n'est-il pas l'intérêt privé ? Pour organiser une société, il faut prendre les hommes tels qu'ils sont et non pas tels qu'on les a rêvés.

Voici Jules Guesde qui nous dit que l'expropriation générale et le collectivisme social amèneront l'âge d'or : « Il n'y aura plus de classes et partant plus de luttes de classes, ce sera la grande paix. — Au lieu du principe égoïste « Exploitons-nous les uns les autres », nous verrons régner le principe de solidarité « Entr'aidons-nous les uns les autres. » — La liberté sera créée de toutes pièces, car la liberté, c'est le moyen d'accomplir sa volonté et de satisfaire ses besoins. — L'effort à faire par chacun sera réduit au minimum, le temps de travail social à fournir par chacun des membres valides de la collectivité sera immensément réduit..... » (Discours publié par la Société libérale des sciences sociales.)

Vraiment on ne peut pas mieux se moquer de ses auditeurs. Vous promettez la paix, mais, dans cette société collectiviste, il y aura des chefs préposés à la production et à la distribution des richesses, ces chefs seront élus à tous les degrés ; et vous croyez que ces élections se feront sans cabales, sans luttes et sans intrigues, dans une société où vous aurez supprimé tous les freins que la religion impose à la conscience et aux appétits ?

La liberté, dites-vous, sera créée de toutes pièces ; oui, la liberté d'obéir sous les sanctions d'un nouveau code pénal à vos chefs élus par l'intrigue.

Le temps de travail social sera réduit, dites-vous encore ; mais alors où seront les produits, avec un travail minime accompli par force, sans entrain et sans le stimulant de l'intérêt personnel ?

Ecoutons Paul Brousse, le chef des Possibilistes. Il lui semble que nous nous acheminons fatalement à l'organisation collectiviste. Il décrit cette transformation sociale :

« Les associations, les syndicats se forment. Ils deviennent les grandes compagnies, les monopoles. C'est un service qui se crée. Il arrive un moment où l'Etat s'en empare et l'administre lui-même au nom de la collectivité.

« C'est ce qui est advenu, par exemple, pour l'armée : autrefois c'étaient des particuliers qui équipaient des compagnies ; *les chefs payaient* de leur bourse les hommes qui se vendaient au plus offrant.

« Le même phénomène s'est produit pour l'*enseignement;* c'est également l'histoire des postes ; les chemins de fer, les téléphones, les omnibus, les mines sont à la veille de subir la même *loi de transformation fatale.*

« Ce seront des *services publics et gratuits.* »

Nous lui répondrons que certains services publics, comme les postes et l'armée, sont avantageusement dirigés par l'Etat. Ils sont gratuits en apparence, mais nous les payons lourdement par l'impôt. Mais, nous le répétons, tout confier à l'Etat, c'est détruire la liberté, la dignité humaine. C'est l'esclavage universel et, il faut le redire encore, ce serait la ruine universelle, parce que tous aspireront aux postes de direction et de surveillance et fuiront les travaux productifs; et la suppression de l'intérêt personnel et de l'amour de la famille détruira le principal stimulant du travail.

Voici maintenant M. Argyriadès, qui dépeint à son tour l'évolution socialiste :

« Le manque de débouchés dans les pays lointains, la concurrence que ces pays feront aux pays actuellement industriels, rendront de jour en jour plus précaire la production capitaliste européenne.

« Ces résultats économiques incontestables acculeront forcément la production capitaliste — cette production qui n'a qu'un but, vendre pour faire gagner de l'argent aux capitalistes — et l'obligeront à faire place à la production socialiste, c'est-à-dire à la production pour les besoins de la consommation des nationaux.

« La transformation de la production en vue des besoins de la société et non pas en vue de l'enrichissement de quelques individus, mettra fin fatalement et sûrement à cette situation intenable comme à cette monstruosité économique dont tout le monde souffre plus ou moins, même les riches, par l'incertitude du lendemain....

« La solution socialiste est au bout de cette tourmente. Cette solution délivrera le prolétaire de ses souffrances, tout en ouvrant, par la distribution équitable des richesses, une ère de bonheur et de félicité pour l'humanité tout entière.... »

En résumé, les patrons actuels seront remplacés par des employés de l'Etat. Ce sera quelque chose comme le travail des prisons ou celui des galères. Je ne vois là qu'un changement de maîtres et je n'en augure rien de bon. Si les chefs d'usines actuels se heurtent à la concurrence étrangère, l'Etat en sera-t-il exempté? Les patrons sont bien imparfaits, mais il y a encore entre eux et les travailleurs certains liens traditionnels et quasi-familiaux. Je n'attends rien de bon de ces sous-préfets du travail qu'on nous promet, élus par un parti, sortes de policiers ou de gendarmes sans liens avec leurs administrés, qu'ils quitteront à bref délai pour aller ailleurs ou monter plus haut.

Rarement les collectivistes ont tenté de décrire la société qu'ils nous préparent. Il est bien plus commode de dénigrer la société actuelle. « La critique est facile, et l'art est difficile. » Ils ont cependant esquissé quelquefois l'âge d'or qu'ils espèrent réaliser.

Bellamy, cité par l'*Almanach de la question sociale* de 1897, dépeint ainsi le régime du travail dans la société de l'avenir :

« Le *service industriel* commence plus tard et finit plus tôt que la période moyenne de travail de votre temps. Vos ateliers étaient remplis de femmes et d'enfants. Nous, nous considérons que l'adolescence doit être consacrée à l'éducation. De même la seconde maturité, qui voit les choses commencer à décroître, appartient au repos et au bien-être. La durée du service industriel est de 24 ans. Elle commence lorsque l'éducation est terminée, à 21 ans, elle se termine à 45.

« Le 15 octobre de chaque année est ce que nous appelons le jour d'inscription. Ceux qui ont atteint 21 ans sont inscrits au service industriel, et ceux qui ont atteint 45 ans sont inscrits comme libérés. C'est notre grande fête annuelle..... »

Mais cela, c'est toujours cette société enrégimentée qui rappelle les « travaux forcés. » Que deviendront l'art et l'habileté du travail, si vous ne commencez l'apprentissage qu'à 21 ans? Nous aussi, nous voulons éloigner la femme de l'usine, ménager l'adolescent et le vieillard, mais nous voulons arriver à cela sans organiser l'esclavage universel.

La *contrainte,* en vue d'une égalité chimérique et révoltante, c'est une utopie et une violation des lois de la nature.

Le travail et la liberté de l'homme livrés à l'*arbitraire d'une autorité sans frein,* n'est-ce pas encore une tyrannie intolérable?

Le *ressort de l'activité* personnelle et du progrès humain *brisé* par la suppression de la propriété et de l'héritage, n'est-ce pas la diminution assurée de la production et l'appauvrissement social à bref délai?

Quelle garantie aurons-nous d'une distribution plus équitable?

Prêcher le socialisme, c'est donc bercer la misère humaine par une *chanson nouvelle* et sans fondement, le collectivisme devant laisser subsister et même accroître vraisemblablement l'injustice, les luttes sociales et la misère.

Le ressort le plus actif de la civilisation a toujours été le noble et fier amour-propre de chacun, l'orgueil de marcher en avant et, comme but final, l'intérêt de jouir des fruits de ses efforts personnels.

Le levier du progrès serait brisé.

La *propriété :* quelle joie irréprochable et profonde le paysan trouve dans l'amélioration de son petit domaine, qui a été celui de ses aïeux et qui sera celui de ses enfants !

Quoi de plus noble et de plus touchant, de plus normal et de plus sain, que le foyer conjugal avec ses devoirs, ses plaisirs, sa tendresse, son dévouement ?

Que de mobiles pour l'activité et le progrès, chacun s'ingéniant pour assurer à la compagne de son choix et à ses enfants un avenir heureux !

En échange de ce paradis perdu, que nous donnera cet hétaïrisme général ? Pas même l'égalité des plaisirs charnels, car les individus les plus beaux, les plus forts, les plus coquets, les plus voluptueux, prendront les satisfactions les plus étendues aux dépens des autres !

Vous voulez tout remettre aux mains de l'*Etat ?* Mais l'Etat doit *respecter* les organes sociaux, les individus, les associations. Il doit les aider sans les détruire.

Il doit *laisser faire,* lorsque l'initiative privée, individuelle ou collective est suffisante.

Il doit *aider à faire* lorsque l'initiative privée existe mais ne suffit pas à atteindre le but.

Enfin, il ne doit *faire par lui-même* que ce qui concerne les services publics, qui, par leur nature, dépassent les forces et les ressources privées.

L'Etat a déjà aujourd'hui en France 500.000

employés, et il n'est chargé que des services publics. Il lui en faudra 4 à 5 millions, si vous lui donnez tout à diriger, et qui restera-t-il pour travailler?

Toutes les *fonctions* seront *électives?* Mon Dieu, que d'intrigues ! que de violences ! Ce ne seront que divisions, déchirements et luttes de partis.

Et puis *le mode de répartition* des revenus? D'abord, les socialistes en ont changé plusieurs fois : selon le *programme d'*Eisenach, l'ouvrier aurait la *valeur totale de son travail.* Quelle mesure prendre pour évaluer cette valeur? Dans la grande industrie, les produits passent par tant de mains ! quelle sera dans le produit final la part due à l'intelligence et au travail de chacun?

Dans le *programme de* Gotha, on ne considère que *les besoins de chacun.* Ce sera la paresse récompensée......

Chacun fera valoir ses besoins sans se gêner pour le travail. La misère générale en résultera.

Il ne sera plus question d'art ni de littérature, il ne restera ni assez de loisirs ni assez de richesse dans cette société où le travail n'aura plus de stimulant.

Au résumé, ce sera l'abaissement général, l'égalité dans la misère, la servitude et les travaux forcés pour tous.

Concluons cette réfutation de l'utopie collectiviste par quelques pensées d'une fine critique empruntées à Eugène Richter, député allemand, et citées dans le livre de M. Huret :

« Plus de capital ! chacun a son petit *carnet de bons* avec sa photographie. On paie tout avec cela, son tabac et sa blanchisseuse. *On tire au sort les professions* et le rang, car tout le monde voudra être peintre ou musicien, inspecteur ou contre-maître. On tire au sort les *domiciles,* car chacun voudra demeurer dans le château... et les paysans voudront tous venir en ville. Pour ne pas faire de jaloux, on changera de résidence tous les six mois. Tous les meubles étant pareils, inutile de démé-nager... *La journée de huit heures* pour tout le monde ! quand on va demander un médecin après la journée finie, il refuse de se déranger, naturelle-ment. Plus de riches, plus d'équipages, plus de domestiques. Chacun va chercher *sa portion* dans les cuisines de l'Etat. Chacun 700 grammes de pain et 150 grammes de viande par jour. On ne boira de la bière que les jours d'anniversaire de Bebel et de Lassalle. Les théâtres seront gratuits... mais les paysans veulent aussi aller au théâtre. Pourquoi pas ? Alors tous les dimanches on enverra 10.000 Berlinois à la campagne (tant pis s'il pleut), et 10.000 paysans viendront à la ville..... »

IX. Après la réfutation de l'utopie collectiviste, nous ne pouvons pas omettre de signaler la vio-lence des principaux tribuns du parti et le péril que cette agitation fait courir à la société.

Au fond de la question sociale il y a toujours une question de doctrine. L'idée-mère du socia-lisme, c'est la philosophie athée, la philosophie matérialiste et utilitariste avec Hegel, Feuerbach et Stuart-Mill.

D'après ses propres théories, le collectivisme doctrinal n'apporte pas seulement un changement radical dans l'ordre économique, mais une nouvelle conception de la vie humaine.

Il veut l'*athéisme* à la place de la religion, ou mieux la *divinisation de l'homme,* soit dans l'Etat par le collectivisme, soit dans l'individu par l'anarchie ;

Le *collectivisme intégral* dans la production ;

L'*optimisme sans frein* dans l'éthique ;

Le *matérialisme* dans la métaphysique ;

La *dislocation de la famille ;*

L'autorité absolue de l'Etat dans l'éducation.

C'est une synthèse de toutes les erreurs doctrinales.

C'est-à-dire qu'en nous ôtant la liberté politique et économique, il croit nous dédommager en nous donnant la liberté... vis-à-vis de Dieu et des mœurs !

Le socialisme est impie.

« Nous sommes, dit le journal belge *Le Peuple* (28 juin 1892), de ceux qui croient qu'entre l'idéal socialiste et l'idéal chrétien l'antagonisme est irréductible. »

« Les chrétiens ou les croyants de n'importe quelle espèce ne peuvent plus exister, dit le *Vooruit* (3 juillet 1893). Les églises, les chapelles, les couvents doivent être démolis et réduits en poussière. »

Un orateur du parti disait au Congrès de Gand, en 1877 : « Nous aurons le plaisir d'assister à l'agonie des prêtres. Couchés dans les fossés des routes, ils mourront de faim lentement, terriblement, sous nos yeux. Ce sera notre vengeance et, pour le plaisir de cette vengeance, joint à une bouteille de Bordeaux, nous vendrions volontiers notre place au ciel ! Le ciel, nous n'en voulons pas. Ce que nous désirons, c'est l'enfer, l'enfer avec tous les plaisirs qui le précèdent, et nous abandonnons le ciel au Dieu des Papistes. »

— *Le Mirabeau* (journal belge) : « L'idée de Dieu est immorale et absolument contraire à tout progrès. »

— *L'Ami du peuple :* « Nous serons esclaves tant que vivra un seul prêtre, nous déclarons une guerre à mort à la réaction, au droit divin, à la république bourgeoise, au capital, à l'Eglise, à l'Etat, à toutes les manifestations de la vie sociale actuelle. »

La *famille* n'est pas sacrifiée moins cyniquement par eux que la religion.

« Tous les socialistes, dit Benoît Malon (*Socialisme intégral,* p. 377), admettent que les unions de l'avenir doivent être fondées sur le choix libre et être résiliables quand le sentiment qui les inspira n'existe plus. »

« Il faut substituer la communauté à la propriété individuelle, dit encore Benoît Malon : or, le mariage est aussi une propriété et la pire de toutes. Il est en outre une institution absurde et immorale ; l'abolition du mariage, loin d'ouvrir les portes à la dépravation, n'entraînerait avec elle que des conséquences heureuses, et consacrerait l'égalité de l'homme et de la femme. » (*Le Peuple,* article de Benoît Malon, 1892.)

« Ce n'est pas le sentiment de la famille, dit Bebel (cité par Huret), qui est le fond de l'institution du mariage, mais le mariage est seulement le produit des institutions économiques. Quand l'héritage sera supprimé, quand l'éducation des enfants sera publique, que restera-t-il de la famille ? La famille, telle qu'on la comprend de nos jours, se dissoudra d'elle-même... »

« La société, dit le *Vooruit* (6 juin 1891), se chargera de l'éducation des enfants, de la fabrication du matériel vivant. Des fonctionnaires de l'Etat se chargeront d'élever et de former les enfants. La société ne peut pas tolérer qu'un enfant soit élevé en particulier, en dehors de sa surveillance ; car la société doit considérer chaque enfant, chaque homme comme une partie de la grande machine sociale. »

« Le père n'a aucun droit sur ses enfants. » (Vandervelde, *Le National,* 1 juil. 1893.)

Pour *la propriété* et *le capital,* on sait déjà ce que veulent les socialistes ; rappelons-le brièvement :

« Une révolution viendra. Cette révolution sera le souffle qui anéantira ce moribond, la propriété individuelle. La terre appartient à tous. Allons, messieurs les propriétaires terriens, déménagez de bonne grâce, si vous ne voulez pas que nous vous donnions un coup de main ; la terre doit appartenir à la collectivité. » (Le citoyen Léo : Aux paysans.)

« La Banque Nationale, elle aussi, périra, soyez-en sûrs. Ou plutôt elle sera prise d'assaut par l'armée destructive des abus. » (Ed. Picard, *Le Peuple,* 10 déc. 1884.)

« A l'œuvre, camarades ! Tout ce qui est capitaliste est l'ennemi. Debout, travailleurs ! En guerre ! La guerre à mort contre le capitalisme. A nous la direction des usines, du commerce et de l'agriculture. » (Anseele, meeting du 20 sept. 1896.)

Pour *la patrie :* « Tous en avant, au cri de : A bas le préjugé patriotard ! » (Le député Smeets, *Le Travail,* nov. 1894.)

« Votre patrie est un territoire fermé... Cette patrie-là, nous ne l'aimons pas, nous la foulons aux pieds. » (Vandervelde, député, le 7 déc. 1894.)

Pour les *moyens à prendre* on ne sera pas scrupuleux. On imitera et au besoin on dépassera la Terreur et la Commune.

« La Révolution que nous voulons, c'est celle de 1793, celle des Hébertistes, celle de 1871, celle des Communeux, celle qui fauche, celle qui désagrège tout ce qui lui résiste... » (*Almanach de la question sociale,* 1894.)

« Le 18 mars 1871, l'orient social s'embrasa des lueurs fulgurantes du soleil rouge de l'ère nouvelle... Nous sommes les héritiers de la Commune; elle nous a transmis ses aspirations et nous a chargés de la venger... Ce que voulaient les Communards, nous le voulons aussi. Un jour viendra, proche et inévitable, où le ciel entier sera embrasé, où la justice et l'égalité auront pour toujours dissipé l'ombre que projette autour de lui le capitalisme : ce sera la résurrection de la Commune vengée et triomphante dans la révolution sociale. » (*Le Peuple,* 18 mars 1895.)

« Les bourgeois doivent prendre garde : s'il venait un second Robespierre, il ferait peut-être mieux la besogne que le premier. » (Basly, meeting à Bruxelles, 3 mai 1892.)

Jules Guesde, dans le journal *l'Egalité,* n'a pas été moins franc. « Pour préparer le collectivisme, il faut que l'Etat s'empare de toutes les forces de production sans exception. Il faut que l'industrie sociale et le commerce social soient substitués à l'industrie et au commerce privés. Et pour y arriver, nous sommes déterminés à ne reculer devant aucune mesure, quand nous aurons conquis le pouvoir. Nous n'aurons pour cela qu'à suivre l'exemple de la bourgeoisie qui, pour s'affranchir, n'a pas craint de garder *plusieurs années en permanence la guillotine* sur la place de la Révolution... »

Tel est le socialisme, qui a déjà conquis les ouvriers d'industrie et qui commence à gagner comme un phylloxera ceux des campagnes.

La statistique électorale montre assez la rapidité de ses progrès. Il a eu en France :

            30.000 voix .   .   .   .   en 1885.
           176.000   »   .   .   .   .   en 1889.
           600.000   »   .   .   .   .   en 1893.

Nous avons constaté la violence des meneurs. Les socialistes modérés ou politiciens ne sauveront rien. La logique et la faiblesse les conduiront jusqu'au bout. Jaurès n'a-t-il pas chanté la *Carmagnole* à Alby ?

Le Conseil municipal de Paris n'a-t-il pas voté à une grande majorité (contre 9 opposants) l'achat de l'*Histoire de la Commune de Lisagaray* pour les bibliothèques populaires de Paris ?

Le conseiller Breuilh n'a-t-il pas répondu aux opposants que les socialistes du Conseil sont les fils de la Commune ?

X. Le parti anarchiste diffère essentiellement dans son but du parti socialiste.

Celui-ci exagère l'action de l'Etat, celui-là supprime l'Etat et ne laisse subsister que l'organisation communale ou même l'individualisme absolu.

Pour les moyens à prendre, les anarchistes poussent à l'extrême la violence mise en honneur par les socialistes avancés.

Donnons d'abord un aperçu historique de l'anarchisme.

Le russe Bakounine en est le fondateur et l'organisateur.

L'année 1865 avait vu la fondation de l'Association internationale des travailleurs, association d'études économiques d'abord, association politique et socialiste ensuite.

Karl Marx y présidait.

En 1868, Bakounine essaie d'y pénétrer. Exclu par Marx, il fonde l'Association internationale de la démocratie socialiste, noyau de la future Fédération jurassienne, d'où sortira quatre ans plus tard le parti anarchiste.

En 1869, à Bâle (4ᵉ Congrès de l'Internationale) Bakounine l'emporte et fait voter *la liquidation générale* et *l'abolition de l'Etat.*

En 1871, Bakounine fonde la Fédération jurassienne. Marx voulait un Etat populaire centralisé et par conséquent une centralisation autoritaire.

Bakounine réclame la libre fédération des libres associations industrielles et agricoles ou le fédéralisme anti-autoritaire.

En 1872, congrès de La Haye : Bakounine ne peut s'y rendre (il a des condamnations en France et en Allemagne).

En 1873, à Genève (6ᵉ Cong.) Bakounine triomphe.

Bakounine s'inspirait des idées nihilistes qui avaient cours en Russie. Herzen, disciple de Hégel, avait commencé à les propager dès 1834, à Moscou, où elles gagnèrent la jeunesse universitaire. Bakounine en fut le *boute-feu.*

Les principes anarchiques ont été formulés par le congrès de Berne, en 1876.

Bakounine était mort. Elisée Reclus, Paul Brousse, Jankowsky, J. Guillaume, Salvioni réunirent à Berne un congrès des révolutionnaires et rédigèrent leur programme.

La Commune de Paris y est flétrie comme un type de gouvernement autoritaire, à cause de la reconstitution des services publics.

Programme. 1. Partie négative :

Il n'y a plus rien ;

Plus de propriété ;

Plus de patrie ;

Plus d'Etat...

2. Partie affirmative :

Fais ce que tu veux ;

Tout est à tous.

Deux délégués italiens, Carlo Cafiero et Enrico Malatesta, posent les principes de *la propagande par le fait.*

« La fédération italienne, disent-ils, croit que le fait insurrectionnel, destiné à affermir par des actes les principes socialistes, est le seul moyen de propagande efficace. »

Les statuts de l'Internationale d'Italie portent : « Chacun prendra pour base de ses principes religieux la libre-pensée ou l'adhésion à une secte quelconque ennemie de l'Eglise catholique... On devra prêter main-forte à tout ce qui peut nuire au catholicisme et favoriser le protestantisme... En cas de guerre avec l'étranger, il faut de suite passer à l'action, incendier le plus grand nombre d'églises et en particulier *le Vatican,* forcer les prêtres à émigrer et réveiller dans les masses le souvenir historique des *Vêpres siciliennes.* » (Cité par le comte Soderini.)

XI. Si l'on veut remonter plus haut que Bakounine, il n'est pas difficile de reconnaître dans l'histoire les précurseurs de l'anarchisme.

Rabelais avait donné pour règle à Thélème « Fay ce que vouldras »; c'est la formule même de l'anarchie.

Münzer, l'anabaptiste qui souleva diverses provinces allemandes en 1520, avait pris pour mot d'ordre : « A chacun selon ses besoins. »

La Boëtie, ami de Montaigne, dans son traité de la *Servitude volontaire,* donnait pour base à toute vraie société l'égalité native des hommes, et il supprimait la hiérarchie.

Diderot disait : « La nature n'a fait ni serviteurs ni maîtres »; et Rousseau : « L'inégalité est le fruit de l'état social. » C'était prêter des armes au parti anarchique.

A la Révolution, les Hébertistes, les Bavouvistes, les Enragés dirigés par Jacques Roux professaient les principes égalitaires les plus absolus.

Proudhon avait dit : « Il ne faut plus de gouvernement. La souveraineté réside en chacun et s'exerce dans la sphère du municipe. »

XII. Il ne faudrait pas croire qu'il n'y a parmi les anarchistes que des tempéraments violents, des natures sauvages et féroces. On y trouve aussi des penseurs, des rêveurs, des utopistes.

Ecoutez les explications de l'italien Malatesta :

« Une fois mise en commun la propriété individuelle, qui est la grande cause des injustices et des luttes entre particuliers, les conflits qui se produiront ne sauraient jamais être d'une telle importance qu'ils puissent pousser une partie des hommes à renoncer à leur liberté et à se jeter dans les bras

d'un gouvernement qui, comme toujours, sous prétexte de faire de l'ordre, opprimerait.

« Quelles sont donc les fonctions essentielles
du gouvernement à l'heure qu'il est ? l'armée et
la police. A part cela vous ne trouverez pas une
seule chose qui ne se fasse ou ne puisse se faire
mieux sans le gouvernement.

« Et ces deux institutions-là sont-elles utiles ?
Elles n'ont de raison d'être que la propriété
privée et l'égoïsme national. » (Cité par Huret.)

Résumons encore d'autres utopies formulées par
les écrivains de la secte :

« Le *capital* : c'est le travail des autres accumulé
dans les mains d'un seul, d'un voleur.

Le *mariage actuel* est une prostitution organisée
en vue de l'héritage.

Le *gouvernement* est inutile puisque les individus
ont la liberté de discuter ses lois et d'envoyer pro-
mener l'autorité si elle les embête.

La *société à venir*, c'est le droit à l'aisance, l'aisance pour tous.

Il n'y aura *plus de fainéants* puisqu'il ne s'agira
plus de travailler pour autrui.

Plus de criminels, les crimes étant causés par la
richesse des uns et la misère des autres.

L'homme reviendra à sa *bonté native*.

Le progrès sera indéfini. Il suffira de travailler
5 heures ou même 3 heures par jour.

L'azote solidifié remplacera le pain ; les rayons du
soleil emmagasinés remplaceront la houille, etc. »

XIII. Quels peuvent être leur nombre et leur
organisation ?

Ils procèdent par *groupes*.

Ce sont des réunions spontanées, sans lien apparent et changeant souvent de noms :

Ligue des antipatriotes ;

La Panthère des Batignolles ;

Le drapeau noir ;

Les résolus ;

Les niveleurs ;

La dynamite ;

Les vengeurs ;

Les amis de Ravachol ;

L'affamé...

— Paris compte une centaine de groupes.

Les départements 400 à 500.

Chaque groupe est fréquenté en moyenne par 15 camarades.

Cela donne 10.000 *anarchistes militants.*

Il y en a au moins autant qui ne fréquentent pas les réunions.

Un journal du parti, l'*International,* estimait les adhérents à 50.000 en 1890.

— Au congrès de Chicago en 1893 on créa un bureau de correspondance internationale...

Une résolution fut adoptée en faveur de la grève générale en cas de guerre.

XIV. Le nombre de leurs journaux montre leur force.

En voici un aperçu :

En 1894 : *La Révolte,*   Paris.

     La Revue libertaire,   id.

     L'Harmonie,   Marseille.

     La Société nouvelle,   Bruxelles.

     Le Libertaire,   id.

     L'Avenir, etc.   Genève.

Der Sozialist,	Berlin.
Die Zukunft,	Vienne.
Allgemeine Zeitung,	Salzburg.
Der Anarchist,	New-York.
Freie Arbeiter Stimme, en caractères hébraïques,	New-York.
Der Arme Teufel,	Détroit.
Sempre Avanti !	Livourne.
L'Ordine,	Turin.
Il Riscatto,	Messine.
La Favilla,	Mantova.
Il Penserio,	Chieti.
La Propaganda,	Imola.
L'Articolo 248,	Ancona.

Quand on les supprime, ils reparaissent sous un autre titre.

En 1894, le *Père Peinard* et autres renaissent à Paris : le *Père Peinard* devient *La Sociale.*

La Révolte, de Reclus et Kropotkine, devient *Les Temps nouveaux.*

— Leurs Revues :

L'En dehors, 1891, rédacteurs : Zo d'Axa (Galland), Octave Mirbeau, Tabaraut, Bernard Lazare, Jean Grave, Alex. Cohen, Descaves, Hérold (fils de l'ancien préfet de la Seine).

La *Revue libertaire :* Les mêmes, plus Clovis Hugues, Elisée Reclus, Séb. Faure.

L'Art social, à Marseille, Gabriel de la Salle.

La *Revue Blanche,* à Paris, Paul Adam...

La *Société nouvelle,* à Bruxelles.

— Leur littérature :

Proudhon : Qu'est-ce que la propriété ?

Max. Stirner : L'individu et son avenir ;

Bakounine : Dieu et l'Etat ;

Kropotkine : Les paroles d'un révolté ;
>   La conquête du pain ;
Jean Grave : La société mourante.

— *Ils propagent* aussi volontiers :
Zola : Germinal ;
Descaves : Sous-off. ;
Hamon : Physiologie du militaire...

— La propagande se fait aussi par des *placards* édités en secret.

Exemple : A bas la Chambre !
Prolétaire, révolte-toi !
La vengeance est un devoir !
Mort aux juges, mort aux jurés, etc.

— Et par des *chansons :*
La Ravachole !
Le Père Duchesne !
La Marianne !
Les Jacques !

— Ravachol chantait le Père Duchesne en montant à l'échafaud :

> Si vous voulez être heureux,
> Nom de.....
> Pendez vos propriétaires.....

— Les *soupes-conférences,* banquets populaires par souscription, sont un moyen de propagande.

— *Les femmes* ne manquent pas dans le parti. Citons : Louise Michel, Léonie Rouzade, Mᵐᵉ Ivanec (autrichienne), Mᵐᵉ Dotz (allemande).

— Signalons encore parmi leur livres :
L'Indicateur anarchique.

On y explique minutieusement la fabrication de la dynamite, du fulminate de mercure, de la nitrobenzine, de la bombe asphyxiante, etc., etc.

XV. Rappelons leurs exploits pendant dix-sept ans de propagande par le fait, 1877-1894.

1877. Congrès révolutionnaire de Verviers ;

1878. Attentats : *Nobiling et Hœdel,* en Allemagne ;
       Moncasi, contre Alphonse XII, en Espagne ;
       Passamenti, contre le roi d'Italie ;
       Publication de l'*Avant-garde.*

1879. Congrès de la Chaux-de-fonds et Marseille ;
       Publication du *Révolté* à Genève.

1880. Attentat d'*Ottero Gonzalès,* contre Alphonse XII ;
       Congrès en Suisse : communisme anarchiste.

1881. Congrès de Paris et de Londres ;
       Assassinat d'Alexandre II.

1882. Journal : *Le droit social,* à Lyon ;
       Troubles de Montceau-les-Mines ;
       Explosions au théâtre Bellecour et au Bureau de recrutement à Lyon. — *Cyvoct.*

1883. Procès d'anarchistes à Lyon (66 prévenus) ;
       A Paris : Esplanade des Invalides, pillage des boulangeries ;
       En Espagne : la Main noire ;
       En Italie : *Malatesta et Melsino* arrêtés.

1884. Explosion de Niederwald. Journaux divers.

1885. Journaux et livres : Paroles d'un révolté (Kropotkine) ;
       Les produits de la terre, E. Reclus ;
       Esquisse d'une morale sans obligation ni sanction, par Guyau, normalien.

1886. Troubles de Decazeville : meurtre de l'ingénieur Watrin ;
       Gallo : coups de revolver à la Bourse de Paris ;

Louise Michel, condamnée pour un discours ;

Troubles de Charleroy, pillage de châteaux et d'abbayes ;

Grève monstre de Chicago : explosions.

1887. Explosion de l'hôtel Lémaire ;

Clément Duval condamné à mort.

1888. Brochure de Malato : Les travailleurs, 20.000 exemplaires ;

Le Père Peinard. — Grève des terrassiers à Paris : collisions.

1889. Brochures de Malato et Jean Grave. — *Pini* condamné pour vols répétés.

1890. Manifestation du 1er mai ;

Graves désordres à Vienne (Isère).

1891. Propagande dans l'armée ;

A Saint-Denis, protestation de conscrits anarchistes ;

Explosions à Charleville, à Nantes.

1892. Vols de dynamite, à Soisy-sous-Etioles, etc. ;

Explosions : hôtel de la princesse de Sagan, boulevard Saint-Germain. — Caserne Lobau, rue de Clichy. — *Ravachol, restaurant Véry.* — Commissariat, rue des Bons-Enfants.

1893. *Pallas* à Barcelone, *Vaillant* à la Chambre.

1894. *Emile Henry* au café Terminus, *Caserio* à Lyon (1).

XVI. Ils ont leurs martyrs.

Le culte des martyrs a pris consistance chez eux depuis quelques années.

____

(1) Que d'attentats à ajouter depuis lors, notamment ceux contre le ministre Canovas en Espagne, contre l'impératrice d'Autriche, le roi d'Italie, le schah de Perse !

Les pendus de Chicago ;
Les garrottés de Xérès ;
Ravachol, Vaillant, sont des martyrs.
Les camarades ont leurs pèlerinages :
Le mur des fédérés au Père-Lachaise ;
La statue de Diderot ;
Le Champ des Navets.

Paul Adam a écrit dans les *Entretiens* en parlant de Ravachol : « *Un Saint nous est né.* Son sang sera l'exemple où s'abreuveront de nouveaux courages et de nouveaux martyrs. »

Ce fut plus qu'un Saint, plus qu'un martyr, ce fut *Ravachol-Jésus,* comme l'a écrit, en blasphémant, un rimeur du parti, Paul Paillette.

Déjà en 1881, Garibaldi, dans une lettre à Félix Pyat, à l'occasion de l'assassinat d'Alexandre II, préconisait le culte nouveau : « Mon cher Pyat, l'assassinat politique, voilà le secret pour mener la Révolution à son but final. Les souverains appellent assassins les amis du peuple. Les vrais Républicains, tels que les Agésilas, Milano, Pietri, Orsini, Pianeri, Monti et Tognetti ont été autrefois qualifiés d'assassins. Ce sont aujourd'hui les *martyrs* vénérés du peuple. Hœdel, Nobiling, Moncasi, Passanante, Solovieff, Otero, Hartmann et ses compagnons, sont les vrais précurseurs de la République sociale.

« C'est le maudit clergé qui est le véritable assassin... C'est lui qui a conduit le progrès sur le bûcher et qui assassine encore la conscience par le mensonge. Qu'on déporte le clergé en Sibérie, mais non les valeureux compagnons de Hartmann. »

(Cité par le comte Soderini, p. 60.)

XVII. Il faut, pour terminer, indiquer les remèdes

à cette action dissolvante du socialisme et de l'anarchie.

Et au premier rang, il faut placer *l'action de l'Eglise.*

L'apostolat spirituel doit redoubler d'activité, mais il ne suffit pas. L'Eglise doit former les âmes à l'esprit de charité, de patience, de détachement des biens de la terre, mais elle doit aussi s'occuper des intérêts du peuple. Elle a été empêchée de le faire suffisamment par l'influence de l'esprit césarien et gallican.

« Les ministres du Christ avaient pris leurs quartiers d'hiver dans les sacristies et les sanctuaires. » (Mgr Ireland.)

Léon XIII a repris la tradition catholique en répétant bien haut que « l'Eglise ne se laisse pas tellement absorber par le soin des âmes, qu'elle néglige ce qui se rapporte à la vie terrestre et mortelle. »

L'Evangile nous apprend que Jésus guérissait les corps pour atteindre les intelligences et multipliait les pains pour sanctifier les âmes.

« De l'aveu de tous, disait, en 1890, au congrès social de Liège, l'évêque de Gand, il y a trois catégories d'ouvriers : les socialistes, les indifférents et les catholiques. Je crois que les premiers crient bien haut qu'un seul parti, le parti socialiste, s'occupe des intérêts matériels de l'ouvrier. Je crois que la plupart des ouvriers de la seconde catégorie, les indifférents, pensent de même. J'ajoute que beaucoup d'ouvriers catholiques ne sont pas loin de se rallier à cette manière de voir. »

Rien de plus vrai, mais aussi rien de plus dangereux, d'autant plus, comme l'a dit Manning, que

« le temps est proche où l'Eglise aura à discuter ses intérêts non plus avec les souverains, mais avec les peuples. »

Aussi on comprend le cri d'alarme du Pape : « *Allez au peuple.* »

Dès que les travailleurs seront convaincus que l'Eglise et le prêtre veulent se prêter à faire valoir leurs légitimes revendications, ils se laisseront aller à la faim inconsciente du Christ qui se trouve dans leurs âmes régénérées par le baptême.

Avec l'intelligence des besoins de son époque (par l'étude des questions industrielle et agricole), le clergé redeviendra nécessairement une force sociale avec laquelle l'opinion publique devra compter. La déclaration gallicane, de 1682 : « Le prêtre ne s'occupe à l'église et hors de l'église que de choses religieuses », aura vécu pour le plus grand bien de l'Eglise et du peuple chrétien. (Tout va-t-il donc mieux depuis 1682?) Le peuple chrétien aussi reprendra conscience de ses devoirs. Il saura qu'il reçoit l'onction de la confirmation pour se montrer chrétien partout, dans la vie sociale comme dans la vie privée.

Le *parti catholique* doit sortir de ce cri de l'ouvrier : « *Défendez-nous et nous vous défendrons.* » Il ne doit pas laisser aux socialistes la gloire de se proclamer les hérauts de la justice, et d'élever la voix au nom des opprimés. Il doit entrer dans les assemblées délibérantes et s'y montrer le défenseur du peuple.

Ce mouvement est commencé, il doit s'accentuer partout, en France, en Belgique, en Italie, en Allemagne. Voici comment le prince Aloys de Lichtenstein en signale les débuts en Autriche :

« Chez nous le clergé a compris que si l'aumône est nécessaire en des cas de misère extraordinaire et comme exercice personnel d'altruisme, ce n'est pas avec elle qu'on peut résoudre la question sociale ; si généreux qu'on suppose les riches, leur charité ne sera jamais qu'un palliatif insuffisant. Aussi le *clergé autrichien* s'est mis à la tête du *parti des réformes sociales*, il a la place d'honneur dans les réunions publiques. — La justice veut que celui qui travaille mange à sa faim et puisse nourrir sa famille ; qu'il se vête convenablement et soit décemment logé. Nous voulons que l'ouvrier puisse vivre, et que lui et ses enfants ne soient pas couchés pêle-mêle dans des taudis, sans distinction d'âge ni de sexe. Nous demandons une durée normale de travail pour les hommes, les femmes et les enfants. Nous demandons aussi un minimum de salaire pour tous... »

Ajoutons qu'une des formes les plus actives de l'apostolat est la presse. On y peut appliquer ce que dit saint Paul de la prédication : *Insta opportune, importune, argue, obsecra, increpa in omni patientia et doctrina.* (II Tim., IV.) Il faut y mettre une ardeur infatigable. Nous l'avons vu, le socialisme s'appuie sur des sophismes habiles et des utopies séduisantes ; il faut y répondre chaque jour sous toutes les formes : journaux, livres, brochures et tracts populaires. La victoire sera aux plus agissants.

XVIII. L'action de l'Eglise doit être secondée par la législation.

Il faut une réforme législative qui donne satisfaction aux justes aspirations du peuple et qui fasse disparaître, autant que possible, ses griefs et ses plaintes légitimes.

Cette réforme doit être demandée par tous les moyens dont nous disposons, par la presse, par les conférences, par le parlement. Elle porte sur une dizaine de points principaux.

Il faut demander la reconnaissance juridique des associations et de leur droit de posséder.

Il faut que le repos du dimanche soit généralisé et protégé par la loi.

Le contrat de travail doit avoir sa législation spéciale, avec des garanties formelles et précises pour tous les droits des travailleurs.

Le code du travail doit régler la journée normale du travail, les conditions du travail de nuit et celles du travail des femmes et des enfants.

Il doit exiger que le minimum de salaire soit prévu dans les adjudications publiques.

Il doit réprimer l'usure et l'agiotage, régler les jeux de bourse, prévoir la surveillance des émissions d'actions, des trusts et des accaparements.

Les assurances de tous genres doivent être largement favorisées.

Des Chambres de travail doivent faciliter l'organisation ouvrière et la défense des droits des travailleurs.

La petite propriété doit être favorisée dans son développement et sa conservation par la réforme des lois successorales et fiscales, par les faveurs accordées à la construction des maisons d'ouvriers, par l'institution de Chambres d'agriculture dans un esprit démocratique et par le développement du crédit rural.

Les budgets doivent être déchargés de leurs

excroissances parasites et les impôts mieux répartis.

Enfin l'action des sectes doit être strictement
surveillée. Les sociétés secrètes doivent être dé-
masquées. Les Juifs doivent être tenus pour des
étrangers difficilement assimilables. Les hautes
fonctions de la magistrature, de l'administration et
de l'armée doivent leur être fermées. Leur action
dans la presse et dans la banque doit être surveillée. Ce n'est pas là une question de religion,
c'est une question de patriotisme.

XIX. A l'action de l'Eglise et de la législation, il
faut joindre l'initiative privée. Celle-ci doit s'exercer
dans l'organisation politique et électorale, dans l'accomplissement du devoir au jour du vote et tout
particulièrement dans le développement de l'esprit
corporatif.

Le patronat chrétien est un remède local et en
grande partie transitoire, c'est un devoir cependant
et il doit être souvent rappelé.

Les syndicats et associations où les deux éléments, patronal et ouvrier, sont mis en présence
par des commissions d'arbitrage, sont des éléments
de pacification.

Les économats peuvent réaliser la vie à bon
marché.

La coopération donne aux associés la force qui
résulte de l'union et de l'entente. La participation
aux bénéfices donne aux travailleurs quelque part
à la dignité et aux profits du patronat. C'est une
atténuation de ce que le salaire a d'humiliant et
d'insuffisant.

Mais il faut avant tout dans les associations

l'esprit de justice et l'esprit de charité, l'esprit chrétien large et éclairé. Sans cela les syndicats nous donneront l'état de paix armée, qui ne vaut guère mieux que la guerre et qui la prépare terrible. Les divers syndicats garderaient des capitaux inertes en vue de la lutte. Nous voulons l'équilibre des forces pour diminuer les tentations du plus fort, mais avec le sel de l'Evangile.

La coopération ou la participation aux bénéfices sera sans doute le mode d'organisation du travail dans l'avenir. Nous aimons à en lire le présage dans un discours de M. Deschanel : « Les œuvres qui font tant d'honneur au génie d'organisation, à la prévoyance de nos grands industriels, à leurs sentiments de justice et de charité, cette *tutelle* dont les ouvriers sentent parfois plus la sujétion que les bienfaits, tiennent à un régime transitoire entre l'industrie du passé et celle de l'avenir.

C'est la féodalité industrielle en attendant les communes.

Ces formes actuellement bienfaisantes et nécessaires sont appelées à disparaître. Comme l'a dit un de ces grands patrons philanthropes, qui ont élevé les institutions patronales au plus haut degré de perfection, M. Engel-Dollfus, la pratique de l'épargne et de la prévoyance sous les auspices du patronat précède logiquement la complète émancipation économique au moyen de la coopération... »

XX. Enfin, il faut donner nettement à notre action le caractère démocratique.

Pour combattre efficacement le socialisme, il faut tenir compte d'un fait important, l'existence d'un *mouvement démocratique universel.* Que l'on discute tant que l'on voudra sur l'étymologie, la valeur, la convenance, l'opportunité du mot *démocratie*, le fait de ce mouvement démocratique universel n'en demeure pas moins certain ; il a été affirmé dans ces termes mêmes par le Saint-Père à Mgr Doutreloux. (Lettre pastorale de Mgr de Liège, 14 janvier 1894.) Or, une opinion erronée qui, jetée dans la circulation par des politiciens habiles, s'est vue accepter très rapidement, fait confondre le mouvement démocratique et ouvrier avec le mouvement socialiste.

Grâce à cette confusion, de bons et honnêtes ouvriers, qui ne partagent nullement les doctrines collectivistes, se rallient cependant au parti ouvrier socialiste pour faire triompher les revendications ouvrières qu'ils regardent comme justes. — Ce fait a été signalé par Mgr Doutreloux, par MM. du Maroussem, Ch. Grad, d'Eichtal, et beaucoup d'autres écrivains.

Le mouvement ouvrier est la conséquence de l'évolution sociale et de la transformation économique du monde moderne. Le Chef de l'Eglise nous le signale et nous dit : « Hâtez-vous, unissez les ouvriers en associations, en corporations chrétiennes ; aidez-les à obtenir pacifiquement l'amélioration de leur sort. » — Le mouvement socialiste, au contraire, est l'entreprise de quelques meneurs qui se font du peuple un tremplin politique. Leurs agissements ont un jour arraché ce jugement à un écrivain qui avait pu les suivre de très près : « Le socialisme n'est pas un but, il est un instrument. »

Voilà pourquoi la lutte contre le socialisme ne doit pas être entreprise avec un programme purement négatif ; elle ne peut être efficace que si l'on montre aux masses ouvrières que le catholicisme a un programme positif pour l'amélioration de leur sort. Il ne suffit pas de tourner en ridicule le programme des socialistes, il faut opposer à leurs utopies les *réformes pratiques* qui découlent des principes chrétiens ; il ne faut pas laisser croire aux ouvriers que les catholiques s'intéressent à leur sort uniquement pour les détacher d'autres théoriciens qui prétendent s'y intéresser également. Le mouvement social (et démocratique) chrétien devrait exister alors même que le socialisme n'existerait pas. (Conf. Mgr Doutreloux : Lettre pastorale, 14 janvier 1894, p. 20.)

Conclusion.

Allons au peuple pour l'éclairer, l'instruire, l'aimer. Allons à lui avec un *programme social précis*, avec des œuvres vraiment populaires, avec une incessante activité. Il y a du vrai dans les lignes suivantes qu'écrivait naguère un député socialiste de Paris : « *Les vrais ennemis, les seuls redoutables du prolétariat socialiste* ne sont pas ces bourgeois oisifs que la digestion paralyse... Nous ne les voyons pas non plus parmi les vieux débris de l'aristocratie terrienne, drapés dans leur intransigeance facile parce qu'ils sont bien rentés ; non plus dans la bande gueularde des rodomonts à la Cassagnac, qui flairent aux portes des maisons royales ou impériales pour découvrir l'office le mieux fourni de pitance... Ceux que nous devons par-dessus tout redouter, sur qui il nous faut veiller sans répit et qu'il nous faut combattre sans merci, possèdent une méthode savamment combinée ; ils suivent des chefs pleins de ressources ; ils obéissent à des voix dont l'éloquence exerce sur les masses populaires un charme pernicieux...

« Avant qu'il soit longtemps, les *soi-disant démocrates-chrétiens* auront pris, contre nous, la *première place* dans la bataille sociale ; ils seront la phalange autour de laquelle se rallieront les conservateurs aux abois et les républicains félons... »

Fiat ! Fiat !

Que ce soit notre croisade contre l'esclavage économique.

Léon XIII nous l'a dit tant de fois ! Allons à ce peuple qui souffre et qui cherche le salut dans des utopies. Allons à lui avec une véritable science sociale et avec des œuvres. Démasquons les socialistes, montrons les vrais remèdes au mal social. Aimons le peuple, défendons-le. Il nous attend, il nous aimera, il nous défendra à son tour.

On raconte qu'au moment du martyre de l'abbé Planchat, au temps de la Commune, un apprenti parisien de son Patronage se jeta devant lui et cria aux meurtriers : « Vous ne le tuerez pas sans me tuer le premier. » Telle doit être l'union du prêtre et du peuple, des apôtres et des travailleurs, mais cette union se cimente par le dévouement et les services rendus.

A l'œuvre ! à l'œuvre !

CINQUIÈME CONFÉRENCE

La Mission sociale de l'Eglise.

Eminences [1],

Ce n'est pas sans émotion que je parle devant vous. Vous êtes le sénat de l'Eglise comme le Pape en est le chef spirituel.

Nous lisons au livre des Nombres que Moïse reçut l'ordre de se constituer un sénat de soixante-douze vieillards, choisis parmi les plus doctes et les maîtres du peuple. Dieu promettait à Moïse de leur donner quelque part à ses grâces spéciales de lumière et d'autorité, pour qu'ils puissent l'assister dans sa charge : *Et auferam de spiritu tuo et tradam eis, ut sustentent tecum onus populi et non tu solus graveris.*

Moïse, aujourd'hui, c'est Pierre, c'est Léon XIII. Telle est la foi chrétienne, et dès les catacombes nous voyons souvent Pierre représenté dans l'attitude de Moïse. La tradition vous a souvent nommés le sénat de l'Eglise. Saint Pie Ier, écrivant à l'évêque de Vienne, lui disait : « Le sénat du Christ, établi à Rome, vous salue. » Nous qui venons de la Gaule, nous rendons humblement au

---

(1) Quatre cardinaux nous firent l'honneur d'assister à cette conférence.

sénat du Christ siégeant à Rome le salut qu'il
envoyait jadis à nos pasteurs...

I. Nous voulons aujourd'hui considérer le rôle
bienfaisant de l'Eglise dans la vie sociale des
peuples. Il fait bon étudier à Rome l'histoire de
l'Eglise. C'est ici que nous trouvons la tête et le
cœur de l'Eglise, le rayonnement de sa doctrine et
l'expansion de sa charité.

Les leçons de l'histoire nous feront reconnaître
dans l'Eglise la libératrice de toutes les tyrannies
et la promotrice de tous les progrès.

II. Mais Dieu s'était plu à esquisser lui-même
dans l'Ancien Testament le rôle et les destinées
de son Eglise. Demandons le secret de Dieu aux
prophètes, l'Evangile d'ailleurs nous aidera à les
interpréter.

Isaïe et Michée ont décrit l'un après l'autre la
félicité des temps nouveaux.

Isaïe fait parler le Sauveur lui-même, en son
chapitre soixante et unième : « L'esprit de Dieu
est avec moi, dit le Messie, je suis envoyé pour
annoncer un meilleur sort aux pauvres ; ma mission est semblable à celle des hérauts de l'année
jubilaire, qui proclamaient la délivrance et la
remise des dettes : *ut prædicarem annum placa-
bilem Domino, ut consolarer omnes lugentes.*
(Chap. LXI, vers. 1-2.)

Et le prophète ajoutait : « Dieu l'a juré, ô nouvelle Sion, il ne laissera pas tes ennemis dévorer
ton froment et boire ton vin. »

Il voulait parler de la paix et de l'abondance qui
régneraient dans l'Eglise. (Cornelius a Lapide.)

Que ces pages s'appliquent bien au Messie, nous n'en pouvons douter, Notre-Seigneur lui-même y a fait allusion dans l'Evangile. (S. Matthieu, II; S. Luc, IV.)

Michée est plus réaliste dans sa peinture : « L'Eglise, dit-il, est la montagne spirituelle élevée sur les collines. Les peuples iront à elle, elle leur donnera des lois et les jugera. Ils feront de leurs lances des socs de charrue et chacun vivra en paix sous sa vigne et son figuier. » (Chap. IV.)

Le prophète compare évidemment les temps nouveaux aux années les plus prospères du règne de Salomon, qui sont décrites dans les mêmes termes au 3e livre des Rois, chapitre quatrième.

Ce n'est pas que la paix et la prospérité doivent être imperturbables. Il n'y a rien d'absolu sur la terre. Il y aura toujours des pauvres parmi nous. On n'arrive au royaume des cieux qu'en passant par bien des tribulations. (Paroles de saint Paul, dans les Actes.)

Mais les prophètes ont contemplé l'ensemble des temps nouveaux et ils leur ont apparu comme un beau ciel à peine taché de nuages après un temps orageux.

Les prophéties sont manifestes : Le Christ apportera aux peuples qui lui seront fidèles, la paix, la liberté et la prospérité.

III. L'Evangile répète ce qu'avaient annoncé les prophètes : les temps nouveaux verront une prospérité jusque-là inconnue.

Jésus prêchant à la synagogue de Nazareth et recevant les envoyés de Jean-Baptiste, renvoie ses interlocuteurs à la prophétie d'Isaïe : « Dites à

Jean ce que vous avez vu : les pauvres ont reçu la joyeuse nouvelle de leur libération. » (Matt., ii ; Luc, iv.)

Une autre fois Notre-Seigneur parle à ses disciples de la richesse. Il dit bien qu'elle ne doit pas être le principal objet de leur sollicitude, mais il ajoute qu'elle leur sera donnée par surcroît.

« N'ayez pas trop de sollicitude, leur dit-il, pour tout ce qui regarde les biens matériels, cherchez avant tout le règne de Dieu et sa justice, et tout cela vous sera donné par surcroît : *et hæc omnia adjicientur vobis.* »

Personne n'a mieux interprété ce passage que saint Augustin : « Les biens de la terre, dit-il, ne seront donc pas le prix des bonnes œuvres. Ce prix nous est réservé tout entier pour le ciel, mais ils nous seront donnés par-dessus le marché, comme une bonne-main (*mantissa*) ou comme le supplément que les vendeurs ajoutent au poids de la marchandise... »

Et pourquoi oublierions-nous dans la prédication de l'Evangile de faire mention de ce supplément ?

Un proverbe latin, cité par le poète Lucilius, dit avec vérité que le supplément cause un plaisir plus sensible que la marchandise achetée :

« *Mantissa obsonium vincit.* »

On dit aussi en italien : *E piu la giunta che la derrata.*

Notre-Seigneur a bien voulu promettre ce supplément. Il connaissait la nature humaine. Ne soyons pas plus rigides que lui. La morale chrétienne n'interdit que le désir excessif des richesses et la soif des voluptés.

Saint Paul répète l'enseignement de Notre-Seigneur : « La piété est utile à tout : elle a des promesses pour cette vie et pour l'autre. » (I ad Tim., iv.) Corneille de la Pierre, résumant lès Pères de l'Eglise, ajoute : « La piété nous promet ici-bas une vie longue, paisible et bien fournie des biens dont nous avons besoin. »

Ne nous contentons pas de prêcher les vertus des parfaits : le renoncement, le sacrifice, le détachement absolu. Imitons notre chef Léon XIII. Encore évêque, il montrait dans ses lettres pastorales comment l'Eglise est la source du progrès et de la civilisation. Devenu Pape, il insiste, notamment dans les Encycliques *Rerum novarum* et *Inscrutabili* : « L'Eglise, dit-il, a libéré les esclaves, elle fait régner la justice et la charité, elle favorise les sciences et les arts... la civilisation est proportionnée à sa liberté et à son action. »

IV. C'est d'ailleurs tout l'ensemble de l'Evangile, ce sont tous ses enseignements moraux et sociaux qui assurent la prospérité aux peuples vraiment chrétiens.

L'obéissance à l'autorité spirituelle ou temporelle trouve une base solide dans la religion. L'obéissance, n'est-ce pas la garantie de l'ordre et de la paix ?

La famille est honorée, sanctifiée par un sacrement, consolidée par l'indissolubilité.

Une doctrine qui fait du travail un devoir, de la justice une loi rigoureuse, de l'aumône une obligation, de la charité fraternelle une vertu sincère, de la tempérance et de la retenue un précepte; une telle doctrine ne comblera-t-elle pas, autant qu'il est humainement possible, l'abîme qui sépare les riches des pauvres ?

L'abolition de l'esclavage n'est pas proclamée dans l'Evangile, mais elle y est préparée.

Le luxe est exclu par l'esprit de l'Evangile, l'art et la science sont favorisés par la mission d'enseigner donnée aux apôtres, par le développement du culte qu'exigera la dignité du sacrifice eucharistique et des sacrements.

Le pauvre et l'esclave ne peuvent plus être foulés aux pieds et méprisés, après que l'Evangile a délaré qu'il faut voir en eux le Christ lui-même.

Mais il est temps de constater, en parcourant l'histoire, que l'Eglise a bien rempli sa mission et développé ses principes autant que le permet la faiblesse humaine.

V. Pour mieux saisir le contraste, jetons d'abord un regard sur l'état dans lequel l'Eglise a trouvé la société païenne.

Après une période de grandeur morale relative et de vertus naturelles, Rome et son vaste empire, séduits par les tentations de la richesse, étaient tombés dans la plus profonde corruption.

Suétone, Tacite et Salluste nous disent à quel avilissement était réduit l'empire ; comment le vice le plus éhonté régnait à tous les degrés de l'échelle sociale, et quels ferments de haine s'étaient accumulés dans le cœur des pauvres et des esclaves.

Rome est à l'apogée de la richesse. Rien n'égale la magnificence de ses palais et de ses monuments. Ses ruines en témoignent après 1.800 ans.

Mais ce qui la caractérise, ce ne sont pas les établissements de bienfaisance, ce sont les bains et les théâtres... Rome sous l'empire est une ville de plaisir et de luxure. Ses nombreux établissements sont de vastes cités de plaisirs. Elle a plusieurs amphithéâtres dont un seul contient 87.000 spectateurs. Le grand cirque en contient 300.000.

On n'y trouve pas un seul établissement de bienfaisance. Le peuple se vend à ceux qui briguent les élections. Il ne demande que du pain et des plaisirs. Le luxe des grands dépasse toute imagination. Les habitations voluptueuses sont tout éblouissantes de mosaïques et de marbre. L'or, l'argent, l'ivoire, les pierreries, les bois les plus rares sont prodigués dans l'ameublement.

La fortune des grands est immense. Elle est acquise par l'exaction dans l'administration des provinces et par la concussion dans les marchés de l'Etat (1). César assiste aux jeux publics dans une chaise d'or massif. Crassus possède 250 millions en biens fonds, sans compter ses meubles et ses esclaves. Sénèque, qui a si bien écrit sur l'honnête médiocrité, possède 60 millions en terres. Cæcilius laisse à ses héritiers 125 millions, 5.000 esclaves, 3.000 paires de bœufs, 260.000 autres animaux. Tous les grands en sont là.

Leurs profusions insensées dépassent tout ce qu'on en peut dire. Caligula dépense une somme équivalente à 400 millions en une année. Lucullus dépense 25.000 fr. par jour à son dîner. Héliogabale nourrit ses chiens de foies gras; ses chevaux de raisins et d'orge dorée; ses lions de faisans. On

_____

(1) On sait ce qu'ont pu faire Verrès en trois ans dans une province, déjà au temps de la République, Albin et Florus en Judée, Flaccus à Alexandrie, Salluste en Afrique.

cite ses festins de vingt services, ses lits de table d'argent massif, ses robes de soie brodées de perles qui ne servaient qu'une fois. Des femmes portaient en bijoux des fortunes immenses. Il y en avait, au dire de Pline, qui se baignaient au lait d'ânesse 70 fois par jour. Poppée dans ses voyages était suivie de 500 ânesses. Pline cite une matrone qui, dans de simples réunions intimes, portait sur elle pour 8 millions de joyaux. Tout Rome était plus ou moins livré à ces désordres.

La sensualité engendre la cruauté. La Rome païenne justifie ce principe; la haine et la cruauté régnaient partout.

Le plaisir le plus goûté était de voir les gladiateurs s'entr'égorger ou lutter jusqu'à la mort contre les bêtes fauves.

On sacrifiait d'innombrables vies d'hommes pour des délassements sanguinaires.

Et c'étaient nos aïeux, les Gaulois, les Germains, les Bretons, prisonniers de guerre, qui faisaient les frais de ces fêtes odieuses.

L'austère république des Fabius et des Scipion connut déjà les massacres du cirque.

Lors des funérailles de Lépide, Rome vit aux prises vingt-deux paires de combattants, et soixante aux obsèques de Licinius (183 av. J.-C.). Ce sont leurs legs de bienfaisance au peuple.

Jules César acheta, pour les spectacles qu'il avait l'intention de donner, un si grand nombre de gladiateurs que ses adversaires en prirent ombrage et qu'un sénatus-consulte fixa le nombre de rétiaires et de myrmillons qui pouvaient s'entrecouper la gorge en un jour.

Peu de temps après on vit cependant 640 gladiateurs en venir aux mains sous les auspices de César. (Suétone, *César*. Ch. x.)

Auguste défendit aux préteurs d'offrir plus de deux jeux de 120 hommes par an. Horace (Satire II) et Perse (Satire IV) parlent de cent paires de combattants offerts par des particuliers.

Aux spectacles offerts par Auguste lui-même on avait vu guerroyer *dix mille* hommes.

Tibère détermina aussi un maximum pour les jeux offerts par les particuliers, non pas par humanité, mais *pour sauvegarder les prérogatives impériales*.

Trajan offrit une fois 10.000 *combattants*.

Sous la République on estimait à 30 talents d'or (184.000 fr.) le coût d'un brillant jeu de gladiateurs. On dépensait beaucoup plus sous l'Empire. Les Samnites, les Gaulois, les Thraces, les Germains, les Bretons, les Suèves, les Daces, les Maures donnaient leur sang pour amuser les Romains.

L'an 46 avant J.-C., Jules César fit creuser au Champ de Mars un bassin où deux flottes, tyrienne et égyptienne, comprenant des navires à plusieurs rangs de rames avec 1.000 *soldats* et 2.000 *rameurs*, combattirent l'une contre l'autre. — Auguste mit en présence 3.000 hommes et Claude 19.000 dans une naumachie. — 18 éléphants, 600 lions et 410 fauves concourent aux jeux de Pompée. 3.500 fauves aux jeux d'Auguste.

A l'inauguration de l'amphithéâtre Flavien, Titus consacre *cent jours* aux divertissements de la foule. 9.000 *fauves* sont immolés.

Trajan, après ses succès sur les Daces, fit combattre 11.000 *animaux féroces* contre des gladiateurs.

Ovide, Stace, Martial exaltent ces jeux.

Cicéron dit qu'ils sont *un salutaire enseignement du mépris de la douleur et de la mort*. Pline loue Trajan qui donne ces divertissements au peuple.

Tacite, tout en regrettant le sang versé, ajoute que ce n'est là toutefois *qu'un sang vénal*.

Seul Sénèque exprime un certain sentiment de dégoût. L'idée des droits des humbles et des petits manquait au paganisme. Le Christ apprit au monde quel était le prix d'une âme.

La cruauté de Rome païenne se manifestait spécialement vis-à-vis des êtres les plus faibles, la femme, l'enfant, l'esclave, le pauvre.

La femme n'obtenait à Rome aucun respect. La jeune fille païenne pouvait être tuée ou vendue par son père. Elle était mariée à celui qui en offrait le plus haut prix et devenait sa propriété et comme son esclave. Il pouvait l'abandonner.

La polygamie et le divorce étaient acceptés par les lois.

L'*enfant* ne devait être relevé que par la bénédiction du divin Maître.

Il n'était pas considéré comme un être humain, tant qu'il n'avait pas été allaité. On en mettait à mort un grand nombre. Auguste lui-même confirma cet usage par la jurisprudence.

L'exposition des enfants était une coutume générale sous les empereurs, au dire de Suétone et de Tacite. Le père pouvait tuer ses enfants ou les vendre.

Que dire des *esclaves?* Leur nombre d'abord était immense. Sur 120 millions de sujets que comptait l'empire sous Trajan, il y avait moins de 10 millions d'hommes libres. Chaque riche habitation de Rome comptait plusieurs milliers d'esclaves au service de tous les caprices des maîtres. La nuit on les enfermait dans de sombres voûtes nommées *Ergastula.*

L'esclave était une chose, un objet de commerce, mis au rang des animaux dans les lois.

Le maître avait droit de vie et de mort sur l'esclave et il en usait largement. S'il y avait un meurtre d'homme libre dans une maison, tous les esclaves de la maison pouvaient être livrés à la mort. C'est par centaines alors qu'ils étaient conduits au supplice.

Et les *pauvres*? On regardait comme un crime de les soulager. On sait le trait de cet empereur qui, fatigué d'en voir dans la ville, en fit remplir trois vaisseaux qu'il fit couler en pleine mer.

VI. Pierre et Paul viennent à Rome. Ils gagnent bientôt dans le patriciat quelques familles d'élite, qui avaient conservé les mœurs antiques; les Cornelii, les Pomponii, les Æmilii (les sépultures des catacombes nous révèlent ces noms), et quelques familles nouvelles, comme celle des Flaviens, dont une branche restée païenne arriva bientôt au pouvoir.

Leurs successeurs gagneront les Cœcilii et les Fabii et bien d'autres familles patriciennes. C'est ce qui permit la fondation de la grande ville souterraine des catacombes dans les propriétés suburbaines de ces familles.

Les déshérités acceptèrent aussi en grand nombre cette doctrine qui leur apportait la liberté, la charité et le relèvement qu'ils n'avaient pas connus jusque-là.

Il faudrait opposer aux mœurs païennes les mœurs de cette cité nouvelle. Les apologistes, Tertullien, Tatien, Minutius Félix, Justin, Eusèbe et les autres les ont décrites en les exposant pour leur défense aux païens et aux empereurs eux-mêmes.

Les catacombes aussi, cette immense cité souterraine, dont les allées, si elles étaient déployées, donneraient 300 lieues de rues bordées de 6 millions de tombeaux, les catacombes, par leur aspect même, leur décoration, leur symbolisme, disent toute la pureté et l'austérité de mœurs de cette génération.

Au lieu de Vénus et Mercure, l'art chrétien nous présente le type gracieux du bon Pasteur et les symboles pieux et édifiants du baptême, de la pénitence et de l'Eucharistie.

VII. Les œuvres de *charité* en faveur dè toutes les souffrances ont leur origine aux catacombes. « Chacun de nous, dit *Tertullien,* apporte tous les mois son modique tribut, selon ses moyens et librement. C'est comme un dépôt de piété. Il s'emploie à la nourriture des indigents, aux frais de leur sépulture, à l'entretien des pauvres orphelins, des domestiques épuisés par l'âge ; au soulagement de nos frères qui sont condamnés aux mines ou emprisonnés pour la cause de Dieu. » Il y a là déjà presque toutes nos œuvres.

Aucun dévouement ne leur est étranger. Ils n'oubliaient pas l'amour de la patrie. « Nous prions, dit Tertullien, pour le salut des empereurs. Nous demandons pour eux un empire paisible, des armées valeureuses, un sénat fidèle, des sujets soumis. » « Quant aux contributions publiques, nous les payons entièrement et sans fraude. »

Le contraste est complet.

Nous pourrions symboliser le paganisme par quelques noms; tels que Héliogabale, Lucullus, Poppée; et le christianisme par les Sébastien, les Agnès, les Cécile, noms radieux et purs qui inspirent la vertu.

La vertu faible et sans moyens humains, semblable à David en face de Goliath, la vertu représentée par les apôtres et leurs disciples a lutté contre le colosse du paganisme et l'a renversé.

Un peu de ferment, le ferment puissant de l'humilité, de la pureté, de la charité et de la pénitence a été jeté dans cette masse compacte de la société païenne, et tout ce corps social a été soulevé, et le ferment a pénétré partout et a tout vivifié et assaini.

VIII. La libération des esclaves est un des plus beaux témoignages de l'histoire en faveur de l'Eglise.

Notre-Seigneur en avait posé le principe en nous appelant tous ses enfants et ses frères.

Saint Paul, interprétant la pensée du Christ, écrivait à Philémon : « Il n'y a pas à distinguer l'esclave et l'homme libre, vous êtes tous frères, aimez-vous les uns les autres. »

Aux Ephésiens, saint Paul exprime les devoirs des maîtres. « Ils doivent à ceux qui les servent, la justice, la douceur, le respect : ils ont en effet le même Dieu. » Ces principes changeront bientôt la situation des esclaves en celle de simples serviteurs.

La plus ancienne législation de l'Eglise, les canons apostoliques, réclament pour l'esclave le repos hebdomadaire.

Il faut entendre les Pères de l'Eglise s'élever contre la dureté de certains maîtres. « Qu'avez-vous besoin, disait saint Chrysostome, de vous faire suivre par une foule d'esclaves.? Faites-leur apprendre un métier et affranchissez-les. » — « Maîtres, disait saint Grégoire de Nysse, n'oubliez pas que l'homme, de sa nature, est libre, et que, devant Dieu, vos esclaves sont vos égaux. »

Constantin, Théodose et Justinien reconnaissent dans leurs lois que l'esclavage est une institution contraire au droit naturel et ils prennent toutes les mesures pour favoriser les affranchissements.

L'Eglise ne pouvait pas proclamer sans transition l'affranchissement de tous les esclaves. Ces hommes n'étaient pas préparés à la liberté, et la société aurait passé par une crise épouvantable. Mais les affranchissements sont entrés de suite dans les mœurs. Saint Ambroise dit que les esclaves affranchis et conduits au baptême à toutes les grandes fêtes de l'année étaient le plus bel ornement des mystères chrétiens.

Tous les Saints, tous les grands chrétiens ont été de généreux libérateurs d'esclaves. Sainte Mélanie libéra ses 5.000 esclaves. Hermès, ancien préfet de l'empire, devenu chrétien, libéra et prépara au baptême ses 1.250 esclaves. Saint Chromace, fils du préfet de Rome, fit de même. Saint Cyprien faisait faire des collectes à Carthage pour racheter les esclaves et les libérer. Saint Grégoire le Grand, saint Césaire d'Arles, saint Fortunat, saint Germain de Paris, saint Eloi de Noyon et tous les pieux évêques des premiers siècles faisaient racheter les esclaves sur les marchés pour les libérer.

Charlemagne et Louis le Débonnaire devaient

porter le dernier coup à l'esclavage parmi les peuples chrétiens, et les ordres religieux voués à l'œuvre de la rédemption des captifs devaient exercer leur zèle jusqu'en Afrique et en Amérique.

IX. Quand l'Eglise a pu agir sur la législation publique, elle a transformé toutes les institutions sociales comme elle a transformé l'esclavage et l'organisation du travail.

L'empire romain a eu sa période chrétienne avec Constantin et ses successeurs. Ses lois ont été renouvelées. Ses institutions nouvelles lui ont survécu et sont devenues dans leur ensemble le patrimoine commun de la chrétienté ; nous pouvons juger du contraste qu'elles offrent avec les lois et les coutumes païennes.

Le *droit des gens* antérieur n'avait qu'une loi, le *væ victis*, malheur aux vaincus! La guerre donnait du butin et des esclaves. L'empire chrétien ne fait plus d'esclaves, il commence leur libération (code de Justinien) ; le vainqueur chrétien fait soigner les blessés ennemis sur le champ de bataille.

Dans l'*ordre politique*, le christianisme trouve en face de lui le despotisme absolu. Il respecte le pouvoir, mais il met en honneur le devoir des princes. Il leur dit avec le Christ : Que celui qui est le premier se fasse le serviteur des autres.

Dans la *famille*, la législation de Constantin abolit la polygamie et le divorce, ces deux sources de honte, d'esclavage et de désordre dans la famille païenne.

Dans la *société*, les combats de gladiateurs sont abolis et toutes les souffrances sont soulagées. Lisez le recueil des constitutions de Justinien. Cette leçture vaut toute une apologie. Les lois ont créé toute une langue nouvelle pour organiser toutes les institutions chrétiennes : hospices et asiles pour l'enfance, pour les orphelins, pour les malades, pour les étrangers, pour les vieillards, pour les ouvriers, pour les pauvres... et la société païenne n'avait rien connu de tout cela.

On oserait dire que le *culte des pauvres* est devenu le caractère distinctif de la religion chrétienne.

C'était l'oracle d'Isaïe : *Pauperes evangelizantur.*

Et ce sont les fils des fiers sénateurs de la vieille Rome et les filles des orgueilleuses matrones qui tenaient leurs esclaves pour de vils animaux, qui se feront dans tous ces asiles de la misère les serviteurs et les servantes des pauvres et des petits...

X. L'Eglise n'est pas responsable de l'obscurcissement partiel de la science au V⁰ siècle. Les invasions barbares en sont la seule cause.

L'Eglise avait purifié, élevé et ennobli la science païenne. Elle en conservera ce qu'elle pourra sauver sous les flots écrasants du paganisme.

Comme le remarque saint Augustin, les premiers chrétiens ont posé les fondements de l'Eglise par le martyre, ils en ont élevé les murailles par la vertu ; ils ont couronné l'édifice par la science.

Qu'est devenue la science orgueilleuse d'Athènes, d'Alexandrie, de Rome ? Elle a aussi rendu hommage au Christ.

Justin est né dans le paganisme. Il a suivi les écoles célèbres des Stoïciens, de Pythagore et de l'Académie. La sainteté des mœurs chrétiennes et l'héroïsme des martyrs l'ont touché et l'ont gagné au Christ.

Denis de l'Aréopage était aussi un disciple illustre de l'école de Platon. C'est la philosophie aux pieds du Christ.

« C'est seulement après ma conversion au Christ, dit Justin, que j'ai commencé à être vraiment philosophe. »

Voici *Tertullien* en Afrique. Il est né dans le paganisme, lui aussi. C'est l'un des plus puissants logiciens de l'humanité. « Sa plume, dit un écrivain, est comme la foudre : elle brille, elle tonne, elle renverse. » Il livre au ridicule les dieux du paganisme.

Voici *Origène,* à Alexandrie, le génie le plus brillant et le plus séduisant des premiers siècles. Il rencontre un adversaire digne de lui, le philosophe Celse, qui présente dans une puissante synthèse les arguments les plus spécieux des païens et des juifs. Origène les réfute avec une logique et une érudition merveilleuses.

Bientôt des hérésies s'élèvent. Dieu suscite *Athanase* en Orient et *Hilaire* en Occident pour défendre la foi. Hilaire aussi a été élevé dans le paganisme.

Julien l'apostat espère renouveler le paganisme. *Grégoire de Nazianze* et *Basile le Grand* s'élèvent contre lui. Grégoire aussi était fils de païen. Il se mit avec Basile en possession de la science profane à Athènes et l'inclina devant le Christ.

Ambroise, petit-fils d'un consul, et fils du gouverneur des Gaules, représente la science romaine, la science des rhéteurs et des jurisconsultes ; il consacre cette science au Christ.

Augustin réunit la puissance de la philosophie à la grâce de l'éloquence....

Le témoignage de la science est aussi complet que celui de la vertu et de la patience.

XI. Enfin, pour en finir avec le monde romain, il faut encore signaler un des plus beaux triomphes de l'Eglise dans la vie sociale : c'est d'avoir tenu tête aux tyrans et d'avoir défendu les peuples contre les rigueurs tyranniques et les accès de cruauté auxquels peuvent se laisser entraîner des princes chrétiens eux-mêmes.

On sait le courage de saint Jean Chrysostome.

C'est avec la même énergie et la même dignité que saint Ambroise reproche à Théodose le massacre cruel des habitants de Thessalonique et lui impose huit mois de pénitence.

Saint Basile et saint Athanase n'ont pas hésité davantage à lutter contre les empereurs Valens et Constance pour défendre la justice, pour revendiquer la liberté civile et religieuse.

Cette transformation du monde païen est la plus belle apologie du christianisme. Le Christ pouvait dire au monde après ces cinq siècles de lutte, comme il disait aux Juifs qui venaient l'entendre : « Si vous ne croyez pas à mes paroles, croyez à mes œuvres : *operibus credite.* »

XII. L'Eglise avait accompli son œuvre de géant, son œuvre divine, en convertissant le monde romain, en lui donnant des principes humains et sages, des lois justes et libératrices ; en substituant Constantin, Théodose, Honorius, Justinien à Tibère, Néron et Caligula. Mais voici que l'invasion barbare venait tout remettre en question et détruire à la fois ce qui restait de la civilisation romaine et ce que l'Eglise y avait ajouté.

Tout le territoire de l'empire est livré à ces populations grossières. Elles ont un culte païen plus matériel et plus brutal que celui de Rome; elles n'ont ni arts, ni lettres; elles n'ont pour lois que des coutumes où la force est plus respectée que la justice; elles pillent, elles volent, elles passent comme un ouragan. Les noms d'Attila, Genséric, Totila, symbolisent leurs mœurs.

Que nous sommes loin de la haute et délicate culture des Cécile, des Clément, des Chrysostome, des Boèce! Qui va reprendre l'œuvre de la civilisation de l'Europe? C'est une nouvelle œuvre de géants. Il faut sauver ce que l'on peut de la civilisation acquise; il faut protéger ce qui a échappé au désastre; il faut instruire, relever, former ces masses nouvelles. L'Eglise est là. Elle se met à l'œuvre sans découragement.

XIII. Dans les périodes d'invasions, les habitants des villes, effrayés, recourent aux évêques, les priant de les protéger et de négocier avec les barbares.

L'évêque, comme le constate l'historien protestant Guizot, prend le rôle de défenseur de la cité. Les envahisseurs s'arrêtent et s'apaisent devant la majesté de Léon le Grand aux portes de Rome, devant la dignité vénérable de saint Aignan, à Orléans et de saint Loup à Troyes.

Les barbares, domptés par la vertu et la science de ces ministres d'une religion toute céleste, les chargent de rédiger leurs lois et de conduire leurs affaires.

Les évêques se servent de cette influence pour pénétrer de l'esprit chrétien la législation de ces peuples nouveaux. C'est à eux surtout qu'on doit les institutions représentatives, l'usage des assemblées provinciales et nationales, qui sont une imitation des assemblées conciliaires.

Le VIe siècle est un siècle d'organisation. On n'y compte pas moins de 54 conciles provinciaux en France, où les autorités civiles prennent souvent quelque part, pour traiter des affaires politiques, sociales et religieuses. C'est là que se forme.le droit chrétien.

XIV. Tout était à refaire ou à réformer : les mœurs, le travail, l'étude, l'agriculture, les métiers.

Les barbares comptaient imposer la servitude aux peuples envahis, mais l'Eglise se dressa devant eux.

Saint Léger, évêque d'Autun, ne craint pas de dire au roi Childéric et aux seigneurs francs : « Seigneur roi et vous princes, par le saint baptême et par l'humaine condition, vous êtes les frères de ces malheureux et leurs semblables. Prenez en compassion des frères qui vous ressemblent : aimez-les comme tels, vous souvenant que les miséricordieux obtiendront miséricorde. »

Les autres évêques font de même dans les mêmes circonstances.

En France, saint Remi se fait l'éducateur des Francs, comme saint Martin avait fait pour les populations celtiques.

En Angleterre, saint Augustin de Cantorbéry trouve des peuplades cruelles et sans lettres. Bientôt après, grâce à l'influence de l'Evangile, les rois et les peuples rivalisent de douceur et de piété. Les monastères deviennent les asiles des lettres, des arts et des métiers : écriture et illustration des manuscrits, architecture, sculpture, serrurerie, orfèvrerie, tout se développe en même temps, pendant que la culture des terres s'organise.

En Allemagne, les chroniques nous disent que les moines ouvrirent des écoles et persuadèrent aux populations de défricher une partie de leurs vastes forêts, d'ouvrir des routes, de se grouper en bourgades et de se mettre à la culture et aux métiers. La grande abbaye de Fulda ne compta pas moins de quinze mille métairies soumises à son influence bienfaisante. Saint Boniface, au VIIIᵉ siècle, avec le concours de Carloman et de Pépin, célébrait presque chaque année des conciles mixtes, qui étaient des parlements modèles, en même temps que des assemblées religieuses.

On vit disparaître, disent les chroniques germaines et saxonnes, la férocité des mœurs, la piraterie, la polygamie, les sacrifices humains; et la religion apporta avec elle des mœurs polies et la prospérité.

Les lieux déserts, dit Montalembert, étaient transformés en champs cultivés, en vignobles féconds; les cloîtres, dit Mignet, étaient des écoles d'arts et métiers.

L'Eglise a fait de Rollon, le cruel normand, un sage législateur; elle a fait des Goths et des Vandales la chevaleresque Espagne, amie des lettres et des arts.

Et la même action civilisatrice se continua autant que ce fut nécessaire. Au XIIᵉ siècle, Otton, évêque de Bamberg, prêchant les Poméraniens, faisait construire dans leurs grandes plaines des routes, des ponts, des aqueducs.

On retrouvera cette influence bienfaisante aux

XVIe et XVIIe siècles en Amérique et notamment au Paraguay ; au XIXe siècle en Océanie et dans l'Afrique centrale.

On s'étonne que les anciens monastères soient devenus possesseurs d'une grande étendue de notre sol. Les rois, les princes, les seigneurs leurs cédaient des terres qui étaient de vrais déserts. Ils les fertilisaient par leurs sueurs et leurs travaux et par leur incomparable habileté de cultivateurs. L'abondance arrivait dans un pays qui auparavant ne produisait rien. Les habitants venaient s'y fixer autour des abbayes. Ces conquêtes du sol par les moines se firent toujours par la croix et la charrue, *cruce et aratro,* par la souffrance, par l'abnégation, par l'obéissance absolue, par la prière et le travail...

Les abbayes, dit Mignet, abritaient des métiers de tout genre. Il y avait là des exemples d'activité et d'industrie pour le laboureur, l'ouvrier et le propriétaire. (*Mémoires de l'Académie des sciences morales,* tom. III, p. 678.)

XV. L'instruction, réservée chez les païens aux classes nobles et riches, est descendue, grâce à l'Eglise, parmi les pauvres et les petits.

L'Etat moderne montre du zèle pour les écoles par rivalité et par politique, plus que par charité. Le christianisme, au contraire, a toujours enseigné les pauvres. Dès qu'il fut libre, ce fut son œuvre de prédilection. Dès le VIe siècle, le concile de Vaison (529) et celui de Tours (576) prescrivent aux prêtres de paroisse de tenir école. Au moyen âge, chaque abbaye avait son école où les enfants recevaient une instruction gratuite.

Devançons ici le cours des siècles dans notre revue historique. Au XVII⁰ siècle, l'œuvre de saint Joseph Calasanz en Italie et en Espagne et celle du bienheureux de la Salle en France donnèrent un nouvel essor à l'éducation populaire. Sous Louis XV en France, il y avait à Paris 160 écoles de garçons et 157 écoles de filles, où le personnel enseignant était payé par les parents des élèves. Il y avait en outre 95 écoles gratuites pour les deux sexes. Si l'on tient compte du chiffre de la population, qui était alors de 600.000 âmes, on verra que la proportion du nombre des écoles en comparaison de notre temps est à l'avantage de l'époque de Louis XV.

Avant la révolution, dit M. Taine, les petites écoles étaient innombrables. (*Origine de la France contemporaine,* tom. I, p. 213.)

La France avait, en 1789, 165 séminaires et 562 collèges fréquentés par 80.000 élèves dont la moitié recevaient l'instruction gratuitement en tout ou en partie. Les écoles primaires avaient un revenu de 12 millions.

Il est intéressant de rappeler, en regard de l'œuvre de l'Eglise parmi les pauvres, quelques mots intimes, où les plus grands déclamateurs, à l'abri des yeux de la foule, exprimaient leurs véritables pensées. Voici, par exemple, quelques extraits des œuvres de Voltaire : « Le laboureur ne mérite pas d'être instruit, c'est assez pour lui de manier le hoyau, le rabot ou la lime. » — « Il est « essentiel qu'il y ait des gueux ignorants. » — « Ce n'est pas le manœuvre qu'il faut instruire, « c'est le bon bourgeois. »

Faisons remarquer encore que dans certaines

grandes abbayes bénédictines, comme à Marmoutiers, la copie des manuscrits était le seul travail manuel autorisé par la règle. Qu'on juge du nombre de volumes qu'un pareil usage dut produire! Nous devons à ces moines la conservation de tous les monuments écrits de l'antiquité. •

Dans son grand ouvrage sur les inscriptions chrétiennes de la Gaule, M. Le Blant fait remarquer que de tous les barbares établis dans l'empire romain, nous n'avons pas une seule inscription qui ne soit chrétienne, ce qui prouve qu'à cette époque christianisme et civilisation sont synonymes.

XVI. Une autre fonction de l'Eglise, dans cette période de formation, a été la protection des faibles contre les violences des princes et des peuples à demi convertis.

Que d'injustices arrêtées! Que de colères domptées, de biens restitués et de fondations faites en esprit de pénitence! Citons-en quelques exemples.

Au VIe siècle, saint Maixent reproche à Clovis, qui marchait contre les Visigoths, les pillages de ses soldats. Le prince réprime les abus de son armée et demande pardon pour lui et pour les siens.

Saint Arédius ou Yrieix, abbé d'Atane en Limousin, se rend à Braine auprès de Chilpéric roi de Neustrie pour lui demander la réduction des impôts publics, qui devenaient écrasants; le prince lui livre les rôles des contributions et l'autorise à les réviser.

Au VIIe siècle, en Austrasie, saint Nicet, abbé de Saint-Maximin, ose reprocher au roi Thierry son inconduite et ses rapines; il fait chasser du champ des pauvres les chevaux des officiers royaux : le prince s'incline docilement, et sans rancune il propose saint Nicet pour l'évêché de Trèves.

En Italie, un prince des Goths nommé Galla réclamait les richesses d'un captif chrétien qu'il tenait enchaîné. Saint Benoît, témoin du fait, pria Dieu et les chaînes du captif tombèrent spontanément. Les Saints mettaient le miracle lui-même au service de la civilisation.

XVII. Pour faire ressortir l'action sociale de l'Eglise, on pourrait encore citer les grands ministres et conseillers qu'elle a donnés aux principaux souverains de l'Europe. Nommons-en seulement quelques-uns.

Au VIe siècle, saint Remi est le conseiller de Clovis ; saint Yrieix est le chancelier du roi d'Austrasie Théodebert.

Au VIIe siècle, saint Léger est le conseiller de Childéric II ; saint Eloi a la confiance de Clotaire II et de Dagobert I.

Au IXe siècle, Alcuin est le confident de Charlemagne ; Smaragde, abbé de Saint-Michel, est celui de Louis le Débonnaire.

Au Xe siècle, nous voyons saint Dunstan jouir d'une autorité considérable en Angleterre et devenir le chancelier du roi Edgar. Saint Ulrich, évêque d'Augsbourg, est le conseiller d'Otton le Grand ; Gerbert, qui devait être le pape Sylvestre II, dirigeait l'empereur Otton III.

Au XIe siècle, Willigis, archevêque de Mayence, est chancelier de l'empire sous saint Henri.

Au XIIe, Suger est conseiller du roi sous Louis VI et régent sous Louis VII.

Au XIIIe, Geoffroy de Beaulieu, dominicain, est le confident de saint Louis.

Au XVIe siècle, le cardinal d'Amboise est ministre de Louis XII; saint Thomas de Villeneuve est conseiller de Charles-Quint.

Saint Vincent de Paul lui-même est membre du conseil royal sous Louis XIII.

Les rois et les peuples n'avaient certes rien à perdre à cette collaboration.

Et ce que nous disons en quelques mots, il faudrait tout un volume pour en montrer l'importance dans le détail.

XVIII. L'Eglise s'est faite la protectrice de la société initiale, qui est aussi de fondation divine, la famille. Elle a usé de toute son autorité pour sauvegarder le mariage chrétien. Elle a averti et au besoin elle a frappé les rois qui ne voulaient pas le respecter.

Lothaire II, de Lorraine, avait délaissé Teutberge, sa femme légitime, pour Valdrade; le pape Nicolas intervint et Lothaire se soumit.

Robert le Pieux avait épousé Berthe de Bourgogne sa parente, contrairement aux lois civiles et ecclésiastiques; frappé d'excommunication, il dut la renvoyer et épousa Constance d'Aquitaine.

Philippe Ier avait répudié Berthe sa femme, pour contracter une union adultère avec Bertrade déjà mariée à Foulques d'Anjou; il dut céder devant l'excommunication du concile d'Autun et reprendre Berthe.

Philippe-Auguste aussi avait été excommunié par le pape Innocent IV pour avoir répudié Ingelburge et épousé Agnès de Méranie. Il se soumit et l'excommunication fut levée.

Henri IV d'Allemagne voulait aussi répudier sa femme Berthe, le pape Alexandre II s'y opposa.

Si l'Eglise eût voulu se plier aux fantaisies adultères de Henri VIII, elle eût échappé peut-être au schisme d'Angleterre, mais elle n'a voulu à aucun prix sacrifier l'intégrité de la famille.

Nous avons donné quelques exemples tirés de l'histoire des rois, nous en pourrions citer un millier en passant en revue les annales de la féodalité. Signalons seulement un martyr de la vigilance de l'Eglise sur la sainteté de la famille : saint Kilien, évêque de Wurzbourg, pressentait les vengeances de Geila, femme illégitime du duc Gozbert, il obligea cependant le duc à la renvoyer; cette femme le fit assassiner en 690.

XIX. Il faut enfin signaler l'action de l'Eglise vis-à-vis des institutions sociales. De même qu'elle avait supprimé l'esclavage, elle s'éleva contre le servage qui était encore une atteinte à la liberté.

Le XIe siècle fut un siècle de transition, comme avait été le VIe. Quatre-vingts conciles provinciaux travaillèrent en France à transformer le servage et à organiser les communes.

La formation du Tiers-Etat, comme contrepoids à la féodalité, est dû en Italie à l'action franciscaine et au Tiers-Ordre; en France, elle fut l'œuvre des évêques et des abbés, d'accord avec la royauté, et elle fut réalisée par l'établissement des communes.

Saint Louis, par l'organisation des corporations, donna à la France plusieurs siècles de paix sociale.

L'Eglise inspira et encouragea les assemblées provinciales et les Etats généraux. Elle les avait préparés par ses conciles où étaient souvent admis les laïques influents pour traiter des questions mixtes.

Enfin, une institution aussi belle et poétique que pratique et bienfaisante est celle de la chevalerie. Ces peuples nouveaux n'étaient pas encore absorbés par les intérêts matériels, il leur fallait une activité plus idéale. L'Eglise leur proposa la chevalerie. Le chevalier était choisi dans la noblesse, il était consacré par l'Eglise dans une cérémonie imitée des sacrements. Il jurait de défendre la foi, d'honorer l'Eucharistie, de servir l'Eglise, de protéger les faibles et les innocents opprimés.

La chevalerie, pendant des siècles, fut l'honneur de toutes les nations chrétiennes, de l'Italie, de la France, de l'Allemagne, de l'Angleterre. Son histoire accuse à chaque page le culte de l'honneur, l'héroïsme de la foi et de la vaillance ; elle a été et elle est encore un thème inépuisable pour la poésie et la littérature.

XX. Dans notre revue historique, nous voici parvenus à l'époque féodale.

Cette période a deux phases : la lutte et l'apogée.

La lutte est intense et ne s'achève que lentement alors que sous bien des aspects la vie sociale chrétienne a déjà atteint son apogée.

Cette lutte a plus d'un champ de bataille. C'est d'abord la violence naturelle des mœurs barbares qu'il faut contenir ; c'est l'islamisme qui est aux portes ; c'est le despotisme féodal qui grandit ; c'est la grande propriété qui s'inspire à nouveau de l'égoïsme païen ; c'est la liberté de mœurs et l'esprit batailleur de la féodalité ; c'est enfin l'usure des juifs et des judaïsants.

XXI. Les barbares étaient gagnés à la foi et à demi civilisés, mais leurs instincts de brutalité avec l'esprit de pillage et de rapine se réveillaient facilement. Nous avons vu les saints évêques et moines intervenir souvent. Cela ne suffisait pas, l'Eglise institue cette magnifique organisation de sécurité sociale qu'on a appelée la féodalité. C'était, comme le remarque Augustin Thierry, une immense fédération, avec un lien naturel de service et de défense.

Les paysans agriculteurs se groupaient autour du château féodal. Ils prêtaient leur concours au seigneur féodal en cas de besoin et lui payaient la dîme annuelle, mais ils étaient protégés et défendus par lui contre tout attentat des traîneurs de grands chemins. Le seigneur mettait à leur service routes, ponts et moulins et obtenait en retour quelques droits gracieux, comme celui de chasse et de pêche.

Longtemps l'union fut toute cordiale, et les relations féodales, tout empreintes de charité chrétienne, faisaient du château féodal comme le centre d'une grande famille. Nos historiens modernes, et Michelet lui-même ont dû le reconnaître.

XXII. L'Islam était aux portes. Nous ne pouvons pas décrire même en abrégé l'immense épopée de la lutte contre le cimeterre. Ni la Grèce, ni Rome n'ont à présenter une pareille série de héros. C'est un long duel entre le Christ et Mahomet. Il commence au VIIIe siècle avec Pélage dans les Asturies, Charles Martel à Poitiers, Charlemagne dans les Marches d'Espagne.

Qu'est-ce que le siège de Troie ou les fantastiques combats d'Enée contre Turnus roi du Latium en comparaison des prouesses de Roger et de ses Normands en Sicile, du Cid à Valence, de Godefroid de Bouillon à Jérusalem, de saint Louis à Damiette, d'Alphonse de Castille à Las Navas de Tolosa, de Ferdinand d'Aragon à Grenade, de Don Juan à Lépante, de Sobieski à Vienne, de La Valette à Malte ? Il y a là les éléments de dix épopées splendides et notre grand siècle littéraire a été bien aveugle de chercher ses héros dans les légendes grecques au lieu d'immortaliser l'histoire nationale. Quelle sève de patriotisme et de foi il nous aurait infusée, au lieu de raviver pour des siècles tout le ferment païen avec son sensualisme, son égoïsme et ses luttes stériles !

XXIII. Les grands, au moyen âge, s'enivraient facilement de leur puissance et en abusaient. L'Eglise était là pour les contenir.

Les canons du concile d'Aix-la-Chapelle en 836, rappellent aux princes que les royaumes se perdent par défaut de justice — que l'obéissance politique a des limites — que les princes ne sont pas au-dessus des commandements de Dieu — que le pouvoir civil n'a rien à voir dans le domaine des consciences.

Les protestants eux-mêmes avouent que la papauté a seul empêché au moyen âge le règne de la plus affreuse barbarie en s'opposant à la tyrannie des princes. Lisez à ce propos Sismondi, Jean de Muller et Leibnitz.

Henri IV d'Allemagne favorisait les injustices, les violences, le pillage des campagnes. Les peuples prièrent Grégoire VII de prendre en mains leur cause. Il déposa Henri. L'humiliation de Canossa, dit le protestant Voigt, fut le triomphe d'un peuple sur un tyran.

Il en fut de même dans la lutte de Frédéric Ier et d'Alexandre III, de Frédéric II et d'Innocent IV. Alexandre III, dit Voltaire, est l'homme qui dans ces siècles mérita le plus du genre humain.

XXIV. La grande propriété, comme l'autorité sociale, développe l'orgueil et l'égoïsme.

A Rome, les *latifundia* ou grands domaines, dont les abus avaient été signalés jadis par Horace, Quintilien, Sénèque, Constantin et saint Ambroise, s'étaient reconstitués après l'invasion barbare. Les seigneurs féodaux laissaient en friche la campagne romaine où ils entretenaient des bergers à demi sauvages, qui devenaient au besoin leurs hommes d'armes et dont ils protégeaient tous les forfaits contre l'action de la justice. Les Papes entreprirent une lutte sans fin contre ce réveil de l'égoïsme païen: Sixte IV, Jules II, Clément VII ordonnèrent que le tiers au moins de ces terres fût mis en culture. Grégoire XIII et Sixte V luttèrent contre les mêmes abus. Pie VI et Pie VII permettaient même au nom de l'intérêt public que les travailleurs missent d'eux-mêmes en culture et sans loyer les terres incultes jusqu'à concurrence du tiers des grands domaines.

XXV. Le droit civil et commercial des Romains régnait dans les pays du midi, les coutumes franques dans les pays du Nord. L'Eglise expurgea et compléta l'une et l'autre législation par ses lois canoniques et sa juridiction spéciale. Elle fit respecter la sainteté du mariage, la loyauté et la justice des contrats, le caractère sacré des actes de dernière volonté. Elle poursuivit toutes les formes de l'usure.

Michelet lui-même a dû reconnaître que la juridiction ecclésiastique avait été une ancre de salut.

Cette juridiction a rencontré de rudes adversaires ; elle a été attaquée par les légistes, par les grands, par les usuriers. Malheureusement Philippe de Valois diminua la juridiction des tribunaux ecclésiastiques au XIV° siècle et François Ier la supprima pour les laïcs, et cela pour favoriser les juristes et le droit romain.

XXVI. Quel grand profit social n'a pas apporté aussi la trêve de Dieu introduite par l'Eglise ! Les guerres privées étaient dans les mœurs. Elles décimaient les populations ; elles arrachaient les travailleurs à leurs foyers et à leurs champs ; elles enlevaient toute sécurité aux campagnes et aux grands chemins. L'Eglise protégea par des sanctions sévères la sécurité des voyageurs et des hommes des champs. Ne pouvant pas supprimer entièrement les guerres privées, elle en diminua les ravages, en suspendant les hostilités entre chrétiens pendant les jours de fêtes de l'Eglise et même chaque semaine du mercredi soir au lundi matin.

La Trêve de Dieu commença en Aquitaine. De nombreux conciles la favorisèrent. Odon de Cluny la propagea par l'action incessante de tous les monastères de son obédience. Guillaume, duc de Normandie, l'introduisit dans ses Etats en 1042, l'empereur Henri IV l'étendit à l'Allemagne ; le concile

de Girone en dota l'Espagne en 1066. On peut se
représenter quelles immenses conséquences cela
eut pour la paix et la prospérité sociales.

XXVII. Il faut encore signaler pendant cette
période *le rôle social des Ordres mendiants.* —
Avant le XIIIᵉ siècle, on avait connu des moines
défricheurs, qui transformaient en domaines fer-
tiles les terres incultes et insalubres ; — des
ermites contemplatifs, usufruitiers d'une caverne
par droit du premier occupant ; — enfin d'actifs
prédicateurs, ou réformateurs de l'Eglise... Les
ordres mendiants offrirent à la papauté un nouvel
appui.

Les *dominicains* s'habituent de bonne heure à
combattre l'hérésie, au péril de leur vie. Par un
pieux jeu de mot, on les appelle les *chiens du Seigneur (Domini canes).* Ils sont figurés en dogues
autour des trônes du Pape, de l'empereur et du roi
de France à la chapelle des Espagnols dans l'église
de Santa-Maria Novella à Florence...

Ces nouveaux ordres, dans l'intérieur de la chrétienté, furent des puissances sociales. Chacun d'eux
eut son Tiers-Ordre qui lui affiliait les laïques de
bonne volonté. Le Tiers-Ordre de saint François
surtout eut un rôle historique.

Le Tiers-Ordre fut un instrument d'*émancipation,*
de *relèvement,* de *paix,* de *libération, d'aide mutuelle.*

Le menu peuple des villes souffrait du joug des
podestats ou des seigneurs, le Tiers-Ordre l'éman-
cipa...

Par les progrès du commerce et de la banque, les
préoccupations matérielles et le souci d'une égoïste

opulence commençaient à déprimer l'âme chrétienne, le Tiers-Ordre la releva...

Trop souvent le printemps ramenait la guerre entre les cités voisines. Le Tiers-Ordre interdit le port d'armes offensives, si ce n'est pour la défense de l'Eglise ou de la patrie.

Pour racheter les redevances féodales et se défendre contre l'usure, les tertiaires s'associèrent. A chaque réunion, chacun donnait un denier pour les besoins de tous. Ce fut une libération.

XXVIII. *Le rôle social des Frères-Mineurs.* — « Les historiens, écrivait déjà Ozanam en 1847, commencent à comprendre le rôle politique des Frères-Mineurs, de cette milice contemporaine des républiques italiennes, alliée naturelle des faibles, ennemie des oppresseurs, dont elle n'avait ni peur ni besoin. »

L'Italie, pour des motifs politiques, se trouvait en proie aux discordes civiles. C'étaient à chaque instant des conspirations secrètes, des familles désunies. A la plus légère occasion, on en venait aux dernières extrémités. Peuple et seigneurs, villes et châteaux guerroyaient sans fin. « Lorsque les haines étaient devenues plus envenimées et que tous les moyens étaient épuisés, dit l'historien Cantù, la religion intervenait... Les premiers messagers de paix se trouvaient toujours parmi *les enfants de François et de Dominique.* On ne dira jamais assez les services que les uns et les autres rendirent alors à l'Italie. » Montalembert l'a proclamé avant Ozanam et Cantù : « On les voit parcourir toute la péninsule avec des croix et des branches d'oliviers, reprochant aux villes et aux princes leurs ressentiments. Les peuples, au moins pour un temps, s'inclinent devant cette médiation sublime... »

Les despotes et tyranneaux se plaignaient amèrement de cette médiation des Frères, parce qu'ils empêchaient leurs exactions. L'un d'eux, Pierre des Vignes, se plaint que les Frères-Mineurs et Prêcheurs aient enrôlé tout le peuple dans leurs confréries pour arrêter la lutte.

Saint François d'Assise et son disciple *saint Antoine de Padoue* firent conclure un grand nombre de paix, dit Cantù.

Un lieutenant de Frédéric II, et son gendre, Ezzelin, gouverneur de la Marche de Trévise, s'était emparé de Vérone, de Vicence, de Brescia, de Padoue. Le récit des atrocités de ce Néron du moyen âge fait dresser les cheveux d'horreur.

« Par son ordre, on tuait les chevaliers et les notables citoyens par grandes troupes sur les places publiques ; puis on mettait les corps en pièces et on les rassemblait pour les brûler... Il faisait aveugler les enfants des nobles, puis les laissait mourir de faim dans ses prisons où périssaient aussi quantité de dames et de filles nobles. Chaque jour on faisait mourir des prisonniers dans les tourments ; et on entendait jour et nuit leurs cris lamentables. On n'osait se plaindre publiquement ; il fallait louer Ezzelin, le traiter de juste, de sage, de conservateur de la patrie, lui souhaiter la vie et la victoire. Il n'épargnait pas le clergé. Il n'y avait plus ni prédications ni solennités. Un jour, il livra Vérone aux caprices d'une soldatesque furieuse. Les détails de ce massacre donnent le frisson. »

Padoue tremblait, attendant le même sort. Déjà Ezzelin était maître du château de Fonte aux portes de la ville. Les Padouans se jetèrent aux pieds d'Antoine, comme autrefois leurs pères aux pieds de saint Léon devant les invasions d'Attila. Sans rien craindre pour lui-même, l'humble moine se rendit à Vérone et s'en vint frapper à la porte d'Ezzelin... « Ennemi de Dieu, s'écria-t-il, tyran cruel, jusqu'à quand continueras-tu de répandre le sang innocent des chrétiens ? Le glaive du Seigneur est suspendu sur ta tête, sa vengeance sera dure et terrible. »

Les gardes stupéfaits apprêtaient leurs armes. Ils attendaient un ordre de mort.

Le tyran s'adoucit. Il s'inclina et avoua ses fautes et promit de s'en corriger. Il rendit le castel et les otages. Voyant le dépit de ses satellites, il leur révéla qu'il avait vu une lumière divine sortir du visage de ce père.

Pour le tenter ensuite il lui envoya une grande somme, se recommandant à ses prières et donnant ordre de l'assassiner s'il acceptait. — Le saint refusa : « Allez, dit-il, je ne veux pas partager avec votre maître les dépouilles du pauvre peuple. » Antoine fut reçu en triomphe à Padoue comme Judith à Béthulie.

Signalons encore entre cent autres : le B. Ambroise Sansedoni, de Sienne, dominicain, disciple d'Albert le Grand et condisciple de saint Thomas d'Aquin, mort en 1286.

Il va de ville en ville en Allemagne et apaise les discordes soulevées par les élections à l'empire.

Il est envoyé par Innocent V comme messager de paix entre Florence et Pise, entre Venise et Gênes.

Il reprenait les grands, les magistrats, les usuriers...

Il prêcha avec tant de véhémence contre l'usure, qu'il se rompit une veine et mourut peu de jours après.

Au XV° siècle, c'est *saint Bernardin de Sienne,* franciscain. Son dévoûment lors de la peste est merveilleux. Ses prédications amènent des conversions, des restitutions de biens mal acquis, des injures réparées, des haines éteintes.

A Pérouse, il réconcilie les factions des Guelfes et des Gibelins. « Que ceux, dit-il, qui veulent la paix se rangent à ma droite. » Un seul gentilhomme résiste. Il lui prédit qu'il périra misérablement. La prophétie se réalise bientôt.

Ces moines avaient une énergie de chevaliers. Sans autres armes que la croix, ils menaient les troupes chrétiennes au combat contre les ennemis de l'Eglise. On vit le frère Léon à la tête des troupes milanaises contre les impériaux. Le frère Clarella mena au combat les soldats pontificaux au siège de Padoue en 1250.

Saint Jean de Capistran valut une armée par son influence entraînante au siège de Belgrade contre les Turcs.

On sait le grand rôle pacificateur qu'a joué sainte Catherine de Sienne en Italie.

Signalons enfin la douce et gracieuse figure historique de sainte Rose de Viterbe. En 1247, elle a douze ans. Jésus lui apparaît tout couvert de plaies et lui dit que les péchés des hommes l'ont réduit à cet état. La petite recluse commence sa mission de prédications...

Elle flagelle le luxe, les dissensions, les scandales ; elle parle de Jésus crucifié dont elle a vu les plaies saignantes. Toutes les classes de la société vont l'entendre.

Elle discute avec les hérétiques, les manichéens de ce temps-là, avec les légistes, les gibelins.

En 1250, elle est exilée par le magistrat gibelin. Elle se retire à Soriano ; mais bientôt après Fréderic II mourut, Viterbe secoua le joug et rappela celle que Dieu lui avait donnée pour la sauver, comme il avait donné les anciens prophètes à Jérusalem.

XXIX. Enfin dans la période de lutte il faut encore signaler l'action de l'Eglise contre l'usure.

Cette action fut incessante, depuis saint Chrysostome et saint Ambroise jusqu'à Benoît XIV et Léon XIII. Elle a été très vive au moyen âge.

Saint Antoine de Padoue prêchait dans toutes ses missions contre les fraudes dans le commerce.

Saint Bernardin de Sienne et saint Jean de Capistran, franciscains, faisaient de même, ainsi que le dominicain, le B. Ambroise de Sienne.

Le frère Barnabé, franciscain, fonda les premiers monts-de-piété.

Le B. Bernardin de Feltre propagea les monts-de-piété. Il mena une campagne énergique et fructueuse contre les usuriers juifs qu'il appelait des marchands de larmes : *venditori di lagrime.* Aussi a-t-il été un des saints les plus populaires de l'Italie. Le peuple le regardait comme un envoyé du ciel. Jamais religieux ne fut plus amèrement pleuré. Quelle touchante manifestation à ses obsèques ! Une foule immense et trois cents enfants vêtus de blanc l'accompagnaient en fondant en larmes.

XXX. Après toutes ses luttes, l'Eglise qui avait eu déjà une période de gloire éclatante, sous Constantin, Théodose et Justinien, au temps des Augustin, des Chrysostome et des Ambroise, allait s'élever à un nouvel apogée.

Les XIIe et XIIIe siècles offrent dans l'ensemble un progrès social supérieur à celui des IVe et Ve siècles. La papauté rayonne sur toute la chrétienté et y maintient la paix et la justice. La féodalité est tout éprise de dévouement et de générosité. Le peuple grandit et s'affirme; le servage disparaît; les communes s'organisent; les corporations se développent; les arts prennent un essor merveil‑leux.

XXXI. L'art est un fruit de la paix et de la prospérité. Il demande des loisirs tranquilles et de longues réflexions. L'effloraison artistique du XIIIe siècle prouve assez que cette époque fut prospère et libre.

Les études historiques nous montrent aussi à cette époque un prodigieux développement du commerce et de la richesse publique, et une population aussi dense et plus féconde que de nos jours (1).

L'institution des corporations manifeste à la fois la liberté dont on jouissait pour s'assembler ou s'associer et les soins de l'Eglise pour tout ce qui concourt au progrès de l'humanité.

L'élément religieux est le plus important de ceux où l'art puise sa vitalité. La religion est la source de l'inspiration, le foyer du vrai, du beau et du bien. (Cartier : *L'art chrétien.*)

(1) Delisle : *Essai sur la condition des classes agricoles en Normandie.*

Ce sont les moines qui ont le plus contribué au développement de l'art chrétien. Ils consacrèrent à la louange divine des épopées de pierre, des poèmes de peinture. C'est à l'ombre des cloîtres, aux écoles monacales, que des générations d'artistes sont venues chercher des modèles et des leçons.

XXXII. C'est par l'étude de la littérature et de l'architecture du moyen âge que commença dans notre siècle la réhabilitation de cette époque méconnue.

Ronsard, Malherbe et *Boileau* avaient condamné le moyen âge.

On reconnaît maintenant la grâce naïve, l'originalité et la noblesse de pensée de nos chansons de gestes et de nos chroniqueurs : Villehardouin, Joinville, Jean de Meung, Thibaut de Champagne, etc.

On revient aussi aux grands maîtres de la philosophie et de la théologie : saint Anselme, Guillaume de Champeaux, Albert le Grand, saint Thomas d'Aquin, Vincent de Beauvais, Raymond Lulle, Roger Bacon, etc.

On reconnaît que les Universités étaient nombreuses et florissantes, favorisées de privilèges et d'immunités.

On comprend mieux aussi les beautés de l'art ogival : hardiesse, grâce, élégance, science profonde de l'équilibre des forces.

Ce fut partout une activité merveilleuse. Le *sculpteur* mit à contribution l'ivoire aussi bien que la pierre et le bois ; le *ciseleur* enrichit des délicatesses de son burin les vases sacrés et les châsses des Saints. On travailla le *fer* avec une perfection jusqu'alors inconnue. Les légendes des bienheureux se déployèrent en scènes naïves et vivantes sur d'immenses *tapisseries*. La *musique* s'épancha en mélodies tantôt légères et gracieuses, tantôt graves et austères, mais toujours simples et populaires. La *peinture* couvrit des richesses de sa palette les verrières des cathédrales aussi bien que le parchemin des manuscrits. Les émailleurs et les faïenciers avaient un faire et une habileté qu'on imite difficilement.

XXXIII. L'art chrétien avait eu sa première ébauche dans les catacombes. Il s'était continué par les basiliques romaines, dans lesquelles certaines parties, comme les mosaïques des absides, des arcs et des pavés, ont été portées à une grande perfection.

Byzance aimait la grandeur et la richesse, elle adopta les voûtes, les coupoles et les revêtements de marbre et de mosaïques. L'art de Byzance se reproduisit à Ravenne sous les exarques et les Goths ; à Aix-la-Chapelle, sous Charlemagne ; puis à Venise et à Palerme où il trouva son plus riche développement.

L'architecture romane, qui semble dériver de l'art byzantin, couvrit de ses œuvres tout l'Occident, du Xe au XIIe siècle. Elle a laissé des sanctuaires magnifiques à Pise, à Vérone, à Milan, à Mayence, à Spire, à Worms, à Trèves, à Toulouse, à Périgueux, à Poitiers, à Autun, à Nevers, à Clermont, à Reims.

Les métropoles de l'art dans cette période sont les grandes abbayes du Mont-Cassin, de Fulda, de Lorsch, de Saint-Gall, de Cluny, de Marmoutier, de Saint-Denis, de Limoges. Ce sont autant d'écoles de peinture et miniature, de sculpture, de vitrerie, de serrurerie, d'orfèvrerie et de musique.

Mais l'art ogival est vraiment l'art chrétien à son apogée. Il s'inspire du plan général des édifices romans et de l'ère arabe. Il donne au monde chrétien ces merveilles qu'on appelle les cathédrales de Reims, d'Amiens, de Chartres, de Cologne, de Cantorbéry, d'York et de Marbourg. Ce sont autant de poèmes de pierre, illustrés par tous les arts connexes.

Si Venise est fière de ses mosaïques, Limoges ne l'est pas moins de ses émaux; Saint-Gall, de ses ivoires; Trèves et Cologne, de leurs ciselures.

En peinture, l'école mystique de l'Ombrie rivalise avec celle de Flandre. C'est une série progressive qui va de Cimabué à Raphaël en passant par Giotto, Gentile da Fabriano, Botticelli, Pinturichio, Fra Angelico et Pérugin.

XXXIV. Pour les lettres et les sciences, l'Europe compte au XIIIe siècle 78 Universités, parmi lesquelles brillent au premier rang Paris, Bologne et Salamanque. Paris avait 20.000 élèves et des maîtres comme Pierre Lombard, Alexandre de Halès et Thomas d'Aquin.

Le Dante donnait son grand poème chrétien.

La France et l'Allemagne s'essayèrent aussi dans l'épopée chrétienne; malheureusement, l'épanouissement de ces deux littératures nationales devait être brisé et détourné de son sens chrétien par la Renaissance avant d'avoir atteint son apogée.

XXXV. Grégoire VII (le moine Hildebrand) groupa et fédéra la féodalité européenne sous la forme d'une république chrétienne, dont le chef était le pontife élu, vicaire de Jésus-Christ. C'était un plan gigantesque et profondément démocratique, parce qu'il opposait un frein aux tendances césariennes des princes. (Le Play : *la Réforme sociale.*)

Henri IV de France voulait reprendre ce plan, et de nos jours des esprits libéraux, même protestants, ont vu là le seul moyen d'obtenir la paix universelle. (Leibnitz, — Voltaire : *Essai sur les mœurs,* chap. I. — David Urquhard : *Appel d'un protestant au Pape pour restaurer la foi des nations,* 1870.)

XXXVI. Les institutions représentatives, dans la commune, la province et l'Etat, s'organisaient sous l'influence de l'Eglise.

Les communes se formaient suivant l'opportunité locale. Les élections et les magistratures variaient d'une province à l'autre.

Aux XII⁰ et XIII⁰ siècles, les banquiers, marchands et artisans élisent leurs magistrats, jugent, punissent, s'assemblent pour délibérer. Ils se gouvernent eux-mêmes.

« Un banquier d'alors, dit M. Guizot (*Histoire de France*), resterait confondu s'il voyait nos chaînes et nos servitudes d'aujourd'hui. »

XXXVII. La royauté d'alors, vraiment préoccupée du bien de ses sujets, protégea le régime communal et respecta toutes les coutumes. « Il est de la dignité d'un roi, dit Philippe-Auguste, de conserver avec zèle, dans leur intégrité, les libertés, les droits et les anciennes coutumes des villes. »

La même préoccupation inspire tout le gouvernement de saint Louis. Le pieux roi s'en souvient jusque sur son lit de mort : « Cher fils, dit-il à Philippe, pourvois que tu sois juste ; et si quelque querelle entre riche et pauvre vient devant toi, soutiens plus le pauvre que le riche... Surtout garde les bonnes villes et les coutumes de ton royaume dans l'état et les franchises où tes devanciers les ont gardées, et tiens-les en faveur et amour. »

Quel pouvoir, avant le christianisme, s'était présenté avec une pareille mission de douceur, de bonté paternelle et de respect pour tous ? Mais aussi quelle autorité fut jamais plus aimée et plus respectée ?

XXXVIII. *Le droit pénal* lui-même s'est adouci. La législation ecclésiastique accuse dès le début un esprit de douceur et de miséricorde inconnu des Césars.

Son but même est différent. Au lieu que la société civile, quand elle inflige une pénalité, veut punir le coupable et effrayer par l'exemple ; l'Eglise recherche d'abord l'expiation de la faute, puis le repentir du coupable, enfin son pardon.

La pensée de l'Eglise étant d'infliger des pénitences, ou, si l'on veut, des corrections comme font les parents avec leurs enfants, elle recommandait qu'on infligeât les peines indiquées avec un esprit de charité, non d'animosité. Elle proclamait son horreur pour le sang et par conséquent proscrivait la mutilation et la peine de mort, l'effusion du sang et la brûlure : « Quæ ad ustionem aut occisionem ducunt, prohibet. » (Du Boys : *Histoire du droit criminel en France.*)

C'est tout une révolution apportée par l'Eglise

dans la procédure. « La loi romaine, dit Chateaubriand, prescrivait la croix, la potence, le feu, la décollation, la précipitation, l'étranglement dans la prison, la fustigation jusqu'à la mort, la livraison aux bêtes, la condamnation aux mines, la déportation dans une île... — Les supplices de la question étaient le chevalet, qui étirait les membres; les lames de fer rougies au feu; les crocs à traîner, les griffes à déchirer. — Les bornes des tourments étaient laissées à la discrétion des juges. » (*Etudes historiques*, t. III, p. 47.)

Le droit canonique abolit la condamnation à mort et proscrivit toutes les peines qui avaient pour effet d'abaisser et d'outrager la dignité humaine.

A aucune époque, l'Eglise ne prononça la peine de mort ni celle de la mutilation. Le supplice de la croix est aboli ainsi que la marque, car l'Eglise *interdit de défigurer l'image de Dieu.* Souvent elle se contente d'envoyer le coupable faire pénitence dans un cloître.

La torture approuvée par Auguste et les lois impériales était repoussée par le droit canon. Le pape Nicolas Ier en 858 en réprouve l'usage dans une lettre aux Bulgares :

« Je sais, dit-il, que si un larron est pris, vous le livrez aux tourments jusqu'à ce qu'il avoue son méfait. Mais, *aucune loi divine n'autorise cela...* Si, ces peines une fois infligées, vous découvrez l'innocence de l'accusé, ne rougissez-vous pas? Et si quelqu'un ne pouvant résister à la torture s'avoue coupable sans l'être, sur qui retombe l'impiété, sinon sur celui qui le force à confesser le mensonge? Répudiez donc et exécrez de tels usages. » (César Cantù.)

Une décrétale d'Alexandre II, au IXᵉ siècle, pour couper court à la torture, déclara nul tout aveu extorqué par crainte, par violence ou par fraude, et interdit de s'en servir contre l'accusé. (D'Espinay : *Influence du droit canon sur la législation française*, p. 124.)

Ainsi disparurent, grâce à l'Eglise, la torture et les pénalités cruelles du droit romain.

Ce sont aussi les papes et les évêques qui ont aboli les usages superstitieux des Barbares.

La loi salique parle de l'épreuve de l'eau bouillante. L'accusé plongeait sa main dans l'eau bouillante ; s'il la retirait intacte, il était réputé innocent. La loi ripuaire avait l'épreuve analogue du feu. Il y avait aussi l'épreuve de l'eau froide. L'accusé était jeté à l'eau pieds et poings liés ; s'il surnageait, il était censé innocent. (D'Espinay.)

Il y avait enfin le duel judiciaire.

Du IXᵉ au XIIᵉ siècle, les décrets de Nicolas Iᵉʳ en 860, d'Etienne V en 885, d'Alexandre II en 1065, d'Alexandre III en 1160, de Lucius III en 1182, proscrivent l'usage de ces superstitions contraires aux canons. Au XIIIᵉ, saint Célestin III, Innocent III, Honorius III renouvellent ces défenses.

L'aveu de l'accusé et les *dépositions des témoins* sont, d'après les décrétales, les seules preuves sur lesquelles on doive asseoir un jugement.

Innocent III et le IVᵉ concile de Latran instituèrent la procédure écrite. Ils déterminèrent les moyens de conciliation et les appels.

Aussi Montesquieu reconnaît que la religion chrétienne a donné aux peuples les meilleures lois politiques et civiles. (*Esprit des lois :* XXIV, 1.)

Les rigueurs exercées parfois contre les incroyants ne sont pas dues à l'Eglise, mais au pouvoir civil et à l'influence du droit romain.

Au XII⁰ siècle, le concile de Latran et Innocent III protestent contre les mauvais traitements infligés aux Albigeois.

L'inquisition fut un tribunal d'Etat. Les Papes intervinrent souvent pour en réprimer les criants abus.

Paul III, en 1535, avertit François Iᵉʳ de traiter les Huguenots avec plus de modération.

Grégoire XIII versa des larmes quand il connut la vérité sur la Saint-Barthélemy.

Bossuet, Fénelon et le cardinal de Noailles protestèrent contre les dragonnades de Louis XIV.

Innocent XI s'éleva aussi contre les mesures de rigueur qui suivirent la révocation de l'Edit de Nantes : « Jésus-Christ, disait-il, ne s'est pas servi de cette méthode : il faut conduire les hommes dans le temple, il ne faut pas les y traîner. »

La société marche à son déclin quand elle s'éloigne de l'Eglise.

Le règne de Philippe-le-Bel marque le début de ce mouvement. Ce prince imita ce qu'avait fait Frédéric Barberousse en Allemagne, en relevant le droit romain. Le code civil romain a une maxime qui favorise toutes les tyrannies : « Ce qui plaît au prince a force de loi. »

« Les légistes, dit Michelet, furent, sous les petits-fils de saint Louis, les tyrans de la France. » (*Hist. de France*, t. II, p. 256.) Augustin Thierry et Guizot expriment le même sentiment.

XXXIX. *Administration de la justice*. — Au XIV⁰ siècle, les légistes chassent les clercs des tribunaux, où ils avaient une grande part. Le clergé protesta aux conciles de Bourges en 1278, d'Angers en 1579, de Rouen en 1229, de Melun, de Compiègne, de Paris en 1429. — Malgré tant de réclamations et la bulle de Sixte IV, la juridiction ecclésiastique disparut, sauf pour les questions de discipline et de régime intérieur de l'Eglise.

L'esprit de douceur et de modération disparut.

Alors reparaissent les *pénalités* de l'ancienne Rome, contre lesquelles l'Eglise a lutté plusieurs siècles.

« La question ou torture reparut au XIIIᵉ siècle, sous l'influence des légistes... » (Dalloz.) « Ce sont les légistes qui ont généralisé la *question* dans la jurisprudence des parlements. » (Laferrière.)

Bien plus, les tribunaux civils inventent de nouveaux supplices : la roue, le bûcher, l'enfouissement tout vif, etc...

Au XVᵉ siècle, c'est la marque, le carcan, le pilori.

Au XVIᵉ siècle, c'est l'arrachement de la langue, l'abcission des lèvres, l'essorillement ou arrachement des oreilles, l'amputation ou le brûlement du poignet, la marque au fer chaud. (C'est ainsi que Calvin fut marqué pour sodomie.)

Ainsi, à partir du XIVᵉ siècle, alors que les juges d'Eglise étaient chassés du prétoire, les tribunaux séculiers qui les remplaçaient, au lieu des pénalités modérées et pénitentielles de l'Eglise, faisaient tuer, pendre, étrangler, enterrer vif, rouer, brûler, écarteler, mutiler de mille façons.

Ni Voltaire, ni Diderot ne songèrent à s'élever contre ces coutumes cruelles. Que leur importait le sort des malheureux, quand leur popularité n'était pas engagée ?

L'Eglise continuait à protester ; dès le XVIIᵉ siècle en Allemagne, les écrits du P. Frédéric Spée, jésuite, en 1631-1637, amenèrent une réaction. L'évêque électeur de Trèves abolit le premier la torture. La plupart des princes d'Allemagne l'imitèrent, tandis qu'elle existait encore en France 150 ans plus tard, sans que les philosophes s'en fussent émus. C'est Louis XVI qui abolit la question préalable en 1780 et la question extraordinaire en 1788. (Celle-ci était imposée après la condamnation pour faire dévoiler les complices.) (1).

XL. *Les communes.* — Le règne de Philippe-le-Bel fut témoin des premières violations des privilèges communaux. En appelant les bourgeois aux Etats-généraux, on ne leur procura pas une émancipation nouvelle, comme on l'a cru. Ils avaient depuis deux siècles sous le régime des communes une liberté complète qui fut restreinte par les Etats-généraux. (Aug. Thierry : *Lettres sur l'histoire*. XXV, p. 277.)

Ces privilèges communaux tombèrent en désuétude sous François Iᵉʳ et Charles IX. La centralisation opérée par Louis XIII et Richelieu diminua ou supprima les libertés locales. Sous Charles IX, la connaissance des affaires civiles fut enlevée aux justices municipales.

Sous Louis XIV, l'autorité royale, par l'intermédiaire des intendants, apporta aux communes à la fois les avantages et les vices de la centralisation. Louis XIV déclara les communes mineures et en

---

(1) Voir G. Romain : *L'Eglise est-elle contraire à la liberté ?*

prit la tutelle (déclaration du 7 juin 1659). Il leur imposa des corvées et des impôts.

XLI. *Corporations.* — Les corporations se voient dépouillées peu à peu de leurs privilèges et de leurs libertés.

Le régime corporatif ne portait d'abord aucun caractère obligatoire.

Les successeurs de saint Louis s'efforcèrent de le soumettre à leur juridiction par l'octroi de certains privilèges.

Jean-le-Bon intervint en 1353 pour régler les salaires et le prix des denrées.

Charles VI supprima les corporations de Paris en 1432.

Louis XI les laissa se rétablir, mais il révisa leurs statuts, les fédéra par l'ordonnance dite des Bannières, en 1467, et leur imposa des charges.

François Ier accrut cette intervention en s'arrogeant le droit de créer des maîtres, moyennant finances. Il supprima les Confréries.

Henri III en 1581 imposa aux métiers l'investiture royale.

Depuis lors jusqu'à la fin du XVIIIe siècle, le pouvoir royal pressura les communautés d'arts et métiers.

Elles sauvegardaient pourtant leur vitalité professionnelle et chrétienne et leur assistance mutuelle.

En 1776, Louis XVI les abolit, puis les rétablit (fév.-août).

Enfin elles succombèrent le 2 mars 1791.

Marat lui-même, dans son « Ami du peuple », écrivit contre cette loi qui privait les maîtres de droits achetés, et les ouvriers des avantages attachés à la famille professionnelle, à ses fondations, etc.

XLII. *Pouvoir absolu.* — Docile aux enseignements de l'Eglise, saint Louis ne se croyait roi que pour procurer à tous ses sujets le plus de bien possible...

A partir de Philippe-le-Bel, cette conception dés-intéressée du pouvoir s'efface de plus en plus.

Philippe-le-Bel est le premier qui ait osé em-ployer, dans les actes publics, cette formule auto-ritaire : « Par la plénitude de notre puissance royale. »

Sous François Ier et Henri II, la royauté devient ouvertement absolue. Ils inaugurent cette formule : « Car tel est notre plaisir. »

Comme les délégués du Parlement de Paris ve-naient à Amboise présenter des observations à François Ier sur le concordat de 1516, il répondit : « Je suis le roi, je veux être obéi ; portez mes ordres demain à mon Parlement de Paris. » Dans une circonstance analogue Louis XI avait cédé.

Henri IV fit exception. Il respectait les libertés populaires. Il eût voulu reprendre le projet de Gré-goire VII, de faire de l'Europe une république chrétienne.

Louis XIV, tout en accordant à l'Eglise des égards et des honneurs, ne veut plus de ses con-seils. Il est le maître. On lit dans ses mémoires : « Les rois sont seigneurs absolus et ont naturelle-ment la pleine disposition de tous les biens de leurs états, qu'ils soient possédés par les gens d'Eglise ou par les séculiers. Ils peuvent en user en tout temps comme de sages économes. » — Il fait écrire dans un cours de droit public à l'usage du dauphin ;

« La nation ne fait pas corps en France : elle réside tout entière dans la personne du roi. » Il peut dire alors : « L'Etat, c'est moi » et écrire à son petit-fils : « Tous les biens de nos sujets sont à nous. »

Villeroy osera dire à Louis XV en lui montrant le peuple : « Sire, tout cela est à vous, vous en êtes le maître. » Michelet disait encore : « L'homme appartient corps et âme à l'Etat. » Et Hégel : « Il n'y a pas d'autre Dieu que l'Etat. » L'Etat, c'est Dieu présent (der præsénte Gott). Dans l'Etat, il n'existe aucune liberté individuelle. Les individus n'ont aucun droit.

XLIII. Le protestantisme fut une revanche du césarisme et de l'usure contre l'Eglise. Les pays protestants supprimèrent de suite les lois canoniques sur l'usure.

Les protestants cependant ne voulaient pas déchristianiser l'Europe, mais seulement la décatholiciser.

L'humanisme a fait plus, il a éloigné le Christ. Nous sommes arrivés au déisme au XVIII° siècle, et de nos jours au scepticisme, au matérialisme, au laïcisme.

Le laïcisme n'est pas seulement une tactique : c'est une doctrine. Il met l'homme à la place de Dieu.

Le capitalisme est une floraison du matérialisme.

La franc-maçonnerie est une conséquence du laïcisme.

Les Papes florentins ne prévoyaient pas où l'humanisme allait conduire les peuples chrétiens. L'amour de la forme allait entraîner l'amour du fond.

Déjà à Florence au XVᵉ siècle, les Platoniciens divinisaient les anciens et plusieurs allaient jusqu'à mettre le paganisme au-dessus du christianisme.

Cela explique le zèle intrépide de Savonarole. « Les âmes, disait-il, éprises d'humanisme, n'éprouvent plus que du dégoût pour la Sainte-Ecriture. »

Saint Bernardin de Sienne lutta aussi de toutes ses forces.

Paul II essaya d'enrayer le mal. Il bannit Pomponius Lætus et Platina.

Léon X et les Médicis furent plus qu'indulgents pour l'humanisme.

Le protestantisme et l'humanisme, en ravivant le césarisme, le luxe, la sensualité et l'égoïsme des grands, préparèrent la Révolution.

Le peuple privé de libertés politiques et des avantages économiques d'un régime social corporatif et chrétien, s'en prend à la fois aux autorités sociales et à l'Eglise qu'il regarde comme leur complice.

L'Eglise pour regagner le peuple doit se présenter à lui en amie de ses libertés et de ses droits, selon l'esprit du divin Maître. C'est ce qu'a compris Léon XIII.

XLIV. L'Eglise a été écartée de sa mission par le césarisme. Louis XIV, complétant l'œuvre de Philippe-le-Bel, de François Iᵉʳ et de Charles IX, nous a envoyés à la sacristie. Il nous a dit : « Vous n'avez rien à voir aux choses de l'Etat, aux choses de la vie politique ou économique. »

Nous nous sommes retirés sous notre tente. Beaucoup d'entre nous gardaient sommairement les bons principes, qu'ils n'avaient plus la puissance d'appliquer. D'autres avaient fini par penser comme les rois que les prêtres avaient assez à faire de gérer leurs églises.

Mais les choses allaient mal pour le peuple. Ses libertés politiques étaient confisquées par les rois, ses droits économiques par l'aristocratie financière.

Les prêtres n'infusaient plus dans la vie sociale l'esprit de justice et l'amour des petits. Ils se contentaient de donner les sacrements à ceux qui voulaient bien les recevoir.

Le peuple se détachait d'une religion qui ne veillait plus à ses intérêts, et il regardait les prêtres comme les complices des oppresseurs. Beaucoup l'étaient en effet, au moins par leur silence ; et nous mourions de gallicanisme.

XLV. Mais voici que quelques prêtres et quelques catholiques ont commencé à secouer cette torpeur.

« Ce que nous faisons est insuffisant, ont dit Lamennais, Ozanam, Lacordaire, Montalembert ; nous nous sommes trop désintéressés du peuple, l'Evangile nous demande autre chose. »

D'autres ont précisé davantage encore. Manning, Ketteler, de Mun, Harmel, Windthorst, Decurtins sont venus et ont dit : « La foi catholique a seule en mains le remède au mal social. Elle seule a su donner la vraie notion de la propriété. Elle seule peut mesurer l'intervention salutaire de l'Etat dans le régime du travail ; elle seule peut animer les associations professionnelles de l'esprit de justice et de charité qui les rendra bienfaisantes. »

XLVI. Ce n'était là qu'un prélude. Léon XIII s'est levé ensuite et il a parlé à son tour. Sa parole a retenti comme une voix de prophète. Elle a étonné, surpris les hommes de tous les camps. Elle se heurtait à des préjugés, à des habitudes, à des traditions. Elle n'a pas fini de conquérir les intelligences et les volontés, mais le travail se fait.

Le gallicanisme et le libéralisme sont brisés. Notre Dieu n'est pas seulement le Dieu de la vie privée, le Dieu du sanctuaire. Il est aussi le Roi des rois, le Dieu de la vie sociale, le Dieu des nations. Sa loi et sa grâce doivent éclairer et pénétrer la vie civile et économique des peuples. Son Eglise est dépositaire des principes qui vivifient et relèvent la vie publique comme la vie privée.

Les prêtres et les catholiques agissants l'ont compris. Ils étudient, ils se mettent à l'œuvre. Il faut réduire en acte la doctrine pontificale. Il faut un programme de revendications légales pour le relèvement du peuple. Il faut ressusciter une organisation corporative adaptée aux conditions actuelles.

Le programme s'est élaboré, il comprend la réglementation du contrat de travail, la durée du travail, les conditions du salaire, le développement de la petite propriété, la réforme de l'impôt et d'autres revendications analogues.

Le mouvement corporatif commence confusément. On fonde en grand nombre des syndicats, des caisses de crédit, des unions agricoles. Tout cela devra être synthétisé et groupé. La lumière se fera.

Le progrès est général. L'Allemagne, la Belgique, la France, l'Italie rivalisent dans la fondation des groupements catholiques et dans les revendications légales. Ce mouvement, qui a principalement pour but le relèvement populaire, a pris de plusieurs côtés le nom de *démocratie chrétienne*.

Le peuple n'est pas encore gagné, mais il observe, il s'étonne.

Il croyait de bonne foi que le clergé était nécessairement inféodé au capitalisme. Il hésite encore, il craint une déception.

Continuez, prêtres et hommes d'œuvres, qui avez compris la parole victorieuse de Léon XIII. Encore un peu de temps. Il faut que le peuple ait compris que vous n'agissez pas par tactique mais par conviction; que vous vous appuyez sur les principes sociaux de l'Evangile et que vous êtes décidés à ne plus les laisser étouffer. Il faut peut-être aussi qu'il ait encore de l'autre côté quelque cruelle déception en voyant qu'il n'a fait que changer de maîtres égoïstes; et alors il reviendra à vous et au Christ.

Et alors vous verrez se réaliser ce que nous ont annoncé nos pontifes bien-aimés. Pie IX a dit : « Il faut que l'Eglise et le peuple se rencontrent, ce sera l'aurore de beaux siècles. » Léon XIII a dit : « Le cœur de Dieu s'incline davantage vers les classes infortunées; il invite ceux qui souffrent à venir à lui pour qu'il les console; il embrasse avec une charité plus tendre les petits et les opprimés; cette doctrine apaisera l'orgueil des grands et relèvera le courage des petits; la paix se fera dans l'amour fraternel. »

SIXIÈME CONFÉRENCE

La Démocratie chrétienne.

I. Une partie des catholiques, les plus fidèles aux directions pontificales et les plus zélés pour l'action sociale chrétienne, ont pris le nom de démocrates chrétiens. Le mot est-il heureux et doit-il être retenu ? c'est une question de grammaire qui passionne les esprits.

Pourquoi, disent les uns, ajouter un qualificatif au titre de chrétien ? qui dit chrétien ou catholique, dit tout ce qui est juste et bon. Une distinction ne peut qu'affaiblir le terme général.

S'il faut un qualificatif, disent les autres, pourquoi celui-là, qui semble favoriser l'antagonisme des classes et qui préconise un régime politique à l'exclusion des autres, dont la valeur est peut-être supérieure ?

Vidons cette querelle de mots, avant de passer à la question de fond, à l'exposé des doctrines de la démocratie chrétienne.

Qu'il faille un qualificatif pour désigner le renouveau de l'action sociale chrétienne, nous en sommes persuadés. C'est un besoin momentané sans doute, mais c'est un besoin actuel. Aux choses nouvelles, il faut des noms nouveaux.

Les catholiques étaient sortis de la vie sociale. Ils avaient été jetés violemment en dehors de l'action sociale par le césarisme gallican. Louis XIV et les césariens de son école leur avaient dit : « L'Eglise n'a rien à voir aux choses de la terre, la volonté royale est la seule règle de la justice sociale, retirez-vous dans vos temples et dans vos sacristies. »

Il avait fallu s'incliner devant la force. Beaucoup même s'étaient laissé séduire et avaient formé dans l'Eglise le parti gallican.

Les papes et les catholiques les plus éclairés avaient protesté. Mais le XVIII* siècle n'écoutait plus l'Eglise, il était engoué des nouveautés philosophiques. Au lieu de revenir aux doctrines sociales de l'Evangile, il essaya de la révolution et de ses théories païennes.

Bonaparte ne rejetait pas l'Evangile, mais il le voulait domestiqué.

Après la paix, la doctrine romaine put enfin recommencer à parler, avec de Maistre, de Bonald, Tapparelli, Blanc de Saint-Bonnet, Parisis, Veuillot. Le gallicanisme théologique fut brisé au Concile du Vatican. Il restait le gallicanisme politique et social : la doctrine du droit divin absolu des rois et l'exclusion de toute action sociale de l'Eglise. Léon XIII acheva ce qu'avait commencé le Concile. Il rétablit l'enseignement intégral de l'Eglise par ses encycliques sur la constitution chrétienne des sociétés et sur la condition des ouvriers. Il est suivi plus ou moins fidèlement par les catholiques. Comme il n'a pas pris dans son enseignement la forme la plus solennelle avec menace d'anathème, l'erreur garde des adeptes. Ils ne sont pas hérétiques, ils sont simplement réfractaires et peuvent se dire encore catholiques

Comment nous distinguer d'avec eux ? Comment nous dégager de toute connivence avec eux ? Comment affirmer notre adhésion complète aux enseignements de Léon XIII ? Il faut que nous ajoutions une épithète à notre titre de catholiques. Ce sera temporaire et autant que durera l'obstination des réfractaires.

De même autrefois, pour nous séparer des gallicans, nous nous appelions ultramontains. Cela avait sa raison d'être. C'était une profession de foi et cela voulait dire catholiques complets. Cela n'a plus sa raison d'être depuis le concile du Vatican. Aujourd'hui, personne ne peut plus être ou se dire gallican, il n'y a donc plus de raison de nous dire ultramontains. Mais on peut être encore réfractaire, libéral, régalien, sans être hérétique. Il faut donc, ou du moins il convient, il est utile que nous adoptions un qualificatif pour affirmer et confesser notre foi.

Quel nom fallait-il prendre pour affirmer que notre catholicisme n'est pas seulement privé, mais qu'il est aussi social ? On pouvait prendre le nom de Catholiques sociaux, Catholiques d'action sociale, beaucoup ont préféré celui de Démocrates chrétiens. Nous pensons que ce nom est justifié, quoiqu'il ait besoin d'explications, et nous sommes persuadés qu'il n'y a pas lieu d'y renoncer.

II. Remarquons d'abord que les mots ont la valeur qu'on leur donne. Cela dépend de l'usage et souvent de la région. Un libéral de Belgique n'est pas la même chose qu'un libéral de France. Quand un mot dans un pays est déjà passé dans l'usage avec une signification déterminée, on ne peut plus lui donner une autre acception. Ainsi le nom de démo-crates chrétiens a été adopté dans l'Allemagne du Nord par un groupe de protestants qui visent au socialisme d'Etat, les catholiques de cette région ne pourraient donc pas se dire démocrates chrétiens. Mais dans les pays latins et même en Angleterre, ce titre a été adopté par les catholiques sociaux.

Le mot est-il bien choisi? Nous ne nions pas qu'il a besoin d'explications et qu'en soi il offre quelque équivoque. La démocratie chrétienne n'est pas la démocratie pure, la démocratie absolue. Nous ne voulons pas exclure toute royauté, ni même toute aristocratie qui justifie ses privilèges par des services rendus. Nous ne prétendons pas supprimer tout patronat et tout prolétariat. Pour le fond, la démocratie chrétienne a comme pro-gramme l'Encyclique sur la condition des ouvriers. Elle demande, dans la vie sociale, des lois et des institutions favorables aux travailleurs : dans la vie politique, une ascension progressive du peuple et sa participation croissante à l'administration publique.

Que ce soit là vraiment le sens courant de cette expression aujourd'hui, nous en présenterons trois témoins.

Voici d'abord le sympathique professeur d'éco-nomie sociale à l'Université de Pise, le docteur Toniolo : « Quelle que soit, dit-il, la signification étymologique de ce terme *démocratie*, dans le sens actuellement reçu, il signifie un ensemble de doctrines et d'action pratique en faveur du peuple. »

Voici maintenant une page du prédicateur de

l'Avent à Notre-Dame de Paris en 1877 (le P. Hya-
cinthe). Il s'est bien égaré depuis, mais il expri-
mait alors le sentiment commun des catholiques :

« Qu'est-ce donc que la démocratie ? Est-ce la
révolution radicale ? Sont-ce les grandeurs de
l'intelligence, les grandeurs de la vertu, la hiérarchie sociale prosternées devant la force du
nombre ? Est-ce un niveau brutal qui passe sur
tous pour égaliser et broyer ? Ah ! cette fausse et
perverse démocratie serait le dernier mot de la
barbarie ! — Mais si la démocratie est l'ascension
graduelle, pacifique, triomphante des masses laborieuses et souffrantes qui remplissent les campagnes et s'appellent les paysans, qui remplissent
les cités et s'appellent les ouvriers ; si c'est leur
ascension à l'instruction plus complète, au bien-
être plus étendu, à une moralité de plus en plus
épurée et efficace, et par une conséquence nécessaire et légitime à une influence politique plus
développée ; si la démocratie est cela, nous sommes
tous démocrates, non pas seulement parce que nous
sommes les fils d'un siècle que nous ne renions
pas, mais parce que nous sommes les fils de
l'Evangile et que nous y croyons... »

M. Chesnelong n'est pas suspect, il aspirait à
restaurer la royauté. Il disait en 1887 : « Nous
sommes, il est vrai, une société nouvelle, une société égalitaire, une société *démocratique ;* le mot,
entendu dans un sens élevé, ne m'effraye pas, car
la démocratie, en tant qu'elle a pour objet d'élever
le peuple à un plus haut degré de lumière, de moralité, de bien-être, de l'associer plus étroitement
aux destinées et aux progrès de la patrie commune,
cette démocratie, je la veux ; et pourvu qu'elle soit

une *démocratie chrétienne,* je crois en elle ; et voilà pourquoi je m'indigne quand on veut en faire une démocratie athée et matérialiste... »

Cette *démocratie chrétienne,* M. Chesnelong la voulait donc et y croyait en 1887 ; pourquoi, dix ans après, les catholiques apeurés ou arriérés la critiquent-ils ?

M. de Mun, dans son discours de Saint-Etienne en 1892, disait, après avoir exposé son programme : « Voilà votre œuvre, celle que vous commande Léon XIII. Il faut que vous vous affranchissiez des théories de l'ancienne orthodoxie économique... il faut que vous soyez dégagés de toute préoccupation politique et qu'acceptant les formes, les habitudes de langage et les institutions de la *démocratie,* vous n'ayez plus qu'une idée, la rendre chrétienne... »

Nous pensons d'ailleurs que la démocratie chrétienne est un fruit spontané de l'Evangile, mais ceci a besoin d'explications.

III. Le langage populaire s'inquiète peu du sens philosophique des mots. C'est au langage populaire que nous empruntons le mot démocratie. C'est au peuple que nous parlons et nous voulons qu'il nous comprenne. Il entend tout bonnement par démocratie un régime politique et social favorable à l'ascension populaire. Dans ce sens la démocratie sort du fond même de l'Evangile.

Quelle est la politique de l'Evangile ? Quelles ont été les visées sociales du Sauveur ? Il est venu pour relever les petits. Les prophètes l'avaient annoncé. Notre-Seigneur l'a répété : « Mon Père m'a envoyé, dit-il, pour apporter aux pauvres la bonne nouvelle de leur relèvement : *Evangelizare pauperibus misit me*. Toute la vie de Notre-Seigneur, tous ses exemples, tous ses enseignements tendent au même but : le relèvement des petits par la charité chrétienne qui est comme un écoulement de la charité divine et par la justice chrétienne qui ne fait pas acception de personnes. Personne ne peut mettre en doute, dans ce sens général, l'esprit démocratique de l'Evangile. Il y est écrit à toutes les lignes. Mais précisons davantage.

IV. Distinguons, si vous voulez, dans la vie sociale, le *but* et les organes de cette vie. Dans le *but*, toute société doit être, jusqu'à un certain point, démocratique, même au point de vue rationnel, à plus forte raison au point de vue chrétien. Voici dans quel sens. La vie sociale est faite pour aider la vie privée, pour la fortifier, la protéger, la secourir. Mais qui donc a besoin d'être particulièrement protégé, si ce ne sont pas les pauvres ? Léon XIII cite cet argument rationnel pour montrer que toute organisation sociale doit être démocratique dans son but : « Le pouvoir social, nous dit-il dans l'Encyclique, doit porter un intérêt spécial aux petits et aux pauvres, parce qu'ils ont un plus grand besoin d'être aidés, tandis que les riches et les puissants se peuvent aider par eux-mêmes. »

Si la raison même le dit, l'Evangile le dit mieux encore. Aux règles de la justice et de la philanthropie, il ajoute les impulsions de la charité chrétienne.

Nous parlons jusqu'ici du but et non des moyens. Quelle que soit l'organisation politique, sociale, économique d'un peuple ; qu'il soit régi par un roi entouré d'une aristocratie, qu'il laisse le travail aux mains de prolétaires salariés et dirigés par des patrons ; cet organisme politique et social n'en doit pas moins être démocratique dans son but, c'est-à-dire qu'il doit tendre principalement au bien des petits et à leur relèvement. Le motif rationnel est tout simple : celui-là doit être plus aidé qui en a le plus besoin. La royauté chrétienne l'a bien compris. Saint Louis mourant disait à son fils Philippe : « Aie soin des pauvres. Prends leur défense dans leurs conflits avec les puissants. » Le pieux roi breton Hoel II avait pour devise « Sell ar bob », ce qui veut dire : « Regarde en bas », regarde les pauvres...

La féodalité et la chevalerie bien comprises avaient aussi pour but de protéger et de secourir les petits et les faibles. Quand la féodalité a délaissé cette noble fonction pour devenir la noblesse de cour, elle n'avait plus ce but rationnel de toute institution sociale : *secourir principalement les petits ;* elle a sombré dans sa propre corruption et dans le mépris général.

Jusque-là nous serions facilement d'accord, je crois, avec les plus fougueux réfractaires. Ils admettraient bien que tous les organes de la vie sociale sont particulièrement au service des faibles. Mais ils s'en tiendraient volontiers à cette vague déclaration et compteraient sur la charité des braves gens pour suffire à tout.

V. Nous, nous voulons qu'on spécifie de suite les moyens pour arriver à ce but. Nous ne nous contentons pas d'une vague bonne volonté des gouvernants et des patrons. Nous demandons des lois qui protègent le travailleur et qui facilitent son ascension sociale ; nous demandons des corporations qui défendent le travailleur contre toute injustice et le secourent dans tous ses besoins. Ces lois effrayent les réfractaires, devant lesquels elles semblent évoquer le fantôme du socialisme d'Etat. Ces corporations effrayent le patronat dont elles veulent limiter le pouvoir absolu.

Les réfractaires se contenteraient d'un amour du peuple qui irait jusqu'à l'organisation des sociétés de Saint-Vincent de Paul, la fondation de quelques lits d'hospice et l'ouverture de quelques écoles libres.

Les démocrates chrétiens ont scruté la vie de l'ouvrier, ils ont constaté le règne presque universel de l'injustice, l'exploitation de l'ouvrier par un travail exagéré et insuffisamment rétribué, la mère de famille et l'enfant englobés dans l'usine, les vieillards réduits à la faim et à la misère. Ils ont proposé tout un programme de réformes à réaliser par les corporations et par l'Etat. Ils n'ignorent pas qu'il y a d'excellents patrons, chez lesquels il y a peu à reprendre ; ils les louent et les donnent pour modèles, mais ils n'ont pas l'illusion de croire que tous les patrons deviendront excellents sans le concours de la loi et des corporations.

VI. Mais ce qui regarde le *but* de la vie sociale n'est pas tout, il y a aussi ses *organes* ; et ici il faut distinguer la vie politique et la vie économique.

Dans la vie politique, la démocratie pure est républicaine, elle exclut tout privilège de classes.

La démocratie chrétienne ne va pas si loin. Elle est républicaine, là où la république est établie et voulue par le peuple, comme en France. Ailleurs elle accepte la monarchie, tempérée par des institutions démocratiques.

La monarchie absolue est la forme de gouvernement propre aux Etats dans l'enfance et aux Etats en décomposition. Un Etat qui a une certaine culture exige une certaine part d'institutions démocratiques, fort conciliable d'ailleurs avec la monarchie. Cela se comprend. Dans la famille, le petit enfant obéit sans discuter, le jeune homme instruit et cultivé est admis aux conseils du père. De même un peuple naissant, un peuple enfant et sans lettres a besoin d'un roi absolu ; un peuple cultivé veut défendre ses intérêts dans les conseils des princes. L'Evangile favorise l'éducation du peuple. Il élève le peuple en l'instruisant et le moralisant ; il prépare donc les institutions démocratiques. On peut donc dire que l'organisation démocratique sort spontanément de l'Evangile, aussi bien que le but démocratique de la vie sociale.

L'Eglise, après avoir civilisé les peuples-d'Occident, avait introduit chez eux des institutions démocratiques, des conseils provinciaux et nationaux, à l'instar des conseils ecclésiastiques.

Aux Etats généraux de 1484, sous la régence d'Anne de Beaujeu, les paysans eux-mêmes avaient voté et envoyé leurs délégués. Le Sénéchal de Bourgogne y rappelait que la royauté est une dignité conférée par le peuple et non une propriété du prince.

L'Angleterre avait sa Grande Charte dès 1215. C'est la base de ses libertés populaires et de l'action politique des communes par leurs députés.

L'Espagne et le Portugal avaient leurs *fueros* et leurs *cortès*.

L'Allemagne et les autres nations du Centre et du Nord avaient leurs diètes provinciales et nationales.

L'Italie, sous l'action du Saint-Siège, était la terre classique des libertés populaires. Les siècles chrétiens en Italie ont gardé le nom de « l'âge du peuple », *l'età del popolo.*

Florence avait une constitution profondément démocratique. Elle était gouvernée par la Seigneurie, conseil composé des prieurs ou baillis des arts majeurs et mineurs, voire même de délégués du prolétariat, les *Ciompi.* Les nobles, pour avoir part au gouvernement, devaient entrer dans une corporation.

Milan avait ses Capitaines du peuple.

Gênes avait ses Abbés du peuple qui gouvernaient avec les *Capitani* ou doges.

A Venise, au XIII⁰ siècle, le peuple prenait part aux élections du Grand Conseil.

Sienne, Pise, Lucques, Pistoie, Arezzo avaient comme Florence leurs seigneuries, composées des prieurs des arts et métiers.

Pétrarque, regrettant plus tard de voir toutes ces libertés entamées par l'influence césarienne, s'écriait : La liberté est un bien précieux qu'on connaît mal tant qu'on ne l'a pas perdue :

> « *Libertà, dolce e disiato bené !*
> « *Mal conosciuto a chi talor no'l perde.* »

On peut objecter que les siècles chrétiens en Italie ont été bien agités. Mais est-ce bien la faute de la démocratie ? N'y a-t-il pas d'autres causes : l'intervention constante des gibelins et de l'empire, la lutte des familles nobles, notamment des Colonna, des Orsini, des Savelli à Rome ?

Et puis un peu d'agitation, où se trempent les caractères, a-t-il plus d'inconvénients que l'apathie des masses aux époques de monarchie absolue ?

Pour ma part, je ne puis pas dédaigner, bien plus j'aime et je salue une époque qui nous a donné le Dante et Pétrarque, Giotto, Angelico, François d'Assise, Antoine de Padoue, Pierre Lombard, Bonaventure et Thomas d'Aquin.

VII. Mais un courant de folie païenne, soulevé par les légistes et les humanistes, a étouffé ces institutions démocratiques.

En France, François Ier et Henri II ont asservi les corporations, qu'ils ont séparées de l'Eglise. Richelieu a supprimé les Etats généraux. Louis XIV a mis les communes en tutelle et fermé la bouche aux parlements.

En Angleterre, les Tudor ont suspendu la Grande Charte.

En Allemagne, les diètes ont été amoindries.

En Italie, Venise a retiré au peuple le droit de participer à l'élection du Grand Conseil.

Les Visconti et les Sforza à Milan, les Médicis à Florence ont confisqué les libertés populaires.

Louis XIV et Louis XV se faisaient représenter en Césars romains sur les places de Paris et de Reims. Le symbolisme était parfait.

C'était un état violent, contraire à la vie sociale cultivée et surtout à la vie sociale chrétienne ; cet état violent a provoqué la Révolution.

VIII. Il y avait une évolution démocratique à réaliser à la fin du siècle dernier. Tout le monde le comprenait.

Joseph de Maistre lui-même l'avoue : « Louis XVI, dit-il, voyait sans chagrin l'opinion publique affaiblir le *pouvoir arbitraire*; il encourageait même cette opinion; et, dans le calme d'une conscience pure, il croyait n'avoir rien perdu, quand il accordait tout à son peuple... »

L'évolution se fit mal et devint la Révolution. Est-il téméraire de dire que le clergé du XVIIIe siècle aurait pu être mieux préparé à diriger le mouvement ?

La réaction populaire dépassa le but. Au lieu d'imposer à la royauté des institutions démocratiques, elle a fondé violemment la république et l'a cimentée dans le sang. Mais maintenant le peuple a pris goût à la république. Il y tient. Qui pourra lui persuader que la monarchie césarienne était guérissable? Et qui pourrait affirmer que la Providence n'a pas condamné une dynastie qui s'était élevée contre le peuple et contre Dieu ?

La Révolution a cependant failli à sa mission. Au lieu de relever la liberté, elle a fait à son tour du césarisme oligarchique et elle a préparé le césarisme impérial.

Mais l'évolution se refait pas à pas et souvent par secousses violentes. Le peuple est comme le géant Ancelade, enseveli sous l'Etna, qui ne peut pas se remuer sans faire trembler la terre.

Les nations ont successivement élargi le droit de suffrage et rendu les charges publiques plus égales.

L'Angleterre a eu sa réforme électorale en 1832, la France et le Piémont en 1848, l'Autriche en 1895, la Belgique en 1896 et 1899. La Russie a émancipé les serfs. Les Etats-Unis et le Brésil ont donné le droit de cité aux esclaves. Le mouvement démocratique s'étend jusqu'au Japon et gagnera tous les peuples. Et ce qui s'est fait est bien imparfait encore, parce que les catholiques ont trop tardé à y mettre la main.

IX. Une saine démocratie n'exclut pas non plus toute aristocratie.

Il ne peut plus être question de féodalité. C'était une organisation sociale adaptée aux besoins des peuples demi-barbares. Il fallait là des protecteurs puissants contre les violences et les désordres locaux. Mais il peut y avoir une aristocratie établie sur une autre base, qui représente les supériorités sociales, dans la grande propriété, l'industrie, le commerce, les carrières libérales. Cette aristocratie peut être entretenue et rajeunie par des titres nouveaux, comme cela se fait fréquemment en Angleterre et en Belgique. Elle peut avoir encore certains privilèges établis par la loi ou par la coutume. Elle peut constituer une Chambre modératrice comme en Angleterre, en Autriche ; elle peut avoir une part de faveur dans certaines carrières : la diplomatie, l'administration, l'armée. Une pareille aristocratie peut exister à côté d'institutions démocratiques très sérieuses. C'est alors un régime mixte. Quoi qu'il en soit en théorie, nous devons reconnaître que dans le fait ces formes même d'aristocratie sont en décroissance. En Angleterre, la Chambre des Lords est passée au second rang comme influence. En Allemagne, le corps des officiers qui était encore, par la coutume, si aristocratique, il y a vingt ans, est envahi par la démocratie. Les tendances actuelles nous conduisent manifestement à un état démocratique de plus en plus complet.

Est-ce à dire que l'état chaotique auquel l'esprit révolutionnaire a réduit le suffrage populaire en France soit l'idéal ? Nullement. Les démocrates chrétiens ne demandent pas ce nivellement. En France, ils voudraient qu'une des deux Chambres au moins fût professionnelle et représentât des spécialités. En Belgique, ils donnent un rang privilégié, dans le vote populaire, au chef de la famille, à l'instruction, à la fortune.

Les démocrates chrétiens envisagent le mouvement démocratique à deux points de vue. D'une part, ils reconnaissent qu'il est légitime dans une certaine mesure et suivant le degré de culture du peuple. D'une autre part, ils ne ferment pas les yeux à la lumière et ils constatent que le progrès démocratique est voulu par le peuple ; ils sont donc d'avis qu'il faut se hâter de faire l'éducation sociale chrétienne du peuple, pour qu'il n'abuse pas du pouvoir qu'il conquerra fatalement.

Léon XIII disait à Monseigneur l'évêque de Liège en 1892 : « On ne peut nier l'existence d'un mouvement démocratique universel ; il faut donc le rendre chrétien, si l'on ne veut pas qu'il devienne socialiste. » Ces paroles sont rappelées par Monseigneur l'évêque de Liège dans sa brochure sur l'Encyclique *Rerum novarum*.

Nous croyons avoir été assez clairs. La démocratie chrétienne demande, dans la vie politique, des institutions démocratiques, assez larges et progressives, sans exclure, là où elles existent, les monarchies tempérées.

Elle reconnait le progrès fatal et incessant de la démocratie, elle veut la rendre chrétienne pour qu'elle ne se fourvoie pas dans le socialisme.

XI. Dans l'ordre économique, la question est différente.

La démocratie pure irait jusqu'à l'absurde socialisme, que la démocratie chrétienne repousse absolument.

Celle-ci demande surtout trois choses :

1° La protection des travailleurs par la loi et par les corporations dans les ateliers où règne le régime traditionnel du patronat et du salariat.

2° L'accession à la petite propriété par une législation favorable relativement aux successions, à l'enregistrement, à l'impôt.

3° Le développement, par la coutume et par la législation, des petites sociétés, de la coopération et de la participation aux bénéfices.

Le mouvement économique n'est pas moins légitime que le mouvement politique.

L'oppression économique a commencé par les atteintes portées aux corporations.

Le prolétariat agricole a pour origine en France et en Italie la rupture des liens entre les classes par l'absentéisme, la suppression des baux à long terme et des propriétés communales; en Angleterre et en Allemagne, les colossales dépossessions du temps de la réforme; en Espagne et en Sicile, les fidéi-commis et les *latifundia*.

Le prolétariat industriel est né avec la production capitaliste. Il la suit comme son ombre.

Ce mode de production est entré dans l'histoire comme une nécessité, au moment où les besoins devinrent plus multiples et où furent ouverts les grands marchés nouveaux.

Les capacités commerciales ont pris la direction de la production et ont soumis à leur commandement la grande masse des simples artisans.

Cette forme de production devint plus nécessaire encore quand les progrès de la technique exigèrent la réunion de grandes forces ouvrières.

XII. Le prolétariat a engendré un genre de malaise spécifique, qui ressort pour l'ouvrier :

1° Des usines malsaines; des fabriques remplies de bruit, de poussière et d'air suffoquant; du développement des mines;

2° Du travail des femmes et des enfants à l'usine;

3° De l'entassement dans les villes;

4° De l'insécurité du lendemain par la variabilité du marché;

5° De la rupture avec tout ce qui dans le passé constituait son idéal : les liens qui l'unissaient au pays natal, au village, à la famille, aux mœurs traditionnelles, au coin de terre héréditaire...

Et ce malaise se traduit par un état intolérable.

Considérant la situation actuelle du travail, Herbert Spencer a dit, non sans raison, que notre société est dans un état de cannibalisme.

Louis Veuillot disait : C'est l'homicide organisé en grand par le travail malsain et excessif.

Ketteler a dit : C'est un assassinat.

Les machines devaient aider l'ouvrier, diminuer le travail, augmenter le produit. Elles n'ont pas été mises au service de l'ouvrier, c'est l'ouvrier qui a été mis au service de la machine.

Bête énorme, on l'a nourrie, pour la faire

produire, non seulement avec de la houille, mais en lui jetant en pâture l'ouvrier, la femme, l'enfant... l'avenir de la race et l'âme abrutie par la promiscuité et par le travail divisé et excessif.

Le vrai et beau progrès est celui de la dignité humaine.

XIII. A cet état de malaise, il faut ajouter, comme causes déterminantes de l'agitation :

1º Le *contraste,* qui engendre l'envie : la villa confortable, les équipages élégants des villes, les hôtels luxueux... Ceux qui disposent de cette splendeur, ce n'est plus l'Eglise, ce n'est plus le prince, ce sont les détenteurs de la puissance économique, chez lesquels l'ouvrier voit ses exploiteurs.

2º Le *groupement* dans les logis ouvriers et dans les fabriques, la réunion dans les estaminets, qui donnent au prolétaire, abandonné de Dieu et des hommes, la pensée de s'unir avec les camarades, pour travailler en commun et jouir en commun.

Le mouvement social était inévitable. Il a pris des formes diverses.

En Angleterre il a été surtout corporatif. En France, l'élément révolutionnaire dominait. En Allemagne, le mouvement était plutôt politique et légal.

Karl Marx s'est fait le théoricien du mouvement. Son principe est celui-ci : « Le prolétariat ne pourra se considérer comme émancipé tant qu'il n'aura pas aboli la dépendance économique sous laquelle il se trouve ; et pour cela il faut qu'il conquière les instruments et moyens de production. »

Le mouvement général tend à s'unifier pour acquérir toute sa puissance.

L'association internationale y travaille depuis 1864. De nombreux congrès ouvriers ont préparé les programmes d'Eisenach en 1868, de Gotha en 1875, d'Erfurth en 1891, de Zurich en 1897. Les socialistes ne doutent pas du succès final. Engels a écrit :

« Nous avions cru en 1848 à un triomphe facile du prolétariat, mais l'état du développement économique sur le continent était loin d'être assez mûr pour que la production capitaliste pût être supprimée... Mais depuis 1848, la révolution économique a gagné tout le continent, elle a introduit réellement la grande industrie en France, en Autriche, en Russie, en Allemagne. Aujourd'hui la grande armée une et internationale des socialistes marche irrésistible, progressant chaque jour par le nombre, par l'organisation, par la discipline, par la conscience et par la conviction en la victoire finale. — Pour que les masses comprennent ce qu'elles doivent faire, un labeur long et persévérant s'impose. C'est ce travail que nous accomplissons et avec un succès qui désespère nos ennemis... » (*Introduction aux luttes de classes en France.*)

XIV. Y a-t-il encore espoir pour les catholiques de reprendre la direction du mouvement social ? Oui, avec la grâce de Dieu, mais il faut agir !

Les trades-unions anglaises résistent au socialisme.

La démocratie rurale en Allemagne ne se laisse guère entamer.

La démocratie chrétienne se lève en France, en Italie, en Espagne, sous la bénédiction de Léon XIII.

Trop de catholiques, apathiques ou illusiónnés, font encore, hélas ! le jeu de Karl Marx contre Léon XIII. Il est temps que cela finisse !

XV. Les démocrates chrétiens doivent d'abord écarter la solution socialiste, en expliquant aux travailleurs qu'avec le communisme ils ne feront que changer de maîtres pour en trouver, de plus durs.

Il faudra des chefs à tous les ateliers communaux. Où ces chefs prendront-ils des mœurs plus humaines et plus justes que ceux d'aujourd'hui, surtout s'il n'y a plus dans la société d'enseignement moral et religieux ?

Il faudra travailler dans les ateliers pour faire vivre la communauté, et puisqu'il n'y aura plus comme stimulant l'intérêt personnel du profit ou du salaire, il faudra bien, si l'on ne veut pas mourir de faim, que la verge ou la prison remplace les stimulants d'autrefois.

Mais ce n'est pas tout de démasquer le socialisme, il faut offrir un remède au mal présent. Ce remède, nous l'expliquerons plus complètement en exposant le programme de la démocratie chrétienne ; indiquons-le sommairement aujourd'hui.

Nous demandons la protection des travailleurs par la loi et par les corporations.

Le travailleur devant le capitaliste, c'est la faiblesse devant la force.

Qui contiendra cette force dans ses justes limites ? La loi et les règlements corporatifs.

Il faut que le travailleur soit respecté dans sa vie physique et dans sa vie morale ; que son travail soit équitablement rétribué, que son épargne soit favorisée ; qu'il soit prémuni contre l'épreuve des mauvais jours ; qu'il soit assuré de trouver le secours nécessaire dans la maladie et la vieillesse.

Durée du travail, salaire minimal, travail des enfants et des femmes, contrat de travail, hygiène et moralité des ateliers, assurances et retraites, voilà des problèmes qu'aborde la Démocratie chrétienne. On peut varier dans le choix des solutions ; on ne peut pas écarter ces questions ou les mépriser. Les corporations ont suffi autrefois à les résoudre ; aujourd'hui, les corporations elles-mêmes sont un problème. Seront-elles rétablies, et sous quelle forme ? En attendant qu'on le sache, il faut que l'Etat intervienne et tranche ces questions par lui-même, en s'aidant des corporations qui se relèvent, des mutualités et de l'initiative privée encouragée et dirigée.

XVI. Une autre revendication à poursuivre, c'est que l'accession à la petite propriété soit facilitée par la législation et par l'organisation sociale. Il y a là tout un ensemble de mesures à prendre.

Les lois actuelles favorisent d'une manière désastreuse le prolétariat. Les petites propriétés sont ruineuses à acquérir par suite des lois d'enregistrement, elles sont impossibles à conserver dans les familles par suite des lois successorales. Rien n'est plus funeste qu'une pareille législation ; elle multiplie les prolétaires, les gens sans foyer, sans traditions et sans mœurs. Il faut que les pouvoirs publics soient bien aveuglés pour laisser durer ces lois qui préparent les hommes de désordre.

Mais il n'y a pas que la petite propriété qui relève la dignité humaine, il y a encore l'accession au patronat par l'association, par la coopération, par la participation aux bénéfices. Demandons à la loi et à la coutume de favoriser ces procédés d'ascension démocratique.

Avec cet ensemble de réformes, les prolétaires sortiront en grande partie de cette situation qui est écrasante pour eux et périlleuse pour la société.

Toutes ces réformes, Léon XIII les a demandées. Il a appelé notre attention sur la durée du travail, sur l'insuffisance du salaire, sur l'épargne et les assurances, sur la nécessité de favoriser la petite propriété et d'aviser à ce que les travailleurs participent assez largement aux biens de toutes sortes qu'ils produisent pour l'avantage de la société.

Léon XIII est donc le premier démocrate chrétien.

Nous ne pouvons demander toutefois aux Encycliques pontificales, que les grandes lignes du programme démocratique. Il reste place ensuite pour bien des nuances dans les applications, soit dans la vie politique, soit dans la vie économique.

XVII. Avec tous les catholiques agissants, le clergé doit se mettre à l'œuvre pour aider au relèvement social des prolétaires. Léon XIII l'y invite dans son Encyclique.

Le cardinal Gibbons, dans son beau livre sur le prêtre « l'Ambassadeur du Christ », en développe les motifs.

« Puisque le ministre du Christ, dit-il, est par excellence l'ami et le père de son peuple, il ne peut rester indifférent à aucune des questions sociales, politiques ou économiques, qui touchent aux intérêts ou à la prospérité de la nation. Les relations

de l'Eglise et de l'Etat, les devoirs et les prérogatives des citoyens, les malheurs engendrés par la
corruption publique, l'honnèteté des élections, les
privilèges et les obligations mutuelles du travail et
du capital, la moralité du commerce sous toutes ses
formes... voilà autant de questions vitales d'où dépendent la paix et la prospérité de la nation... »

Et un de nos missionnaires intérieurs les plus
clairvoyants de ce siècle, le P. Combalot, avait raison d'écrire aux évêques de France en 1850 pour
leur signaler « l'inaction du clergé et le péril de la
démocratie païenne et sauvage que le clergé ne
cherche pas à gagner au Christ... »

XVIII. Les circonstances sont favorables pour
aller au peuple. Le moment historique est venu
pour la démocratie chrétienne d'entrer en campagne.
Le peuple cherche et veut des réformes sociales.
L'Eglise peut lui dire avec vérité qu'elle seule en a
le secret et que le socialisme est une illusion.

Souvent l'Eglise est allée utilement aux peuples
depuis la Rédemption. Le Christ lui en a donné
l'exemple. Il n'était pas écouté des pharisiens et
des docteurs, il s'adressa aux hommes du peuple et
recruta ses apôtres parmi eux.

A Rome, le christianisme se développa surtout
par le peuple. La plus grande partie des croyants
se recrutait parmi les esclaves ; on le leur repro-
chait. L'Eglise n'hésita pas non plus à se tourner
vers les peuples nouveaux à l'époque des invasions
barbares, au lieu de s'attacher obstinément à la
civilisation romaine.

Dans ces derniers siècles, elle s'est adressée aux
princes et aux puissants. Les uns l'ont délaissée

pour le protestantisme, d'autres lui ont opposé le gallicanisme.

Elle s'est tournée vers la science ; elle s'est heurtée au jansénisme, à la philosophie et de notre temps au positivisme et au matérialisme.

Aujourd'hui, à qui s'adresserait-elle ? Aux pouvoirs publics ? Mais ils n'ont plus d'influence morale et d'ailleurs ils émanent du peuple, qui nomme les parlements.

Aux savants ? Mais les académiciens n'ont plus guère d'action sur les peuples.

Aux patrons ? à la bourgeoisie ? Beaucoup sont absorbés et séduits par l'appât de l'or et le sensualisme.

Le peuple est plus naturellement religieux ; dans les pays protestants, en Angleterre surtout, il a longtemps résisté à l'aristocratie protestante.

Le peuple est plus simple que les grands ; il est sensible à ce que l'on fait pour lui. Il lui reste, dit Le Play, la foi immanente.

Tout cela montre l'opportunité du programme de l'*Aller au peuple,* c'est-à-dire de la démocratie chrétienne.

En pratique, il faut donc : Prêcher hautement la démocratie chrétienne ; opposer ses promesses à celles de la démocratie socialiste ; montrer l'action sociale de l'Eglise, par la philosophie de l'histoire.

XIX. Cette opportunité, nos ennemis l'ont comprise immédiatement. Quand la démocratie chrétienne s'est affirmée en France, les journaux socialistes ont proclamé que là était le plus grand péril de leur parti.

Un sociologue allemand favorable au socialisme,

M. Sombart, professeur à l'Université de Breslau, a écrit :

« Tant que l'on s'est efforcé de défendre la monarchie et le capitalisme comme des institutions nécessaires, voulues par Dieu, tout mouvement social devait être forcément antireligieux. C'est donc un sentiment de défiance, inspiré par l'attitude tout au moins douteuse des représentants de l'Eglise, qui a éloigné le prolétariat de l'Eglise et de la religion. Mais du jour où cette défiance sera dissipée, où le christianisme sera enseigné dans un sens démocratique, pour quelle raison le mouvement prolétarien conserverait-il son caractère antireligieux ?

« Le christianisme a réussi à être la religion du vieil empire romain comme celle de la Germanie jeune et vigoureuse, celle de la féodalité comme celle des communes et en dernier lieu celle de la bourgeoisie. Pourquoi ne serait-il pas aussi la religion du prolétariat ?... »

Puissent les catholiques voir aussi clair que leurs adversaires !

XX. Est-il encore nécessaire, après cela, de répondre aux objections courantes ? Faisons-le brièvement.

Le mot, disent quelques-uns, est bien mal choisi. — Nous répondrons que le peuple veut une démocratie. Le socialisme se présente à lui comme une démocratie et le séduit, offrons-lui une démocratie qui ait sa base dans l'Evangile et nous le regagnerons au Christ et à l'Eglise.

Mais, disent les autres, les vertus privées ne suffisent-elles pas à tout ? Elles rendront le riche charitable, le pauvre patient et sobre.

Nous répondrons que la justice sociale est voulue de Dieu, au même titre que les vertus privées.

Et d'ailleurs les vertus privées seront stériles sans la justice sociale. La désorganisation sociale les détruira à mesure et en tout cas les empêchera de fructifier.

Les élèves de vos écoles libres, qui vous coûtent tant de millions, ne persévèrent pas, parce qu'ils entrent après l'école dans une société désorganisée.

XXI. Mais le champ d'action du socialisme est restreint, dira un autre, faut-il tant s'en préoccuper ? Il n'atteint que les villes industrielles et quelques campagnes où sévit la crise agricole.

Réponse. — N'est-ce pas assez pour que nous luttions contre lui par la démocratie chrétienne ? Sinon, il occupera les municipalités des grandes villes ; il aura dans nos Chambres des groupes qui s'imposeront par le bruit, par l'audace, par l'obstruction, par l'intimidation… en attendant le reste.

— Mais l'action patronale ne suffira-t-elle pas ?

Réponse. — Elle peut et doit aider. Mais 1° L'expérience montre que son action sera fort restreinte, même chez les patrons qui passent pour chrétiens ;

2° Et combien n'y a-t-il pas de patrons non chrétiens ou non agissants ?

3° Même chez les chrétiens agissants, il reste des lacunes ; ils sont retenus par des préjugés, par des intérêts ;

4° En tout cas, les travailleurs peuvent et, comme citoyens, doivent aussi s'aider, s'entendre et s'unir.

XXII. Mais, dira-t-on encore, la démocratie est une mer houleuse, où l'on hésite à s'aventurer.

Mais, à la voix du Christ, Pierre n'hésita pas à marcher sur les flots agités du lac de Tibériade, et quoiqu'il ait douté un instant, le Christ le sauva, lui et sa barque. C'est le symbole de toutes les hardiesses que devait avoir l'Eglise pour aller à la conquête de la société romaine, des populations barbares, et enfin du prolétariat moderne.

Pierre, aujourd'hui devenu Léon XIII, s'est avancé aussi, sous l'inspiration du Christ, sur les flots agités de la démocratie. Il n'hésite pas, et avec ceux qui le suivent il sauvera la barque de l'Eglise malgré les trembleurs.

A l'œuvre donc !

Le professeur Toniolo avait raison de dire récemment : « La reconstitution de l'ordre social chrétien par le moyen du peuple ne semble pas difficile en ce moment historique, mais à deux conditions pourtant : la première, c'est que les catholiques prêcheront hautement aux prolétaires qu'en face de la démocratie socialiste, illusoire, inique, impossible, il y a une démocratie chrétienne, catholique, possible, raisonnable, historique et satisfaisant à toutes leurs légitimes revendications ; — puis qu'ultérieurement les catholiques prendront en mains la cause du peuple pour préparer l'avènement de cette démocratie. » — Pour cela, il faut que les catholiques actifs soient convaincus que l'heure est venue d'opposer avec une sainte hardiesse au cri de Karl Marx : « Prolétaires, unissez-vous pour la lutte », le cri de Léon XIII : « Prolétaires, unissez-vous dans le Christ, sous la bannière de l'Eglise, pour le salut social ! »

SEPTIÈME CONFÉRENCE

Le Programme démocratique.

Eminence Révérendissime [1],

I. J'ai lu dans l'Evangile de saint Jean qu'après la résurrection, les apôtres s'attachèrent très intimement à Pierre. Et comme Pierre leur disait au bord du lac de Tibériade : « Je vais aller à la pêche » — *Vado piscari,* — ils ne regardèrent pas si la mer était agitée et dangereuse, et ils répondirent avec simplicité : « Nous irons avec toi. » — *Venimus et nos tecum.*

Ils ne prirent rien d'abord, mais bientôt Jésus intervint et la pêche fut miraculeuse.

Pierre, qui est aujourd'hui Léon XIII, a dit encore : « Je veux m'aventurer sur la vaste mer de la démocratie. » Un des premiers vous avez répondu : « Nous vous suivrons. » *Venimus et nos tecum.* Vous avez fait force de rames sur les flots agités de la démocratie Viennoise, pendant votre glorieuse nonciature. Votre foi a aussi été récompensée et vous avez vu déjà le commencement de la pêche miraculeuse par la constitution du parti

---

(1) Le cardinal Agliardi était présent à cette conférence, avec divers prélats.

démocratique chrétien de Vienne. Vous poursuivez votre apostolat, et aujourd'hui encore vous encouragez nos humbles efforts. Merci ! Comme vous, nous espérons faire la pêche miraculeuse, sous la conduite de Pierre.

II. L'initiative particulière avait travaillé pendant 15 ans et plus sur le terrain des questions sociales. Evêques, prêtres et laïques avaient exprimé leur opinion. Le 15 mai 1891, ils trouvèrent Léon XIII à leur tête. L'Encyclique paraissait. Elle constatait le malaise général. Elle proclamait que, pour y remédier, la justice devait concourir avec la charité.

Elle formulait le dogme social de l'Eglise, qu'elle résumait en trois grandes thèses :

1. Le droit de propriété et ses limites ;
2. Les rapports du capital et du travail ;
3. L'injustice criante des formes nouvelles de l'usure. — Elle indiquait deux principaux moyens de réforme : l'association et la loi.

C'est là toute la base de notre programme social.

III. Reprenons ces données.

I. *Le droit de propriété et ses limites.*

La propriété privée et personnelle est pour l'homme de droit naturel.

Le droit de vivre et de faire vivre les siens est le fondement du droit de propriété privée.

C'est parce que vous avez le droit de vivre que votre propriété doit être respectée ; c'est parce que les autres ont ce même droit que votre superflu leur est dû.

II. *Les rapports du capital et du travail.*

Le résultat immédiat du travail doit être de nourrir le travailleur. L'enrichissement du capitaliste vient par surcroît, s'il est possible.

1. Il faut que le travail fournisse à l'ouvrier de quoi soutenir sa vie, dans le sens le plus large de l'expression.

2. Il faut que les conditions du travail ne portent pas un injuste préjudice au légitime développement de sa vie physique, de sa vie domestique, de sa vie morale et religieuse, car tout homme a droit à l'intégrité de ce triple développement.

III. *La justice commutative interdit dans les contrats l'usure,* c'est-à-dire le gain qui n'est pas justifié et qui n'a de fondement que la tromperie ou l'oppression des faibles.

L'usure ancienne revit, avec une gravité nouvelle, dans l'agiotage moderne et dans l'organisation actuelle du crédit.

— Si ces fondements de la vie sociale avaient été respectés, le malaise n'existerait pas. Il existe. Léon XIII va nous dire le principe général des remèdes à mettre en œuvre et le caractère même de ces remèdes.

IV. Le christianisme véritable, l'Evangile bien compris et bien appliqué est le remède au malaise social.

Mais Léon XIII ne l'entend pas comme les catholiques conservateurs, qui ne voient d'autres moyens de salut que deux vertus personnelles : la bienfaisance chrétienne chez le maître, la résignation chrétienne chez l'ouvrier.

Sans doute, l'Encyclique proclame l'efficacité de

l'aumône et de la résignation, mais elle met au premier rang l'accomplissement de la justice.

Dès le début de l'Encyclique, Léon XIII signale les maux intolérables dont souffrent les travailleurs; il ne les représente pas comme des misères fatales, mais comme des injustices sociales et privées. Il ne demande pas aux catholiques de pallier ces injustices par la charité, il exige qu'elles soient supprimées.

L'Encyclique n'est pas une simple invitation à l'aumône; elle établit et dessine les lignes primordiales d'un droit ouvrier, fondé sur les principes chrétiens.

Si elle dit en terminant que la solution sociale viendra d'une plus grande effusion de la charité, tout le contexte indique qu'elle parle de la charité au sens large qui commence par l'accomplissement de la justice. C'est ainsi que Notre-Seigneur résumait la seconde table du décalogue dans ce précepte : Tu aimeras ton prochain.

V. L'Encyclique préconise surtout deux grands moyens de réforme sociale : *les associations professionnelles* et *la loi*.

L'ordre et la prospérité résulteront surtout de l'organisation professionnelle, de l'harmonie des classes sociales organisées.

L'Etat intervient pour favoriser les associations, pour veiller aussi à ce qu'elles ne deviennent oppressives d'aucun droit; mais il agit aussi directement pour bien des cas de réglementation légale ou d'organisation professionnelle qui dépassent la portée des corporations. Il est appelé à agir davantage dans un temps comme le nôtre où les cor-

porations ne sont plus qu'un souvenir et une
espérance.

VI. Que cette action sociale, légale et professionnelle, déterminée par Léon XIII, puisse
prendre le nom d'action *démocratique,* Léon XIII
ne l'a pas dit lui-même dès le commencement. Il
a attaché plus d'importance à la chose elle-même
qu'à son nom.

Mais les commentaires les plus autorisés de
l'Encyclique ont mis ce nom en avant, et Léon XIII,
au lieu d'y contredire, a encouragé ces commentaires de la manière la plus formelle.

Tels, le discours de M. de Mun à Saint-Etienne
en mai 1892, et les vœux du Congrès de Rome
en 1894.

M. de Mun, à Saint-Etienne en 1892, après avoir
exposé toutes les revendications de nos programmes démocratiques, relativement à la réorganisation corporative et aux lois sociales en faveur
des travailleurs, terminait son discours en disant :
« Voilà votre œuvre, celle que vous commande
Léon XIII... Il faut que vous soyez dégagés de
toute politique, et qu'acceptant les formes, les
habitudes de langage et les institutions de la
démocratie, vous n'ayez plus qu'une idée, la rendre
chrétienne... »

M. de Mun s'était sacrifié en brisant avec ses
vieilles relations et s'exposant à bien des avanies et
des souffrances pour fonder la démocratie chrétienne en France, comme le cardinal Lavigerie a
fait pour inaugurer le ralliement à la République.

Léon XIII répondit à M. de Mun par une lettre
d'approbation qui revêtait une solennité parti-

culière et qui laissait croire que le coup d'éclat
de Saint-Etienne, comme celui d'Alger, avait été
combiné avec le Pontife suprême.

« Et maintenant, cher fils, disait le Saint-Père,
vous comprendrez sans peine que, connaissant
votre piété filiale et le zèle intelligent avec lequel
vous vous employez à *seconder nos desseins,* à
rendre nos enseignements populaires et à les faire
pénétrer dans la pratique de la vie sociale, la
lecture de votre discours nous ait été *souveraine-
ment agréable.* Tandis que nous nous plaisons à
vous donner des éloges justement mérités, nous
vous exhortons à poursuivre votre *généreuse entreprise...* Puisse-t-il surgir des hommes qui, avec un
dévouement pareil au vôtre et une grande largeur
de vues, se consacrent tout entiers au relèvement
de la France ! »

Et dire que quelques années après cela on ren-
contrait encore des prêtres qui s'imaginaient que
le Pape allait condamner la démocratie chrétienne !

VII. Le fait relatif au Congrès de Rome, en
février 1894, n'est pas moins saisissant.

Les vœux du Congrès étaient la mise en action
du programme de l'Encyclique.

Le compte rendu du Congrès avait cette conclusion : « Si pour atteindre cet idéal (de l'ordre social
chrétien), qui a été réalisé dans la plus glorieuse
période de ces siècles qu'on a nommés les *siècles du
peuple,* il fallait, contre notre gré, ne marcher
qu'avec le peuple, nous n'hésiterions pas un instant, entre les faibles et les souffrants d'un côté,
les forts et les jouisseurs de l'autre. — Mais nous
ne pourrons jamais oublier que notre but final

est non la guerre, mais la paix, cette paix que doit nous apporter la *démocratie chrétienne* du xxᵉ siècle, dans lequel, raffermie au nom du Christ sur la large base du peuple, toute la hiérarchie sociale s'ennoblira en revendiquant les droits et en travaillant au relèvement des classes laborieuses... »

Léon XIII répondait au cardinal Parocchi, le 24 février : « Nous approuvons les vœux exprimés, les moyens d'action proposés, avec d'autant plus de satisfaction qu'ils nous semblent bien choisis et qu'ils imprimeront dans les âmes ce que nous-mêmes avons souvent prescrit et recommandé sur ces mêmes questions... Cette correspondance si parfaite de vos âmes avec nous, cette activité si intelligente pour servir Dieu et l'Eglise, non seulement nous les approuvons et encourageons de tout cœur, mais, comme il est juste, nous les recommandons à Dieu afin qu'il daigne bénir et exaucer vos vœux et favoriser vos entreprises... »

Ainsi donc Léon XIII encourageait spécialement ceux qui reproduisaient son programme social en lui donnant l'étiquette de la *démocratie chrétienne*. Il louait chez eux la *conformité à ses desseins*, la parfaite *correspondance des âmes avec la sienne*.

VIII. Remarquons en passant que le programme démocratique n'a rien d'absolu au point de vue politique.

Dans tel pays la démocratie a des tendances républicaines. Ailleurs elle s'accommode d'une monarchie constitutionnelle. Mais elle ne craint pas de dire aux monarchies existantes : « Honorez Dieu, respectez les libertés populaires, n'outragez pas l'Eglise ni le Vicaire de Jésus-Christ, sinon vous succomberez sous la désaffection universelle et, par quelque circonstance inattendue, la Providence vous signifiera votre congé.

IX. Pour le programme économique, comme nous l'avons dit, l'œuvre de Léon XIII couronnait quinze années et plus de tentatives diverses.

En jetant un regard sur cette période, qu'on peut appeler la préparation ou la genèse de l'Encyclique, nous comprendrons mieux le programme démocratique.

Il y a eu en France les revendications de Lamennais, d'Ozanam et du journal l'*Avenir*, mais les exagérations de Lamennais avaient fait échouer cette première croisade.

Ketteler, l'illustre évêque de Mayence, reprit cette campagne démocratique. Il devança même les protestations de Lassalle et de Karl Marx contre certaines iniquités du régime économique moderne. Il cherchait le remède à y apporter. Il proposait d'abord l'établissement d'*associations coopératives* de production. Mais plus tard, avec ses disciples du Parlement, il mit son espoir dans la codification d'un droit ouvrier et dans la *protection de la loi*.

X. Manning avait signalé aussi les principaux abus du régime du travail, comme le travail des femmes à l'usine et l'insuffisance des logements ouvriers.

« Une femme, disait-il, s'engage avec un homme, par un contrat solennel conclu devant Dieu, à remplir, sa vie durant, les devoirs d'épouse, de mère, de gardienne du foyer. Lui est-il permis, même avec l'assentiment de son époux, de faire un second contrat par lequel, à raison de tant par semaine, elle rend impossible la surveillance de sa maison et l'éducation de ses enfants? — On objecte que ses enfants manquent de pain? Je mets en principe que les enfants doivent avoir du pain sans que la mère travaille à l'atelier, et je dis qu'en fait ils en auront, si les relations entre le capital et le travail deviennent ce qu'elles doivent être, à savoir justes, c'est-à-dire fondées sur les droits sociaux naturels ; car alors il y aura un minimum de salaire suffisant pour nourrir la famille. Et j'ajoute que les enfants auront le pain en abondance, si les relations dont je parle deviennent ce qu'elles peuvent être, à savoir généreuses, c'est-à-dire fondées sur la bonté humaine... »

Manning n'était pas moins sévère pour l'état intolérable des logements ouvriers à notre époque :

« Que sont maintenant les habitations d'ouvriers dans la plupart des grands centres industriels? Des familles entières vivent dans une seule pièce ; parfois même plusieurs familles grouillent ensemble dans la même pièce, chacune dans son coin. Est-ce tolérable? — Manquer d'espace, manquer d'air, ne pas mieux respirer au dehors qu'au dedans, par la négligence du service de voirie et de l'écoulement des eaux dans les quartiers populaires ; n'avoir qu'une chambre comme dortoir, séchoir, atelier, cuisine ; être exposé dans ces réduits à toutes sortes d'affections chroniques ; vivre dans une promiscuité déplorable ou dans le voisinage d'un monde interlope et de cabarets borgnes, avec tous les vices qui résultent de là ; dépérir dans ces bouges, au moral comme au physique, alors que non loin de là les richesses s'accumulent, et les capitaux s'entassent par monceaux, par montagnes, au profit de quelques classes ou de quelques individus, est-ce un état de choses qui puisse continuer indéfiniment? Non, je le déclare, sur des bases pareilles une société ne peut pas tenir debout. »

Manning esquissait donc aussi le programme démocratique, en appelant des réformes sociales relativement au travail des femmes et des enfants, au contrat de travail, au prolétariat, à l'exploitation capitaliste.

Il avait visité, en exerçant son ministère sacerdotal, les taudis où logent souvent les ouvriers d'industrie. Rien n'est plus révoltant que ce spectacle. Dieu a voulu que les petits des oiseaux aient leur nid gracieux et bien garni de douces plumes. Veut-il que les petits anges de la famille ouvrière soient à grouiller sur une couchette infecte dans une atmosphère empestée et exposés à tous les accidents pendant que leur mère va leur gagner une maigre pâture à l'usine ?

Il y avait à opérer des réformes fondamentales.

XI. En Autriche et en France, les remèdes qu'indiquait le mouvement catholique étaient surtout les associations professionnelles.

Le baron de Vogelsang, initiateur du mouvement en Autriche, poursuivait spécialement le relèvement des corporations.

En France, les fondateurs de l'Œuvre des Cercles, M. de Mun et M. de La Tour du Pin, n'avaient pas encore un programme complet, mais ils mettaient en avant l'idée corporative.

En Suisse, au contraire, le docteur Decurtins, à

la tête des catholiques sociaux, voyait le salut dans une réforme législative.

Léon XIII écoutait et observait.

XII. Les réunions d'études internationales de Rome et de Fribourg ont contribué aussi à préparer le programme démocratique que devait formuler l'Encyclique.

C'est à Rome que ces réunions commencèrent. En 1882, Mgr Mermillod y prenait part avec quelques délégués autrichiens.

En 1884, se fonda l'Union de Fribourg, pour servir de lien entre les groupes d'études de diverses nations. Ses décisions portèrent sur le régime du travail, de la propriété, du crédit, sur le rôle des pouvoirs publics et l'organisation corporative. C'était déjà tout le programme démocratique, déterminé dans ses principes et dans ses applications.

L'unité de vues s'opérait peu à peu. Les délégués de la Suisse montraient la nécessité de l'intervention légale ; ceux de l'Autriche et de la France faisaient valoir l'utilité du régime corporatif.

Mgr Mermillod informait le Pape des travaux de Fribourg.

XIII. Léon XIII était du reste préparé à sa grande mission par ses études personnelles. Le cardinal Pecci avait été aussi un initiateur, un précurseur. En 1877, dans un mandement adressé aux fidèles de Pérouse, il signalait en termes précis et assez vifs l'erreur inhumaine de l'économie politique moderne, le *colossal abus de la pauvreté et de la faiblesse,* l'horrible existence des enfants dans les fabriques, enfin la nécessité d'une *législation* qui mit un frein à ce trafic sans humanité.

Les pèlerinages ouvriers ont hâté l'intervention pontificale. Ces pèlerinages, où le Pape accueillait les hommes du peuple en costume de travail, annonçaient l'alliance prochaine de l'Eglise et de la démocratie.

Le programme démocratique s'y préparait. Le cardinal Langénieux, en présentant les ouvriers au Saint-Père, rappelait les souffrances des travailleurs et suppliait le Saint-Père de « ne pas se lasser de rappeler au monde le respect des lois de la justice et du droit dans les rapports nécessaires des hommes entre eux, afin de garantir à l'ouvrier, dont le travail est la seule ressource, la stabilité du foyer, la facilité de nourrir sa famille, de l'élever chrétiennement et de faire quelque épargne pour les mauvais jours. »

Un autre incident avait ému Léon XIII : la question délicate des chevaliers du travail, sur laquelle les évêques se divisaient en Amérique. Il devenait urgent de donner aux catholiques une direction doctrinale qui pût aider à résoudre toutes les questions sociales et économiques.

XIV. Les choses en étaient là...

En 1887, M. de Vogué écrivait : « Le jour où le courant portera sur la chaire de saint Pierre un Pape animé des sentiments du cardinal Gibbons, du cardinal Manning, l'Eglise se dressera dans le monde comme la plus formidable puissance qu'il ait jamais connue. »

Cinq ans se passaient, et M. de Vogué nous faisait admirer dans Léon XIII « ce Pape, dont le geste large et audacieux, écartant trois siècles de diplomatie de cabinet, va ressaisir aux origines la tradition des grands pontifes, rassembleurs de foules, émancipateurs de peuples, législateurs sociaux. » (*Spectacles contemporains. — Heures d'histoire.*)

XV. L'Encyclique parut. Elle étonna d'abord. Elle conquit bientôt l'admiration de tous ceux qui n'étaient pas retenus par les préjugés libéraux ou par les intérêts de classes.

Comme nous l'avons déjà dit, elle exposait le dogme social sur le régime de la propriété, du travail et du crédit. Elle indiquait deux moyens principaux de réorganisation sociale : l'association professionnelle et l'action législative.

Ce sont les bases mêmes du programme démocratique chrétien.

XVI. Premier moyen pour faire régner la justice sociale : l'association.

Si l'ouvrier est victime d'injustices, la cause en est celle-ci : dans la lutte contre le patron, justifiée par l'égalité de droits entre l'un et l'autre, l'ouvrier est condamné à l'échec par une terrible inégalité d'armement. Tant qu'il reste isolé, il est sans force, soit pour revendiquer ses droits, soit pour organiser l'assistance mutuelle.

L'Encyclique marque donc la nécessité des associations professionnelles. Elle laisse chaque pays juge de la forme d'association qui doit être préférée.

Elle n'exclut pas les groupes distincts d'ouvriers. « C'est avec plaisir, écrit le Pape, que nous voyons partout se former des sociétés de ce genre, soit composées des seuls ouvriers, soit mixtes, réunissant à la fois des ouvriers et des patrons. »

Le Souverain Pontife souhaite que les associations professionnelles résolvent les questions relatives au salaire, à la durée de la journée de travail, à l'hygiène des ateliers.

Il n'entend donc pas qu'elles soient de simples confréries de dévotion où des institutions charitables ; il veut qu'elles exercent avant tout une fonction économique et sociale.

On le voit, Léon XIII a trouvé une part de vérité dans les tendances des sociologues autrichiens et français aussi bien que dans celles des Suisses. Il ne pense pas que toute la réforme sociale doive être demandée à l'action législative.

XVII. Ces corporations, dit Léon XIII, devront être adaptées aux conditions actuelles de la société.

Seront-elles ou non obligatoires ?

Si elles ne le sont pas, quels résultats auront leurs règlements économiques? Les statuts du métier deviendront lettre morte, si, en dehors de la corporation et contre elle, une concurrence impitoyable peut librement s'exercer.

Si les groupements corporatifs locaux, les syndicats restent libres, il faut que l'inscription au corps de métier par ville et par région soit obligatoire et que les règlements du corps de métier engagent tous ses membres.

XVIII. La direction de l'Encyclique relativement à ce premier moyen de relèvement ne devait pas rester lettre morte. Elle développa les idées corporatives là où elles existaient déjà, elle les suscita ailleurs.

En Autriche, une loi du 15 mars 1883 avait déjà rétabli le régime corporatif dans la petite industrie. Après l'Encyclique, le prince de Liechtenstein, le baron de Vogelsang et leurs amis ont souvent exprimé le vœu que l'organisation corporative soit complétée et que la représentation des intérêts de l'agriculture, de l'industrie et des métiers devienne une réalité aussi prochaine qu'efficace, afin de pouvoir opposer une barrière à la tyrannie du capitalisme.

XIX. En Allemagne, dès 1882, une loi autorisait les corporations et permettait qu'elles fussent rendues obligatoires, si la majorité des intéressés le demandait.

Les catholiques demandent plus. « Un jour viendra, dit l'abbé Hitze dans une brochure, où l'on parlera de la corporation libre comme on parle du *Contrat social* de Rousseau, en s'en moquant. »

Windthorst craignait cependant les corporations obligatoires, à cause de l'influence dominante qu'y pourrait prendre la majorité protestante.

Le Centre aujourd'hui partage plutôt sur ce point les idées de l'abbé Hitze. Il regarde la réorganisation des corps de métiers obligatoires comme le seul moyen de préserver la classe moyenne et d'enrayer les progrès corrélatifs du capitalisme et du paupérisme.

XX. La situation en France était bien différente de celle de l'Autriche. Les corporations étaient supprimées chez nous depuis 1791 ; en Autriche, depuis 1848 seulement. Les rétablir chez nous, paraissait être de l'archaïsme ou de la réaction. Aussi a-t-on beaucoup hésité.

Les ouvriers ont certainement montré la meilleure volonté. Fatigués de leur isolement, ils ont fondé bon nombre de syndicats. Ils ne demandaient pas mieux que de voir les patrons en fonder à côté d'eux et ils proposaient de favoriser l'entente par des conseils mixtes. Les meilleurs esprits voyaient là le seul moyen de restaurer la vie corporative en France. « On peut tirer des syndicats séparés, disait M. de Mun, des Chambres syndicales mixtes, qui rapprochent les deux éléments. » (*Discours,* tome V.)

Mais les patrons libéraux réprouvent toute association ouvrière. « Le travail, disait en leur nom M. Emile Ollivier, n'a pas de droits distincts de ceux du capital. » (*Solutions politiques et sociales,* p. 45.)

Beaucoup de patrons chrétiens même redoutent les associations ouvrières. « Jaloux de leurs propres droits, dit M. de Mun, ils n'ont pas voulu reconnaître ceux des ouvriers et leur permettre de s'associer pour traiter avec eux dans des conditions d'égalité. » (*Association catholique* 1893, tome II.)

Ces divisions retardent l'application de l'Encyclique en France.

Néanmoins les syndicats se multiplient à l'infini et l'esprit d'association rentre dans nos mœurs.

Les groupes démocratiques chrétiens répondent pleinement aux vœux du Pape, quand ils demandent l'organisation des professions et la réglementation des intérêts communs des ouvriers et des patrons par des commissions mixtes dans chaque profession. Ce sont les vœux qu'ils ont formulés dans leurs congrès à Reims en 1896 et à Lyon en 1897.

XXI. En Belgique, comme en France, les conservateurs attardés sont absolument troublés à la vue du mouvement syndical, favorisé par les démocrates chrétiens. « Vous armez les ouvriers pour la lutte », objectent les conservateurs. Ils oublient que le capitaliste et le travailleur ont des intérêts différents. De là une occasion de conflits. Le moyen de préparer la paix, n'est-ce pas précisément la constitution de syndicats dictincts avec un Conseil mixte ?

Dans leurs congrès successifs, les démocrates chrétiens de Belgique ont fait faire un grand pas à l'organisation professionnelle, en établissant des fédérations nationales de métiers pour les principales professions.

XXIII. En Suisse, l'organisation professionnelle est plus proche encore de son avènement. Ce résultat n'est pas l'œuvre exclusive des catholiques, mais le Dᵣ Decurtins en a été l'un des principaux facteurs.

Toutes les associations des travailleurs suisses sont fédérées entre elles. Elles tiennent des congrès tous les trois ans. Les sept huitièmes du corps ouvrier suisse y sont représentés. C'est un vrai parlement du quatrième Etat.

Ces congrès se sont tenus à Olten, à Bienne, à Zurich. Celui de Bienne a acclamé l'Encyclique.

Ces congrès ont décidé la formation de syndicats distincts dans chaque profession. Ces groupes s'entendent pour régler la journée normale, l'apprentissage et le salaire. Les syndicats d'un même canton se fédèrent entre eux, et la commission qui est l'organe de cette union tranche les conflits entre les syndicats patronaux et les syndicats ouvriers. Une fédération nationale a aussi été instituée pour chaque métier, afin d'en discuter et d'en régler les intérêts.

XXIII. Deuxième moyen pour faire régner la justice sociale : *l'action de l'Etat.*

Léon XIII souhaite que l'ordre et la prospérité résultent spontanément de l'organisation sociale et professionnelle.

Lorsque ce souhait ne peut être immédiatement exaucé, il invoque alors en faveur des faibles et sans délai la providence spéciale de l'Etat.

Il donne l'énumération des abus dont la simple menace impose aux pouvoirs publics le devoir d'intervenir.

Il y a des injustices sociales qui s'exercent au détriment des riches, comme la violation de la propriété privée. Il y en a beaucoup plus qui s'exercent au détriment des pauvres et des travailleurs, par exemple : le relâchement des liens de la famille par le travail des femmes à l'atelier ;

Le travail du dimanche ;

La promiscuité des sexes dans les usines ;

La violation de la dignité du travailleur par une direction dure et sans entrailles ;

L'attentat à la santé de l'ouvrier par un travail excessif ;

L'attentat à la santé de la femme et de l'enfant par des travaux qui devraient être réservés aux hommes ;

L'oppression de l'ouvrier qui, poussé par la faim, accepte un contrat sans valeur, un salaire insuffisant ;

L'usure nouvelle sous ses formes diverses, spéculation, agiotage, accaparement, etc.

Quand les corporations suffisent à résoudre ces problèmes, l'Etat doit s'abstenir, mais à leur défaut et pour les causes majeures il doit intervenir.

Il doit toujours maintenir les grandes lois morales qui sont à la base de l'économie sociale chrétienne, tout en laissant aux corporations le règlement des détails.

XXIV. Les objections n'ont pas manqué contre l'action de l'Etat.

MM. Périn et Claudio Jannet se sont chargés de formuler les craintes des économistes libéraux.

L'action de l'Etat, disent-ils, pourra être celle d'un parti ou d'une école. — L'intervention de l'Etat ira croissant et nous conduira au socialisme.

Mais, par crainte des écueils, ne doit-on pas naviguer ? et pour ne rien risquer, faut-il ne pas essayer de rien améliorer ?

L'opposition, d'ailleurs, n'a pas eu de durée. Déjà en 1888, Decurtins disait au parlement suisse : « Le nombre de ceux qui dénient toute compétence à l'Etat pour venir au secours de l'ouvrier est de plus en plus restreint. »

En 1891, le comte de Mun disait : « Il n'y a plus de non-interventionnistes parmi les catholiques. » (*Discours,* tome IV.)

Lacordaire avait répondu d'avance à l'objection : « Dans le domaine du travail, disait-il, c'est la liberté qui opprime et la loi qui affranchit. »

XXV. L'intervention pontificale a eu sa répercussion dans toutes nos sociétés européennes. Les catholiques rivalisent de zèle avec d'autres groupes pour provoquer des réformes législatives.

Tous les parlements ont déjà voté quelques lois sociales et tous en ont une longue série à leur ordre du jour.

Citons par exemple les projets de loi inscrits au rôle du Parlement en France au 1er janvier 1898.

Loi sur le Contrat de travail;
» le Placement des ouvriers;
» le Chômage légal;
» le Minimum de salaire;
» la Participation aux bénéfices;
» les Biens de famille;
» la Petite propriété;
» le Crédit agricole;
» les Conseils de conciliation;
» les Chambres de travail;
» les Associations en général;
» les Syndicats et le droit de posséder;
» les Coopératives;
» les Sociétés par actions;
» l'Hygiène des ateliers;
» la Durée du travail;
» l'Inspection du travail;
» la Responsabilité des accidents;
» les Assurances contre les accidents;
»   » contre le chômage;
»   » pour la vieillesse;
» les Caisses de secours et de retraite;
» le Travail des mines;
» le Travail des enfants et des femmes;
» l'Assistance médicale;

»   l'Assistance par le travail ;
»   la Création d'un ministère du travail ;
»   la Rédaction d'un code du travail.

— Quel beau programme pour un parlement qui voudrait travailler sérieusement, au lieu de faire de la politique byzantine ou de la persécution religieuse !

XXVI. Un vaste ensemble de lois sociales, avec des corporations bien organisées, ce sont les grandes lignes du programme démocratique.

Il s'inspire absolument de l'Encyclique *Rerum novarum*. Il demande l'application pratique des deux grands moyens indiqués par le Pape pour le relèvement du prolétariat : les unions professionnelles et l'action de la loi, pour faire régner dans la vie publique les vrais principes du dogme social sur la propriété, le travail et le crédit.

Avec ce fond commun, les programmes démocratiques varieront évidemment dans les détails.

Chaque revue, chaque congrès, et parfois chaque écrivain sociologue présentera une formule nouvelle. La substance restera la même.

Il échappera à quelques-uns de formuler quelques revendications exagérées, de demander à l'Etat une intervention absorbante.

La démocratie chrétienne n'est pas responsable des erreurs de quelques-uns de ses adeptes.

Il y a place d'ailleurs pour des variantes nombreuses dans un programme si complexe. Les uns voudront procéder plus lentement, les autres avec plus de précipitation. — Les uns voudront attendre que les corporations soient relevées pour leur confier une bonne part des réformes; d'autres se hâteront de demander les réformes à la loi. — Laissons à tous une grande liberté dans les questions où la justice n'est pas en jeu et gardons en tout une grande charité.

Citons seulement quelques-unes des formules qui ont eu le plus de retentissement, afin qu'on puisse bien constater que le programme démocratique est au fond toujours le même et qu'il concorde dans ses grandes lignes avec l'Encyclique pontificale.

XXVII. Quel retentissement n'a pas eu le programme formulé à Saint-Etienne par M. de Mun ! Il faisait peur à quelques-uns par sa hardiesse, mais, comme nous l'avons vu, le Saint-Père l'a fait sien, au moins dans son ensemble, par une approbation exceptionnelle.

C'était quelques mois après l'Encyclique, en mai 1892.

« Deux forces, disait M. de Mun, doivent concourir à la réalisation du programme catholique : l'organisation professionnelle et la législation. »

A) Pour ce qui est de l'*intervention de l'Etat,* il disait : « La législation protégera le foyer et la vie de famille par la restriction apportée au travail des femmes et des enfants, par l'interdiction du travail de nuit, la limitation de la journée de travail, l'obligation du repos dominical ; dans les campagnes, en rendant insaisissables la moisson et le champ du cultivateur, les instruments et le bétail de première nécessité. — Elle favorisera la participation aux bénéfices, la constitution des sociétés coopératives de production ; dans les campagnes, l'association du métayage. — Enfin, elle protégera la fortune nationale, l'épargne populaire et la morale publique par des lois sur l'agiotage, sur le jeu et les opérations de bourse, sur le fonctionnement des sociétés par actions. »

B) Pour les *associations professionnelles*, il disait : « L'organisation, pour laquelle nous demandons la liberté la plus large, donnera le moyen d'assurer la représentation publique du travail dans les corps élus de la nation, de déterminer dans chaque profession industrielle ou agricole le taux du juste salaire, de garantir des indemnités aux victimes d'accidents, de maladies ou de chômages, de créer une caisse de retraite pour la vieillesse, de prévenir les conflits par l'établissement des conseils permanents d'arbitrage, enfin de constituer entre les mains des travailleurs une certaine propriété collective... »

On le voit, pour les corporations, M. de Mun ne demandait alors que la liberté; nous pouvons supposer qu'aujourd'hui, avec la plupart des sociologues catholiques, il demanderait l'organisation obligatoire des corps de métiers.

Il demandait aussi aux corporations des règlements et des institutions qu'il faut bien aujourd'hui demander au moins provisoirement à la loi, dans l'état de société désorganisée où nous vivons.

C'est bien là, dans son ensemble, le programme économique de la démocratie chrétienne.

XXVIII. Nous avons vu que les résolutions du congrès des catholiques à Rome, en février 1892, ont été présentées au Pape à la fois comme l'application de l'Encyclique et comme le programme de la démocratie chrétienne.

Ce programme commence par établir le principe général de la réforme sociale. Elle est une œuvre de justice d'abord, de charité ensuite.

Comme moyens, le congrès propose, avec l'Encyclique :

A) L'*intervention de l'Etat,* qui serait limitée à des mesures de prévoyance générale dans une société chrétiennement organisée, mais qui doit agir avec une intensité exceptionnelle dans nos sociétés désorganisées ;

B) Les *unions professionnelles,* où les classes inférieures peuvent avoir des groupements spéciaux pour la revendication de leurs droits particuliers.

Comme but à obtenir : le règne des grands principes du dogme social chrétien :

1° Pour la *propriété foncière :* rétablir la conscience du devoir moral par lequel le propriétaire, après avoir satisfait à ses besoins, doit consacrer ses revenus à l'avantage commun, notamment à celui des pauvres et des déshérités ;

Reconstituer les corps moraux juridiques et leurs propriétés communes ;

Faire participer les travailleurs au développement de la production par le métayage, l'emphytéose, etc.

2° Pour la *propriété industrielle,* transformer le capitaliste en un associé d'industrie ; favoriser la participation des travailleurs aux bénéfices et ultérieurement au capital ;

3° Pour *le crédit,* réprimer l'usure ; soumettre les opérations de bourse à une législation sévère ; faire des opérations d'émission une fonction sociale.

Au fond, c'est le programme de Saint-Etienne, mais avec moins de détails et de précision.

XXIX. Les programmes démocratiques des congrès de Reims (1896) et Lyon (1897) n'ont rien demandé d'autre.

Comme le programme de Rome, comme celui de Saint-Etienne, ils réclament l'intervention de l'Etat et l'organisation professionnelle.

A) Pour l'*action législative* :

Réformes à obtenir de la loi :

Repos dominical et arrêt du travail pendant les dernières heures du samedi ;

Journée maxima de travail effectif à fixer provisoirement par la loi à 10 heures, en attendant que les Chambres de travail soient constituées ;

Suppression du travail de nuit, sauf exceptions approuvées par les conseils professionnels ;

Suppression du travail des femmes et limitation du travail des jeunes filles dans les usines de la grande industrie ;

Inscription au cahier des charges des travaux publics d'un minimum de salaire et de l'assurance contre les accidents ;

Caisses de retraite et d'assurance contre les accidents et le chômage, fondées de préférence par les conseils professionnels.

B) Pour les *unions professionnelles* :

Personnalité civile complète des syndicats professionnels et extension pour eux du droit de posséder.

Réglementation des intérêts communs des ouvriers et des patrons de chaque profession par des commissions mixtes composées de délégués des patrons et des ouvriers respectivement organisés ;

Constitution de Chambres régionales du travail, de l'industrie, de l'agriculture ;

Représentation nationale des intérêts professionnels par une. Chambre représentative de tous les corps d'état.

C'est toujours au fond le même programme économique.

XXX. Le programme formulé par le congrès ouvrier de Zurich en 1897 est absolument le même quant à la substance. Ce congrès n'était cependant pas uniquement catholique.

Il demande :

A) Pour l'*intervention de l'Etat :*

Une législation protectrice des ouvriers en ce qui concerne la durée du travail, le travail des femmes, le minimum de salaire, l'hygiène des ateliers, etc. ;

La réforme des impôts, la répression de l'agiotage ;

La reconstitution de la propriété sociale.

B) Pour les *unions professionnelles :*

La réprobation du système individualiste et de l'économie libérale ;

La réorganisation de la société par des associations économiques libres — et la translation progressive des droits du citoyen isolé au citoyen associé ;

La représentation organique des classes dans le régime constitutionnel avec des pouvoirs proportionnés à leur importance sociale.

— Ce sont les données de l'Encyclique.

XXXI. La presse démocratique a aussi ses programmes, comme les congrès.

La revue française « La Démocratie chrétienne »

a le sien, qu'elle rappelle en tête de ses numéros. Il concorde au fond avec les précédents.

Il demande :

A) Pour l'*action de l'Etat :*

Législation du travail : garantie légale du minimum de salaire à commencer par les adjudications publiques. — Repos du dimanche. — Maximum d'heures de travail. — Suppression du travail de nuit. — Suppression du travail des mères de famille dans les ateliers industriels et limitation du travail des jeunes filles. — Assurance obligatoire. — Législation internationale du travail.

Réforme des impôts : Suppression de l'impôt foncier, — des octrois, — des droits de transmission sur les petits héritages en ligne directe. — Etablissement d'un impôt progressif sur le revenu.

Relèvement de la petite propriété et de la propriété syndicale et communale; par le Homestead, la petite propriété insaisissable, — par la liberté de tester ; — la reconstitution des biens syndicaux et communaux.

Législation commerciale : réglementation des sociétés anonymes, des opérations de bourse, — répression de l'agiotage, — développement des sociétés coopératives et de la participation aux bénéfices.

B) Pour l'*organisation professionnelle :*

Syndicats professionnels dans toutes les branches du travail : grande industrie, métiers, agriculture, etc.

Personnalité civile complète et droit de posséder.

Fédération locale et générale.

Objectif des syndicats : fixation du contrat de travail. Réglementation du travail, concernant sa durée, le taux des salaires, l'apprentissage, la production. — Institutions économiques et professionnelles : retraites, assurances, crédit, arbitrage.

Représentation professionnelle : Chambres d'agriculture, de commerce, de travail, des professions libérales.

XXXII. M. Naudet est connu comme un propagandiste d'avant-garde. Son programme, au fond, ne diffère pas des précédents. Il l'a formulé dans son journal « La Justice sociale. »

Ses revendications se rapportent également à la législation et à l'organisation professionnelle.

A) Pour la *législation :*

« Au point de vue économique, dit-il, les démocrates chrétiens voudraient une législation ouvrière protectrice de la femme et de l'enfant contre les oppressions industrielles ; protectrice des petits métiers et du petit commerce contre tous les monopoles ; établissant la durée maxima de la journée ouvrière, défendant le travail de nuit et la violation du dimanche, imposant dans les adjudications publiques le minimum de salaire, le repos dominical, l'assurance obligatoire, la durée maxima du travail, et supprimant le marchandage ; une loi sur les accidents, sur les conseils de conciliation et d'arbitrage, sur la retraite obligatoire pour tous.

« Ils réclament en outre la réglementation de la concurrence, des mesures restrictives concernant les opérations de bourse, la poursuite de l'usure sous toutes ses formes, la participation du travail à la prospérité de l'industrie, la coopération ouvrière de crédit, de consommation et de production ; enfin un nouvel établissement de l'impôt sur des bases destinées à le rendre sagement et équitablement progressif.

« *Au point de vue social,* le programme inscrit d'abord la liberté religieuse, une société ne pouvant vivre sans foi ; l'accession rendue possible à chacun vers la propriété privée ou collective, afin d'assurer par l'indépendance économique la liberté civile et politique de chaque citoyen, revendications fort éloignées d'ailleurs des revendications socialistes qui, poussant le principe à l'excès, veulent établir un niveau économique dont le moindre inconvénient serait de ramener l'esclavage le plus oppresseur ; enfin la diffusion dans la plus large mesure des biens de l'esprit et du corps, pour aider à l'élévation générale et intégrale des masses laborieuses par un plus complet développement. »

B) Pour les *Unions professionnelles,* il réclame « dans *l'ordre économique :* le régime corporatif ou organisation des professions en corps autonomes avec droit de propriété, de juridiction professionnelle sur leurs membres, de représentation dans l'un des grands corps élus du pays ; des chambres de travail, d'agriculture et d'industrie pour veiller au développement et à la protection de ces forces vives du pays et, au moins, en attendant, la création obligatoire de syndicats parallèles avec chambres syndicales communes composées de patrons et d'ouvriers, pour l'établissement normal des termes du contrat de travail ; *dans l'ordre social,* la liberté complète de toutes les associations qui ne poursuivent pas un but contraire au bon ordre, et la constitution du bien de famille pour arrêter en leur chute tant de malheureux qui glissent sur les pentes du prolétariat et qui, déchus fatalement de leur dignité d'hommes, deviennent un danger parfois redoutable pour la société. »

Il n'y a guère de spécial et de hardi dans ce programme et dans celui de Lille que le projet, exprimé d'ailleurs avec une grande réserve, de l'impôt progressif.

XXXIII. Nous n'avons cité jusqu'à présent que les programmes économiques. Plusieurs groupes démocratiques y ajoutent un programme politique, qui est toujours d'ailleurs à peu près le même.

Citons celui de M. Naudet, il étonnera par sa modération ceux qui ne l'ont pas encore lu.

« *Au point de vue politique,* les démocrates chrétiens réclament une organisation normale du suffrage universel, le mode actuellement en vigueur étant essentiellement anarchique et incapable de donner de bons résultats ; la représentation professionnelle, afin que les élus du peuple représentent des intérêts et non pas une coterie politicienne quelconque dont l'habileté ou l'audace parvient à capter la confiance des collèges électoraux ; la représentation des minorités, afin que le pays ne soit pas fatalement divisé en deux camps, le camp des vainqueurs et le camp des vaincus ; la décentralisation administrative, ce qui ne veut pas dire le simple déplacement du siège des administrations, sans rien céder des droits prétendus de l'Etat. »

M. Naudet ajoutait :

« Le programme des démocrates chrétiens a cet avantage qu'il peut être accepté de tous ceux qui, sous des formes gouvernementales diverses, veulent l'ascension populaire vers le christianisme. Sans doute, il nous paraît devoir s'accommoder plus facilement avec la forme républicaine, mais, comme on peut aisément le constater, il ne renferme rien d'essentiellement incompatible avec la monarchie héréditaire et l'aristocratie, pourvu que ces deux régimes prennent leurs racines dans des services actuels rendus aux peuples. »

Si l'avant-garde de la démocratie chrétienne a cette sagesse, que sera-ce de ses gros bataillons !

XXXIV. Qui ne voit combien grande serait la force des catholiques, s'ils allaient au peuple avec union et ensemble, armés de ce programme pontifical, qui est un programme vraiment populaire et démocratique ?

Le peuple aurait bien vite compris que ce sont là ses vrais amis et il rejetterait avec mépris l'illusion socialiste.

Les socialistes ont bien vu le danger quand les groupes démocratiques chrétiens ont commencé à s'organiser.

Le journal socialiste « La Petite République » a écrit :

« Ceux que nous devons par-dessus tout redouter, ceux sur qui il nous faut veiller sans répit et qu'il nous faut combattre sans merci, ce sont les démocrates chrétiens : ils possèdent une méthode savamment combinée, ils suivent des chefs pleins de ressource, ils obéissent à des voix dont l'éloquence exerce sur les masses ouvrières un charme pernicieux. Avant qu'il soit longtemps, les soi-disant démocrates chrétiens auront pris contre nous la première place dans la bataille sociale. »

Malheureusement les réfractaires se sont chargés de mener la bataille pour le plus grand profit du socialisme. Ils ont harcelé les démocrates chrétiens, ils les ont attaqués tantôt en face et tantôt sourdement, toujours avec ténacité et persévérance, avec plus d'acrimonie que de loyauté et en détournant de leur sens toutes les directions pontificales.

Ils ont gravement compromis les effets de l'Encyclique, mais ils s'useront, comme toutes les barrières que l'Eglise a rencontrées sur son chemin, et l'Eglise et le peuple, l'Eglise et la démocratie pourront enfin se rencontrer et s'embrasser, et ce sera, comme disait Pie IX, le commencement d'une ère de triomphe pour le Christ.

XXXV. Notre optimisme peut se heurter à une objection : Ce peuple, qui prend conscience de son droit et de sa force, comment, me dira-t-on, se tiendra-t-il dans la juste mesure ?

Je répondrai que le peuple écoute volontiers le prêtre et les catholiques instruits quand ceux-ci montrent un véritable dévouement aux intérêts populaires. Nos congrès démocratiques ouvriers ont montré en France une sagesse qui a surpris beaucoup de monde.

Ecoutez le préambule de leur programme de Reims : « Nous sommes, disaient-ils, les disciples de Celui qui a proclamé le premier sur la terre la fraternité, la justice et l'amour. Nous avons ajouté le mot « chrétien » au titre « Congrès ouvrier », pour bien montrer que nous appartenons au Christ, libérateur de l'humanité. Nous considérons le grand pontife Léon XIII comme notre père et notre meilleur ami, et nous avons adopté son Encyclique comme la charte de nos libertés et le principe de notre relèvement social. »

Ces ouvriers devaient cette sagesse à leurs Cercles d'études où quelques prêtres, encore trop peu nombreux, vont les aider de leurs conseils.

XXXVI. Beaucoup de prêtres ici goûtent et partagent ces doctrines, mais combien encore, en beaucoup de pays, y sont indifférents et hostiles !

Un heureux courant, cependant, produit ou encouragé par l'Encyclique, porte les ecclésiastiques aux études sociales.

L'Allemagne nous a donné l'exemple.

Dès 1859, les évêques allemands, réunis à Fulda, prenaient la décision suivante : « Dans l'instruction que l'on donne au clergé, en philosophie et dans la science pastorale, il ne faut pas négliger plus longtemps la question ouvrière. Il serait désirable même que certains ecclésiastiques s'adonnassent spécialement à l'étude de l'économie politique. »

Au Congrès de Liège, en 1890, Mgr Doutreloux et l'abbé Hitze rappelaient cette même nécessité aux ecclésiastiques présents : « Si vous voulez vous mettre à la hauteur de votre mission, disaient-ils, il vous faut étudier les problèmes sociaux du siècle présent. Il faut que le clergé étudie les applications de la justice et de la charité du Christ à l'économie sociale. »

Les universités et les séminaires d'Allemagne et de Belgique ont des cours d'économie sociale.

Mais n'y a-t-il pas encore bien des maisons de formation ecclésiastique qui rappellent ce que disait Mgr Ireland : « Il me souvient d'un bon directeur de séminaire qui me disait dans ma jeunesse : Que le prêtre soit seulement à l'autel, au confessionnal, au lit du mourant ; arrêtez-vous là.

— Si je l'avais écouté, je n'aurais pas été bien loin. »

XXXVII. Au résumé, la démocratie chrétienne est notre espoir.

Quelques-uns ont pensé qu'il fallait accepter la démocratie comme un fait inéluctable et la christianiser.

Montalembert disait : « J'accepte, sans réserve et sans regret, l'état social qui est le produit de la révolution et qui, sous le nom de démocratie, règne et régnera de plus en plus dans le monde moderne. » (*Les moines d'Occident :* introduction.)

Nous pensons qu'il faut aller plus loin. La démocratie n'est pas seulement un fait issu de la révolution et désormais invariable ; elle est de plus, dans une large mesure, une conséquence de l'Evangile.

La vie sociale chrétienne est toujours démocratique dans son but. Bossuet n'est pas suspect de partialité pour le peuple, ni de haine des grands ; il a dit : « Dans le peuple, ceux à qui le Prince doit le plus pourvoir, sont les faibles. » (*Politique tirée de l'Ecriture Sainte.*)

La vie sociale chrétienne tend aussi à la démocratie dans son organisation et dans ses organes. C'est facile à prouver : puisque la vie sociale chrétienne exerce une sollicitude spéciale pour les petits, elle les élèvera peu à peu. D'esclaves, ils deviendront serfs ; de serfs, hommes libres et citoyens, membres des communes. Et plus tard, tout naturellement, ils prendront part à l'administration de l'Etat.

XXXVIII. Cette démocratie chrétienne a son programme bien défini, toujours le même quant au fond, avec quelques variantes de détail, et dans l'ensemble il ressort directement de l'Encyclique de Léon XIII.

C'est avec ce programme qu'il faut aller au peuple pour le gagner au Christ. Acceptons le programme dans ses grandes lignes. Ajournons les quelques points douteux, pour ne pas nous diviser. Le temps et l'étude feront la lumière.

XXXIX. Concluons avec quelques grands évêques. « Au XX° siècle, a dit le Cardinal Manning, la force de l'Eglise catholique sera tout entière dans le peuple : l'Eglise ne vivra qu'en attirant le peuple à elle, elle ne peut l'attirer à elle qu'en allant à lui. » (*Le XX° siècle*, 1890.)

« Jusqu'ici, dit-il encore, le monde a été gouverné par des dynasties ; désormais le Saint-Siège doit traiter avec le peuple et avec des évêques en rapports étroits, quotidiens et personnels avec le peuple. » (*Les Chevaliers du travail*, 1887.)

« Perdre l'influence sur le peuple, déclarait à la même époque le Cardinal Gibbons, ce serait perdre l'avenir tout entier. » (*Les Chevaliers du travail.*)

« Pour moi, disait Mgr Kean en 1888, j'avoue franchement que lorsque je parcours l'histoire et considère la manière dont César a traité la religion et l'Eglise dans le passé, j'accueille avec confiance l'avenir où nous n'aurons plus à traiter avec lui, mais avec le peuple qui, presque toujours, lorsqu'il est dans son bon sens, reconnaît que l'Eglise est sa meilleure amie et que ses intérêts et ceux de l'Eglise sont les mêmes. » (*La mission providentielle de Léon XIII.*)

XL. Mais il faut terminer par une parole de Léon XIII. Dans sa belle Encyclique *Præclaræ gratitudinis,* du 20 juin 1894, il s'écriait prophétiquement :

« Nous voyons là-bas, dans le lointain de l'avenir, se dérouler un nouvel ordre de choses et nous ne connaissons rien de plus doux que la contemplation des immenses bienfaits qui en seraient le résultat naturel. L'esprit peut à peine concevoir le souffle puissant qui saisirait soudain toutes les nations et les emporterait vers les sommets de toute grandeur et de toute prospérité, alors que la paix et la tranquillité seraient bien assises, que les lettres seraient favorisées, que parmi les *agriculteurs,* les *ouvriers,* les *industriels,* il se fonderait, sur les bases chrétiennes que nous avons indiquées, de nouvelles associations capables de réprimer l'usure et d'élargir le champ des travaux utiles ! »

C'est cet avenir que nous espérons et saluons, et le programme démocratique aura la plus grande part dans sa réalisation.

HUITIÈME CONFÉRENCE

Action sociale de l'Eglise et du Prêtre.

I. Jetons d'abord un large coup d'œil sur l'ensemble de l'histoire.

L'Eglise s'est toujours occupée des intérêts temporels du peuple, par esprit de justice et de charité, et pour libérer les âmes des soucis et des tentations du paupérisme.

En Orient, les diacres concentraient les aumônes et les biens abandonnés à la communauté, et ils dirigeaient de véritables hôtelleries pour les pauvres volontaires et pour les déshérités de la fortune.

A Rome, les diaconies sont de grandes institutions qui embrassent tous les quartiers et répondent à toutes les exigences de l'assistance populaire.

Au moment de l'invasion des barbares, et de la dislocation de l'empire, les évêques de nos villes menacées et désorganisées acceptaient la charge de *défenseurs* des cités et assumaient la responsabilité de l'administration civile.

Pendant les siècles suivants, ils étaient les mentors des nationalités naissantes et présidaient dans les conciles à l'organisation de l'Etat et des provinces. L'épiscopat et les monastères eux-mêmes fournissaient aux souverains les ministres les plus sages et les plus habiles. Le clergé aidait la royauté dans l'institution des communes et des corporations.

En tout cela, l'Eglise exerçait son rôle maternel vis-à-vis de ses enfants. Elle n'a pas de mission directe pour le gouvernement politique ou administratif des peuples, elle n'en a pas la charge ordinaire ; elle s'y dévoue dans une assez grande mesure quand les peuples sont enfants et en formation. Il convient qu'elle y ait toujours quelque part, pour aider, pour conseiller, pour suivre les choses de près, puisqu'elle a le suprême magistère de la justice sociale comme de la justice privée.

L'Eglise est une société parfaite qui embrasse, au moins indirectement, toute la vie humaine et sociale. Elle a le droit et le devoir de faire régner partout la justice chrétienne.

Son but est avant tout surnaturel, mais elle n'est pas indifférente à la paix publique et à la richesse, parce que ce sont des instruments au service de la vie morale.

L'Eglise doit tout sanctifier, le droit, la morale, la vie sociale, les relations internationales.

Elle avait élevé un magnifique édifice chrétien avec la vie communale, corporative, provinciale, nationale, avec la grande république chrétienne, qui englobait toutes les nations sous la direction du Vicaire de Jésus-Christ.

II. Mais la grande épreuve est venue. C'est comme l'assaut suprême du paganisme. La nature à demi domptée par la grâce se relève. La raison veut s'émanciper. Les ennemis de l'Eglise prennent des noms et des programmes divers. C'est le protestantisme, l'humanisme, le jansénisme, le gallicanisme, le libéralisme, le laïcisme. Ce sont des formes diverses d'une révolte contre l'Eglise. Le but commun est de chasser le Christ et son Vicaire de partout, de la direction doctrinale, de la vie sociale et politique, de la vie économique, de l'art, des lettres, etc.

Il y a quatre siècles que la crise est commencée. Les protestants allemands et anglais ne voulaient pas déchristianiser l'Europe mais seulement la décatholiciser. L'humanisme était plus dangereux, il jetait le mépris sur le Christ et son action dans la vie sociale, dans l'art et la littérature et dans la vie politique. Nous sommes arrivés au déisme au XVIIIᵉ siècle et maintenant nous aboutissons au scepticisme, au matérialisme, au laïcisme. Et le laïcisme n'est pas seulement une question d'organisation, c'est au fond une doctrine scientifique et morale qui a pour but de mettre l'homme à la place de Dieu. C'est la dernière étape de l'erreur. C'est la révolte sans masque, et cela vaut mieux, la lutte sera plus facile.

III. Les erreurs gallicane et libérale ont eu surtout pour effet d'éloigner le clergé de la vie publique et de le calfeutrer dans la sacristie. Il est devenu, quant à l'action sociale, un sel affadi.

Pour prononcer un jugement si grave, nous avons besoin de nous appuyer sur des autorités incontestables.

Nous entendrons les princes de l'Eglise, le cardinal Pie, le cardinal Gibbons, les prédicateurs, Bourdaloue et Combalot, et enfin le concile du Vatican lui-même.

Mgr Pie, dans ses instructions synodales de 1862 et 1863 sur le laïcisme et les erreurs du temps présent, dénonce la grande hérésie et constate qu'elle a séduit, comme autrefois l'arianisme, une partie même de l'Eglise.

« La presse impie et rationaliste, dit-il, proclame la *sécularisation* désormais absolue des lois, de l'éducation, du régime administratif, des relations internationales et de toute l'économie sociale, comme étant le fait et le principe dominants de la société nouvelle, de la société émancipée de Dieu, du Christ et de l'Eglise. » Il ajoute : « Nous avons vu surgir, sous l'empire de préoccupations honnêtes et estimables, des adeptes inattendus de ce système nouveau, des chrétiens et même *des prêtres...* »

Le cardinal Gibbons, dans son beau livre *L'Ambassadeur du Christ,* rappelle les droits de l'Eglise et les devoirs de ses ministres : « Puisque le ministre de l'Eglise est par excellence l'ami et le père de son peuple, il ne peut rester indifférent à aucune des questions sociales, politiques ou économiques, qui touchent aux intérêts ou à la prospérité de la nation. Les relations de l'Eglise et de l'Etat, les devoirs et les prérogatives des citoyens, les malheurs engendrés par la corruption publique, l'honnêteté des élections, les privilèges et les obligations mutuelles du travail et du capital, la moralité du commerce sous toutes ses formes, les réjouissances populaires, la tempérance, le divorce, le socialisme, l'anarchie... voilà autant de questions vitales, souvent brûlantes, d'où dépendent la paix et la prospérité de la nation et auxquelles le ministre du Christ ne peut pas rester étranger... »

Bourdaloue signalait déjà de son temps l'erreur naissante et rappelait le devoir social du clergé : « Bien des gens trouvent mauvais, disait-il, que les ministres établis de Dieu dans l'Eglise pour être juges des consciences et directeurs du salut des âmes, prennent connaissance de plusieurs affaires qui ont rapport au monde et qui sont des affaires du monde. Pourquoi, dit-on, s'ingèrent-ils à de telles recherches et ne demeurent-ils à ce qui est de leur ressort ? Mais moi, je prétends qu'il n'y a aucune affaire du monde qui ne se réduise au tribunal des ministres de Jésus-Christ, parce qu'il n'y en a aucune qui ne puisse avoir quelque liaison avec la conscience et le salut... Où le salut est plus exposé, où il se trouve des écueils sans nombre par rapport à la conscience et à l'éternité, c'est dans les affaires du monde, dans les engagements du monde, dans les traités, les commerces, les emplois, les ministères du monde. C'est donc là même aussi qu'on doit avoir recours à la prudence du salut... et c'est le clergé qui en est l'organe et l'interprète. » (*Sermon sur la prudence du salut.*)

L'abbé Combalot a été un de nos missionnaires français les plus clairvoyants de ce siècle. En 1850, il écrivait aux évêques de France pour leur signaler l'inaction du clergé et le péril de la démocratie païenne et sauvage que le clergé ne s'efforce pas de gagner.

IV. Bourdaloue nous a montré que la tendance à séculariser les sociétés chrétiennes date de loin ; le cardinal Pie, le cardinal Gibbons et le P. Combalot ont remarqué qu'une partie du clergé se laissait influencer par les idées courantes.

Le concile du Vatican a bien marqué la genèse de cette erreur, qu'il fait remonter au protestantisme. « Après la prétendue Réforme, dit-il dans la constitution *Dei Filius,* on a vu naître et se développer cette doctrine *naturaliste* qui travaille à exclure le Christ de la vie sociale et des mœurs publiques pour y établir le règne de la nature et de la seule raison. »

Les conservateurs à courte vue ont coutume d'attribuer tout le mal à la crise révolutionnaire de 1789. C'est une erreur profonde. La Révolution a été une réaction avortée et mal conduite contre l'absolutisme gallican et les abus de l'ancien régime. Le mal date des légistes du XIVe siècle. Séduits par l'étude du droit romain, ils ont inauguré la réaction païenne. Philippe le Bel les a secondés. L'humanisme a décuplé leurs forces. Le protestantisme a été la résultante de cette émancipation de la nature et de la raison. Il a eu lui-même pour corollaires le gallicanisme, le libéralisme, le rationalisme.

Le XVIIIe siècle gardait des formes et des habitudes religieuses, mais il était absolument miné par le paganisme. Le XIXe siècle a été un siècle de réveil chrétien dans la philosophie, dans l'art, dans la littérature, dans l'action du clergé ; nous avons la confiance qu'il est l'aurore d'un grand siècle chrétien.

Il faut tout réformer, tout reprendre, tout ramener à l'Eglise, au Souverain Pontife, au Christ. Mais dans ce renouvellement, auquel les ministres du Christ doivent prendre une grande part, c'est la vie sociale et économique qui réclame les premiers soins.

C'est là que le mal est le plus sensible.

Il n'y a pas seulement pour l'Eglise une question de justice et de morale, il y a aussi une question d'opportunité et de tactique.

Si l'Eglise veut reprendre son influence bienfaisante, sur qui s'appuiera-t-elle ? Sur les gouvernements ? Ils sont révoltés contre elle et imbus de gallicanisme.

Sur les aristocraties ? Sauf quelques belles exceptions, elles sont pénétrées des mêmes erreurs.

Sur la bourgeoisie ? Elle est bien gangrenée par l'égoïsme et le capitalisme.

Il ne reste que le peuple.

Il cherche à se relever de l'oppression qu'il subit, il ira à l'Eglise, si elle lui fait comprendre qu'elle seule possède les vraies doctrines sur la justice sociale et qu'elle seule a la force morale pour faire triompher la vérité.

V. Mais cette action de l'Eglise qui est si manifestement opportune, n'est-elle pas une chose nouvelle, indiscrète, imprudente ?

Nullement. Elle n'est pas nouvelle, nous l'avons montré plus haut par quelques aperçus historiques.

Elle n'est pas non plus indiscrète et imprudente.

L'agitation socialiste n'est pas, comme on voudrait le croire, la conséquence d'une simple question d'estomac. C'est une question d'équité, de morale et de justice. C'est par la violation des règles de la justice sociale et l'infraction au droit naturel d'association qu'a été provoqué l'état de malaise où se trouvent les masses ouvrières.

C'est aussi une question de dignité. Le peuple a gardé au cœur un sentiment de noblesse chrétienne, d'honneur, de fraternité, d'humanité.

C'est au fond une question philosophique et théologique. Elle embrasse la fin des sociétés, les rapports des classes sociales, les relations commerciales, le contrat de travail.

Les ministres du Christ ne sont-ils pas les gardiens naturels de la justice, de l'équité, de la fraternité chrétienne ?

Le prêtre doit donc intervenir dans la mêlée sociale actuelle, non seulement par un opportunisme qui serait assez justifié, mais par un devoir strict de justice et de charité et pour l'accomplissement rigoureux de son ministère pastoral.

Cette action sociale s'appelle parfois aujourd'hui la démocratie chrétienne. C'est que dans l'ordre chrétien le devoir incombe à tous d'avoir un soin spécial des petits. L'Eglise n'exclut aucune forme du pouvoir, aucune classe sociale ; elle honore la vraie aristocratie, mais elle garde une préférence pour les travailleurs.

VI. Ce devoir social du prêtre, le Pape et ceux qui le représentent l'ont souvent rappelé dans ces dernières années.

Dans l'Encyclique même, le Pape l'affirme nettement : « Que chacun se mette à la tâche qui lui incombe, et cela sans délai, de peur qu'en différant le remède, on ne rende incurable un mal déjà si grave... Que les *ministres sacrés* déploient toutes les forces de leur âme et toutes les industries de leur zèle... »

Il dit encore dans l'Encyclique : « La question qui s'agite est d'une nature telle, qu'à moins de faire appel à la religion et à l'Eglise, il est impossible de lui trouver une solution efficace. »

Pie IX lui-même en 1851 avait réuni une commission mixte composée d'ecclésiastiques et de laïques pour l'étude et la reconstitution des corporations.

Léon XIII a répété sous bien des formes la direction donnée dans l'Encyclique. Aux évêques de France faisant leur visite *ad limina,* il a souvent demandé si leurs prêtres s'occupaient des ouvriers. « Avez-vous, disait-il à Mgr l'évêque de Nantes, des prêtres ardents qui s'intéressent aux ouvriers, qui aillent à eux, qui les amènent à Dieu et à l'Eglise ? »

A Mgr l'évêque de Liège, il disait : « Ce sont vos prêtres qu'il faut exhorter à aller au peuple ; ils ne peuvent pas rester enfermés dans leurs églises et leurs presbytères. » (Lettre pastorale de Mgr l'évêque de Liège.)

A M. Léon Harmel, qui lui rendait compte du premier congrès ouvrier de Reims, Léon XIII répondait : « C'est bien cela, nous l'avons déjà dit, il faut que le prêtre sorte de la sacristie, il faut qu'il se mêle au peuple et lui rende des services... »

VII. Les évêques et les théologiens ont fait écho au Pape.

Mgr de Ketteler se fâchait lorsqu'on s'étonnait de le voir intervenir dans ces questions. « Je n'ai pas seulement le droit, disait-il, j'ai encore le devoir de suivre avec un vif intérêt les affaires du monde ouvrier... Lorsque j'ai reçu la consécration épiscopale, l'Eglise m'a posé la question suivante : — Veux-tu être charitable et miséricordieux aux pauvres et à tous ceux qui souffrent, au nom de Notre-Seigneur ? — Représentant du divin Maître, comment pourrais-je rester indifférent en face d'un problème qui touche aux besoins les plus essentiels d'une classe si nombreuse de la société ? »

Le cardinal Langénieux, dans un discours à l'assemblée diocésaine de Charleville en 1889, fait le procès à la tiédeur, à la lassitude, au découragement : « Le prêtre qui a charge d'âmes, dit-il, ne peut plus se contenter d'exercer autour de lui son ministère ordinaire, il doit se livrer à l'apostolat des œuvres, c'est-à-dire à cette forme spéciale d'action nécessitée par la force des choses et plus adaptée aux difficultés du temps... »

Lés théologiens suivent la même inspiration.

Le Père Liberatore, jésuite, publie en 1889 pour les étudiants de Rome ses *Principes d'économie politique*.

Le P. Antoine en France publie en 1886 son *Cours d'économie sociale*. Le P. Biederlack enseigne à Inspruck et publie en allemand, puis en italien, ses *Etudes sur les questions sociales*.

Les jésuites de l'Allemagne du Nord donnent la principale part aux études sociales dans leur revue *Stimmen aus Maria Laken,* et ils publient leurs travaux en brochures.

Le P. Lehmkuhl écrit, dans une brochure sur le Clergé et le Peuple : « Les changements survenus dans la situation sociale et dans les dispositions des hommes, entraînent nécessairement un changement de procédés dans le soin des âmes. Ce serait pour un pasteur oublier entièrement son devoir que de ne pas établir et développer vigoureusement des associations dans sa paroisse. »

Les Lazaristes ont décidé d'introduire l'étude des questions sociales dans leurs séminaires pour les motifs suivants : 1° Ces questions se rattachent aux traités du Décalogue, de la Justice et des Contrats ; 2° Elles sont entrées dans le programme des conférences ecclésiastiques ; 8° Les encycliques du Souverain Pontife en recommandent l'étude et en indiquent les principes ; 4° Elles préoccupent l'attention des catholiques militants. Le clergé, appelé à diriger leurs efforts, a besoin d'avoir étudié ces questions.

Le Père Godts, rédemptoriste belge, a pris la question au point de vue pratique et l'a résolue par une série de cas de conscience, dans son livre « *Scopuli vitandi in pertractanda quæstione de conditione opificum.* — Ecueils à éviter en traitant la question ouvrière. »

Est-il permis aux prêtres, demande-t-il, de se désintéresser de la question sociale, de méconnaître sa gravité et les dangers qu'elle fait naître ? — Réponse : C'est un optimisme insensé.

Peut-on négliger d'étudier les caractères du socialisme et sa réfutation ? — Réponse : C'est se montrer trop insuffisant.

Peut-on mépriser ou négliger l'amélioration de la condition matérielle des ouvriers ? — Réponse : C'est aller contre le concile de Trente lui-même, qui rappelle dans sa session XXIII° à tous ceux qui ont charge d'âmes le devoir de connaître leurs ouailles et de donner leurs soins paternels aux pauvres et à tous ceux qui sont dans une condition pénible.

Est-il permis de se désintéresser des œuvres nouvelles : écoles dominicales, patronages, associations pieuses et ouvrières, mutualités, cercles militaires, maisons d'ouvriers, syndicats, bibliothèques paroissiales ? etc. — Réponse : C'est manquer du zèle nécessaire.

Peut-on laisser les hommes de côté dans le ministère paroissial ? — Réponse : C'est manquer au premier des devoirs, parce qu'ils sont la part principale et la plus influente de la paroisse.

VIII. Il y a des objections.

1. La théologie de notre temps, disent les anciens, ne parlait pas de ces questions. — Réponse : Depuis deux cents ans, la plupart de nos théologiens, quelque peu imbus, sans s'en douter, de gallicanisme, de libéralisme et de jansénisme, avaient laissé les principes sociaux tomber dans un profond oubli, d'où Léon XIII est venu les tirer. Aussi, depuis l'Encyclique *Rerum novarum,* nous admirons l'ardente émulation avec laquelle théologiens et philosophes catholiques refondent leurs traités de la Justice en les complétant.

2. Beaucoup de braves gens ne se soucient pas de cette agitation. — Réponse : Aussi le socialisme fait des progrès rapides. Que beaucoup de bons prêtres et d'excellents chrétiens continuent à nier la question sociale et à sourire de nos efforts, et dans dix ou quinze ans la société française, sous l'autorité de quelque comité de salut public, se verra imposer partout la destruction des églises, le collectivisme économique, l'union libre et la coéducation de Cempuis, avec les sanctions énergiques essayées jadis à la rue Haxo pour faire taire les récalcitrants.

3. Certains jeunes prêtres s'avancent d'une façon inconsidérée. — Réponse : Certainement ils doivent se préparer, se former, agir prudemment. Quelques-uns se tromperont. Saint Paul dut aussi modérer le zèle de ses premiers auxiliaires en leur recommandant d'agir *secundum scientiam.* — Un homme d'œuvres influent demanda audience au Pape pour

le pri · d'arrêter le zèle intempestif des jeunes prêtres. Le Saint-Père répondit : « Je ne puis pas arrêter ce que j'ai commandé moi-même. Je veux que les prêtres aillent au peuple et se mettent aux œuvres sociales. S'ils se trompent en commençant, ils se formeront et se corrigeront ensuite. »

IX. *Fas est et ab hoste doceri.* — Les aveux de nos adversaires sont une confirmation éclatante de la nécessité de notre action sociale.

En France, le journal *La Petite République* a reconnu que l'organisation de la démocratie chrétienne est le péril le plus redoutable pour le parti socialiste.

En Allemagne, nos ennemis sont forcés de reconnaître l'action bienfaisante de l'Eglise catholique. Après Kulemann, libéral, voici un professeur protestant de Breslau, M. Eltester, qui lui rend un témoignage bien flatteur. « L'attitude, dit-il, que le catholicisme allemand a prise vis-à-vis de la question ouvrière est décidément imposante; elle est telle, qu'à mon avis l'avenir lui est assuré. »

« Le parti du Centre est actuellement plus un parti social qu'ecclésiastique. Par la sollicitude, dont il entoure les classes ouvrières, il gagne les voix de la basse classe de la population. Le moyen principal pour cela est, sans contredit, la charge d'âmes magnifiquement organisée. Car c'est un fait que le prêtre est le seul qui, du cœur au cœur, parle à l'ouvrier, donne des conseils à la femme et aux enfants, les relève dans le malheur, leur donne la bénédiction, la consolation et l'aumône.

« Pour lui, il n'y a pas de chambre trop étroite, pas d'ouvrier trop pauvre, rien ne le retient de parler même à des hommes dévoyés. Ce n'est pas par le froid chemin dogmatique que le peuple sera maintenu dans la foi, mais par la charité active... Le vicaire dans les parties catholiques a reçu, dans beaucoup de cas, une instruction dans les questions sociale et économique, et parce qu'il connaît bien les désirs et les nécessités de l'ouvrier, il est son ami intime.

« Il y a même des prêtres qui ont dû étudier l'éco-nomie nationale, d'autres ont été envoyés dans des contrées industrielles, uniquement pour voir de leurs propres yeux la situation des classes ouvrières. De tout cela, il n'est pas question chez nous (protestants)... Le puissant mouvement social de notre temps n'est pas une fièvre qui passera, mais il indique un progrès dans le développement de la vie des peuples. C'est la tâche de l'Eglise de s'en-tendre avec ce mouvement. Le temps nous apprendra alors si ces paroles pleines de promesses se confirmeront : Par ce signe tu vaincras. »

Ce témoignage venant d'un protestant, c'est-à-dire d'un homme pour qui l'Eglise catholique est un obstacle au progrès, montre qu'on commence à voir clairement, en face du danger socialiste, que l'Eglise a encore beaucoup de bon.

X. *Exempla trahunt.* Notre siècle est témoin d'une joute immense dans le champ des doctrines. Il y a l'apostolat protestant, l'apostolat maçonnique, l'apostolat catholique. Assisterez-vous les bras croisés à ce grand tournoi ou plutôt à cette conquête des peuples ?

Voyez la croisade maçonnique. Sous la direction de la Ligue de l'enseignement dont Bourgeois est le président, on a fondé des patronages laïques, des conférences, des caisses scolaires, des associations d'anciens élèves.

Les cours d'adultes qui en 1895 avaient 400.000 élèves, en avaient 700.000 en 1897, 850.000 en 1898. (Rapport Bouge au budget.)

10.000 conférences populaires furent données sous le patronage de la Ligue en 1894, 14.000 en 1895, 97.000 en 1897.

En deux ans, on a créé 1.550 associations d'anciens élèves.

Les lycées de filles comptaient 5.800 élèves en 1888 ; 12.708 en 1892 ; 14.700 en 1896.

Voyez le zèle des œuvres protestantes. Les Salutistes anglais se démènent. La Maison-Grise à Hambourg est le centre d'une propagande intense pour les missions protestantes à l'intérieur. Elle a ses inspecteurs, ses congrès régionaux, ses journaux ; elle répand des tracts et donne partout des conférences.

L'action catholique dans les autres nations doit aussi faire naître chez nous une noble émulation.

Le Centre allemand est puissamment organisé, il a un programme précis de réformes sociales. Il s'appuie sur une vaste association populaire, le Volksverein, qui compte 180.000 membres.

En Belgique aussi le parti catholique a un beau programme de lois sociales et les œuvres progressent avec une rapidité étonnante.

L'association agricole (Boerenbond) est à peine née et déjà elle compte plusieurs milliers de groupements. — Les mutualités reconnues par l'Etat étaient au nombre de 593 en 1894 ; elles se sont élevées au chiffre de 1.250 en 1892, et 1.924 en

1898. — Les coopératives de consommation et de production étaient au nombre de 311 en 1894, il y en a 1.128 en 1898. — Le progrès est le même pour les sociétés de crédit fondées en vue d'élever des maisons d'ouvriers. C'est une efflorescence d'œuvres qu'on pourrait appeler fiévreuse, si le mot avait un sens favorable.

L'Italie aussi nous donne l'exemple. Elle compte, en 1898, 3.000 comités catholiques et 1.100 caisses rurales de crédit. Elle a fondé en un an 1.700 comités et 152 caisses rurales.

Tous ces pays ont plus de logique, plus de suite, plus de sève catholique que nous.

A l'œuvre donc !

XI. Un homme du peuple disait un jour : Autant je déteste les curés, autant j'aime les sœurs. Il y a sans doute là une grande ignorance. Mais aussi, bien des curés ne sont-ils pas méconnus, parce que, confinés dans la sacristie, ils demeurent des inconnus ? N'ont-ils pas plus raison ceux d'entre eux qui, traitant le peuple comme un malade et un malheureux, s'efforcent d'améliorer sa condition matérielle, afin de mieux ouvrir son âme aux grandes vérités ?

Il faut gagner ce peuple. Il est assoiffé de justice et il cherche ardemment, par le moyen d'institutions économiques, à améliorer sa condition. Le prêtre gagnera son cœur en lui apprenant à se servir de ces instruments de progrès social.

Notre-Seigneur, pour gagner des âmes, n'a-t-il pas guéri les corps, nourri les affamés dans le désert et rempli le filet des pêcheurs ?

L'Eglise a toujours eu des soins jaloux pour les intérêts matériels des peuples. Par l'action de ses *premiers pontifes,* elle a réussi à supprimer l'esclavage ; ses *moines* répandaient partout la civilisation, défrichant les bois, assainissant la pestilence des marais, soignant les malheureux. — Ses *missionnaires* suivent le même exemple et se font médecins, agriculteurs, que sais-je encore! Léon XIII nous recommande de venir au secours de la misère imméritée du peuple, et il élève sur les autels un saint curé qui, voici plusieurs siècles déjà, dans la paroisse de Mattaincourt, établissait les premières institutions économiques.

Nous reprochons au prêtre américain un excès de vie extérieure ; mais si le prêtre américain ne s'est pas encore plié aussi parfaitement que le prêtre français à la discipline de l'homme intérieur, le prêtre français à son tour ne marque-t-il point pour la vie active une aversion funeste? La vie publique de sa paroisse, sous tous ses aspects, se concentre-t-elle en lui?... Saint Augustin, dont on invoque l'autorité, pratique une vie très méditative et très retirée, tant qu'il n'a point charge d'âmes : au contraire, une fois évêque d'Hippone, c'est au public qu'il appartient, et sa correspondance nous le montre, gémissant, à la vérité, de se voir arraché aux délices de la contemplation, pour lesquelles il était fait, mais ne se prêtant pas moins à des audiences sans fin où on soumettait à son jugement les démêlés temporels.

L'état social actuel devient pour beaucoup une *occasion prochaine de péché,* n'est-ce pas au prêtre à y remédier?

Jetons un coup d'œil sur la décadence sociale.

On a compté en France 50.000 divorces en dix ans. Le divorce atteint un mariage sur 62.

La faible natalité causée par des doctrines et des pratiques immorales, compromet l'avenir de la patrie. Sur sept millions de familles françaises, deux millions n'ont pas d'enfants et deux millions n'en ont qu'un.

Les naissances illégitimes se multiplient. On en compte à Paris 18.000 par an. C'est plus du quart de la natalité.

Les suicides constatés en 1884 s'élevaient à 7.500, en 1892 à 8.500. Dans ce nombre, il y avait, en 1844, 140 enfants; en 1892, 460.

Les crimes et délits en France s'élevaient à 167.000 en 1880; à 700.000 en 1892. A Paris le nombre des enfants poursuivis s'est élevé en 12 ans de 16.000 à 41.000.

Même progrès pour l'alcoolisme et pour une névropathie qui ruine notre race. Les aliénés par suite d'alcoolisme se sont élevés de 300 en 1860 à 3.400 en 1893.

Tout le monde sent que dans la crise sociale actuelle, il y a quelque chose à faire, un apostolat à exercer. Les doctrines hostiles à l'Eglise reconnaissent leur insuffisance. La philosophie avoue son impuissance, la science abdique ses prétentions; on ne sait plus où asseoir une morale privée, sur quoi faire reposer un droit public, et cependant jamais le monde ne fut plus affamé de justice et de vérité. Le moment n'est-il pas propice à l'apostolat catholique?

Mais les besoins nouveaux exigent évidemment des procédés nouveaux. Il faut que l'Eglise sache montrer qu'elle n'est pas apte seulement à former des âmes pieuses, mais aussi à faire régner la justice sociale dont les peuples sont avides. Il faut pour cela que le prêtre se porte à des études nouvelles et à des œuvres nouvelles.

Les légistes, la Renaissance et la Révolution nous ont donné un ordre social profondément injuste. C'est le devoir de justice qui est le plus méconnu, c'est lui qu'il faut prêcher avant tous les autres. Beaucoup d'ouvriers sont dans une situation d'infortune et de misère imméritées.

Il faut prendre des mesures promptes et efficaces pour leur venir en aide. Ce n'est pas une question d'aumône, c'est une question de justice.

L'Eglise s'est trouvée dans la personne de ses grands papes et de ses grands évêques sur le chemin du despotisme impérial de l'Orient et de la Germanie ; elle s'est opposée avec François d'Assise et ses humbles Frères aux excès de la féodalité militaire ; elle vient aujourd'hui avec Léon XIII et ceux qui le comprennent combattre une politique sans principes et un capitalisme sans conscience.

XII. Le mouvement actuel avait eu ses précurseurs, même avant Ketteler, de 1830 à 1850, avec Ozanam, Lamennais, Ballanche, Buchy, le journal « L'Ere Nouvelle », Veuillot et Pie IX lui-même.

Ozanam en étudiant l'histoire avait vu l'Eglise aller aux forces nouvelles de l'humanité, aux Barbares au Ve siècle, aux serfs qui s'émancipaient au XIIe siècle et se formaient en corporations et communes.

« Ce que je sais d'histoire, écrivait-il, me donne

lieu de croire que la démocratie est le terme
naturel du progrès politique et que Dieu y mène
le monde. » (Lettre à M. Dugas.)

« Je crois voir le Souverain Pontife, disait-il,
consommer ce que nous appelions de nos vœux
depuis vingt ans : passer du côté des *barbares*,
c'est-à-dire du camp des rois, des hommes d'Etat
de 1815, pour aller au peuple. — Et en disant :
Passons aux barbares, je demande que nous fas-
sions comme lui, que nous nous occupions du
peuple, qui a trop de besoins et pas assez de
droits, qui réclame avec raison une part plus
complète aux affaires publiques, des garanties
pour le travail et contre la misère, qui a de mauvais chefs, mais faute d'en trouver de bons... »
(Article du *Correspondant* et lettre à M. Foisset,
février 1848.)

« *Prêtres français*, disait-il encore, ne vous
offensez pas de la liberté d'une parole laïque qui
fait appel à votre zèle de citoyens... Depuis quinze
ans, plusieurs d'entre vous se sont voués à l'apostolat des ouvriers et, au pied des arbres de liberté
qu'on leur a fait bénir, ils ont reconnu qu'ils
n'avaient pas affaire à un peuple ingrat. Défiez-
vous de ceux qui le calomnient, de ceux qui vous
entretiennent de leurs regrets, de leurs espérances,
de leurs prophéties, de tout ce qui fait consumer
en pensées inutiles les heures que vous devez à
nos dangers et à nos besoins. Défiez-vous surtout
de vous-mêmes, des habitudes d'une époque plus
paisible, et doutez moins du pouvoir de votre
ministère et de sa popularité. On vous doit cette
justice que vous aimez les pauvres de vos pa-
roisses...; mais le temps est venu de vous occuper

davantage de ces *autres pauvres* qui ne mendient pas, qui vivent ordinairement de leur travail... Le temps est venu d'aller chercher ceux qui ne vous appellent pas, qui, relégués dans les quartiers mal famés, n'ont peut-être jamais connu ni l'Eglise, ni le prêtre, ni le doux nom du Christ... Ne vous effrayez pas quand les mauvais riches, froissés de vos discours, vous traiteront de communistes, comme on traitait saint Bernard de fanatique et d'insensé. » (*Aux gens de bien*, septembre 1848.)

Léon XIII est de cette école, qui s'élève au-dessus de la routine pour reconnaître les grands courants providentiels.

XIII. Mais pour accomplir ce devoir urgent, quels sont les moyens à prendre ?

Ils reviennent tous à trois chefs : l'étude, l'action et la prière.

Il nous faut des docteurs, des apôtres et des saints.

Il faut une prière spéciale, une prière ardente et unie au sacrifice pour nos sociétés chrétiennes désemparées. Léon XIII l'a bien exprimé dans son Encyclique aux Français (*Nobilissima Gallorum gens*). Il demande la prière de tous et spécialement celle des cloîtres : « Que ceux-là surtout qui sont plus étroitement liés à Dieu, dont la vie s'écoule dans les cloîtres, s'excitent à une charité toujours grandissante et s'efforcent par leurs humbles prières, leurs sacrifices volontaires et l'offrande d'eux-mêmes, de nous rendre le Seigneur favorable. »

Il nous faut des apôtres, des hommes d'action. La méthode administrative ne suffit plus dans une société désorganisée, les hommes ne viennent plus à nous, il faut aller à eux. Il faut les grouper en associations ; il faut nous intéresser à leurs travaux, à leur prospérité, à leurs récréations, il faut porter partout l'esprit chrétien.

Il nous faut des docteurs et nous devrions l'être un peu tous. Il faut étudier pour savoir et il faut étudier pour enseigner. Il faut étudier spécialement ces questions sociales qu'on regarde comme nouvelles et qui auraient dû être toujours étudiées dans l'Eglise. Nous devons avoir à notre disposition une revue et les livres nouveaux qui traitent de ces questions.

Un prêtre ne peut pas se lancer dans cet apostolat nouveau sans s'y être préparé par des études sérieuses.

Cette action sociale a des degrés infinis, depuis le simple patronage d'apprentis jusqu'à l'action politique à la Chambre. Que chacun pèse ses aptitudes et mesure ses forces, afin de ne marcher qu'avec prudence et selon la volonté de Dieu.

XIV. Concluons. L'Eglise doit ses soins à tous : *Omnibus omnia factus sum.* Elle a cependant un soin particulier des petits et des humbles, des pauvres et des travailleurs : *Evangelizare pauperibus misit me.*

Nos chers Bretons aiment à représenter saint Yves en apôtre de l'union et de la charité. Sur les vitraux de nos églises de Bretagne, on le voit accompagné d'un riche et d'un pauvre : *Omnia omnibus factus sum.* Mais il incline la tête avec un doux regard vers le pauvre : *Evangelizare pauperibus misit me.* C'est le modèle du prêtre de notre temps.

Les béatifications et canonisations solennisées par l'Eglise ont une opportunité providentielle. De notre temps elle a élevé sur les autels deux saints français, Pierre Fourier et Jean-Baptiste de la Salle. Tous deux sont des modèles d'action sociale. Pierre Fourier était la providence des campagnes et des pauvres. Il a fondé les premières banques de crédit pour aider les agriculteurs.

Jean-Baptiste de la Salle a été envoyé de Dieu pour christianiser la démocratie, qui allait arriver au pouvoir.

Inspirons-nous de cet opportunisme divin. Allons au peuple pour lui porter le secours de la justice et de la charité.

Le peuple sera l'ami du prêtre et de l'Eglise quand le prêtre se sera fait l'ami du peuple.

Un martyr de la Commune, l'abbé Planchat, avait gagné l'affection reconnaissante des apprentis de son patronage. Quand le peloton d'exécution le conduisait au mur sanglant de la rue Haxo, un apprenti se planta devant lui et s'écria : « On ne le tuera pas avant de m'avoir tué. »

C'est là un fait symbolique et une leçon lumineuse pour le clergé d'aujourd'hui.

NEUVIÈME CONFÉRENCE

Mission actuelle du Tiers-Ordre.

Eminentissimes Seigneurs,
Messeigneurs,
Vénérés Frères et Sœurs,

I. Ne sommes-nous pas téméraires en parlant d'une mission *actuelle* du Tiers-Ordre ? La grande œuvre séraphique devrait-elle donc changer son caractère séculaire ! Ne serait-elle plus simplement une œuvre de prière, de pénitence, de sanctification personnelle ?

Ces objections nous ont été faites un jour que nous parlions de la mission nouvelle du Tiers-Ordre. Elles subsistent peut-être dans certains esprits, nous y voulons répondre.

II. Eh ! sans doute, nos chères fraternités sont toujours des œuvres de prière, de pénitence et de sanctification ; mais elles n'étaient pas que cela dans le commencement, et elles ne doivent pas non plus se borner à cela aujourd'hui. Saint François n'a pas voulu seulement orner les âmes de vertus privées pour les offrir à Jésus-Christ, il a voulu aussi travailler au règne social du Rédempteur.

Notre bien-aimé Pontife, Léon XIII, nous l'a rappelé toutes les fois qu'il nous a parlé du Tiers-Ordre. Saint François avait en vue le bien des sociétés, en même temps que la sanctification des âmes.

III. Il serait même facile de démontrer que le Tiers-Ordre franciscain est éminemment social parmi tous les ordres religieux.

Tous les fondateurs qui ont eu en vue la vie contemplative ou la vie apostolique, ont séparé leurs disciples des agitations humaines. Saint François l'a fait aussi pour ses deux premiers ordres, mais quand il s'est agi du Tiers-Ordre, il a laissé ses religieux tertiaires à leur vie de famille, à la vie corporative, communale et sociale, non seulement pour qu'ils se sanctifient dans cette vie commune, mais pour qu'ils en sanctifient toutes les relations et tout l'organisme.

Saint François d'Assise a vécu à l'époque de la grande vie sociale chrétienne; à l'époque où tout palais communal avait sa chapelle, toute corporation de métier son autel ou son oratoire.

Nous imaginer que saint François ait voulu faire de ses Tertiaires des cénobites, c'est fausser l'histoire, c'est diminuer le grand Saint, c'est lui prêter nos courtes vues. Saint François voulait que ses Tertiaires fussent des citoyens chrétiens, capables de faire régner le Christ dans la commune et dans l'Etat. Ce sont ses fils spirituels, qui conduisirent les communes et les corporations aux pieds du Christ et de la Madone. Ce sont eux qui faisaient représenter par les coryphées de l'art chrétien les symboles du bon gouvernement au palais communal de Sienne et les vertus chrétiennes à la Bourse de Pérouse.

IV. Après cela nos nations chrétiennes ont senti passer le souffle desséchant du gallicanisme et du régalisme. La religion a été d'abord domestiquée par les rois, puis exclue par la Révolution. Le sens chrétien était atrophié. Le clergé s'habituait à vivre en dehors de la vie sociale. Les fraternités du Tiers-Ordre devenaient de pieuses confréries, sans autre but que la sanctification personnelle de leurs membres. Le véritable esprit de saint François sommeillait, aussi bien que le véritable esprit du Christ.

V. Mais voici que le Christ a suscité un nouveau François d'Assise. Il ne le prend pas dans le cloître, parce qu'il veut lui donner une mission plus large et plus complète. Il le place sur le trône pontifical.

Je ne vois pas dans l'histoire, depuis le XIIIᵉ siècle, un homme qui ait revêtu l'esprit de saint François plus pleinement que Léon XIII.

Leurs méditations intimes ont été identiques. Tous deux ont longuement contemplé leur siècle devant Dieu. Ils ont reconnu que le naturalisme et le sensualisme éloignaient les populations de l'Evangile et du Christ. Ils ont vu les petits et les faibles opprimés par la féodalité politique du XIIIᵉ siècle et par la féodalité financière du XIXᵉ. Tous deux ont conçu le même remède, le Tiers-Ordre. Saint François l'a fondé; Léon XIII l'a renouvelé, recommandé et propagé avec une insistance infatigable, avec un saint acharnement.

Evêque à Pérouse, Léon XIII organise le Tiers-

Ordre dans son diocèse. Pontife suprême, il le recommande dans ses Encycliques, dans ses lettres, dans ses conversations privées. Il compare justement l'état social de notre temps à celui du XIIe siècle. Il déclare que le Tiers-Ordre est sa réforme sociale.

Il a vu que l'esprit franciscain de prière et de pénitence est le remède à l'indifférence et à la sensualité de notre temps. Il a reconnu aussi que l'esprit d'association guérira l'individualisme de notre siècle. Il donne le Tiers-Ordre aux prêtres pour les aider dans la rénovation sociale.

VI. La rénovation sociale est l'œuvre principale du pontificat de Léon XIII. Il trouve une société désemparée, une société devenue païenne, une société où ne règnent plus la justice et la charité. Et dans ce désarroi général, qui souffre le plus ? la c'asse populaire. C'est vers elle que Léon XIII a tourné surtout ses regards compatissants.

Ecoutez Léon XIII revêtir l'esprit de saint François :

Dans ses lettres, il rappelle aux Frères Mineurs que « leur vertu doit franchir les bornes des monastères et se répandre en dehors pour le bien public. » — « Le bienheureux François, leur dit-il, et ses disciples les plus éminents se sont consacrés tout entiers au peuple. » — C'est ce qu'ont fait les Antoine de Padoue, les Jean de Capistran, les Bernardin de Sienne, les Bernardin de Feltre, en apaisant les divisions sociales, en prêchant contre l'usure, en instituant les établissements de prêts populaires.

« Le temps est venu, ajoute Léon XIII, de reprendre cette ligne de conduite et d'aller au peuple.

Il faut étudier les besoins des multitudes. Il faut avec amour les aider, les instruire, les consoler. Le Tiers-Ordre y doit contribuer. » — « Nous-même, dit encore Léon XIII, n'avons-nous pas écrit dans ce même but un bon nombre de nos Encycliques : celles sur la Maçonnerie, sur la condition des ouvriers, sur les principaux devoirs des citoyens chrétiens ? » (Lettre au Ministre général des Frères Mineurs.)

VII. Telle est bien la grande conception de Léon XIII. Il a écrit un bon nombre de ses Encycliques *dans l'intérêt du peuple*. — Aider les travailleurs avec amour, les instruire, les consoler, c'est le devoir des clercs de tout ordre. — Le Pape désire vivement que la vertu des Pères du premier ordre franchisse les bornes des monastères et se répande au dehors pour le bien public. — Il adjure les frères du Tiers-Ordre de rendre des services signalés à la société.

VIII. C'est cela que nous appelons la *mission actuelle* du Tiers-Ordre. Les Tertiaires doivent être comme toujours des hommes de prière, des hommes de pénitence. Ils doivent être en outre un ferment de vie chrétienne dans toutes les relations sociales.

C'est là qu'est le nouvel esprit du Tiers-Ordre, ou plutôt le renouvellement de son esprit initial.

Et pour cela, qu'y a-t-il à faire ? Nous le dirons brièvement en deux mots, sans timidité et sans respect humain : il faut compléter le recrutement du Tiers-Ordre — il faut élargir son esprit.

IX. Il faut compléter son recrutement. Nous avons

eu surtout depuis un siècle des personnes pieuses qui priaient comme Moïse sur la montagne ; il faut y ajouter des hommes vaillants, qui combattent dans la plaine comme Josué.

Ecoutez ce que le Pape faisait dire à son peuple de Rome, par son Cardinal Vicaire, en 1882 :

« Chaque curé, disait-il, doit répandre l'Encyclique sur le Tiers-Ordre parmi ses paroissiens, mais il doit la mettre surtout entre les mains des directeurs de collèges, des présidents de sociétés, des chefs de maisons de commerce. — Les pasteurs d'âmes, tant du clergé séculier que de tout ordre religieux, doivent tout tenter pour exciter les fidèles et surtout les hommes et *les jeunes gens* à entrer dans le Tiers-Ordre. »

C'est donc bien entendu, il faut aller au peuple, à la multitude, mais il faut tout tenter pour enrôler les hommes d'action, les hommes d'influence, les jeunes gens des collèges, les membres des sociétés diverses, les chefs de maisons de commerce et d'industrie. Il faut donner au recrutement du Tiers-Ordre un caractère nouveau.

X. Ce n'est pas tout, il faut lui infuser un esprit nouveau. De même que la vertu des Pères du premier ordre doit sortir des bornes du monastère pour le bien public ; de même la vertu des Tertiaires doit sortir du cénacle de la fraternité pour le bien de la société.

XI. Que doivent donc faire les Tertiaires ? Ils doivent être, comme le dit plusieurs fois le Saint-Père, les auxiliaires du clergé.

Mais sur quel terrain doivent-ils suivre le prêtre ?

Ecoutons le Saint-Père dans sa lettre au clergé de France : « Pas une bonne œuvre, dit-il, dont vous ne soyez les inspirateurs ou les apôtres. Dociles aux conseils que nous avons donnés dans Notre Encyclique *Rerum novarum*, vous allez au peuple, aux ouvriers, aux pauvres. Vous cherchez par tous les moyens à leur venir en aide, à les moraliser, à rendre leur sort moins dur. Dans ce but, vous provoquez des réunions et des congrès ; vous fondez des patronages, des cercles, des caisses rurales, des bureaux d'assistance et de placement pour les travailleurs. Vous vous ingéniez à introduire des réformes dans l'ordre économique et social. Vous n'hésitez pas à faire dans ce but des sacrifices de temps et d'argent. Vous écrivez des livres, des articles de journaux et de revues. Vous donnez en tout cela des preuves manifestes d'intelligent et généreux dévouement aux besoins les plus pressants de la société contemporaine et des âmes... »

Voilà certes un beau programme d'action sociale : études préparatoires, réunions, œuvres d'assistance et de crédit, œuvres de presse, propagande des réformes sociales, tout y est.

C'est là le champ d'action sociale ouvert de nouveau devant le prêtre après le long sommeil du gallicanisme.

XII. Mais pour cette campagne délicate et virile, le prêtre aura des auxiliaires de choix et comme une garde d'honneur : ce sera sa fraternité du Tiers-Ordre. C'est là qu'il trouvera, pour toutes les œuvres, des hommes de sacrifice, d'initiative et d'action.

Quel honneur c'est pour nos fraternités ! Les autres associations ont un but spécial et défini. La fraternité sera le conseil et le bras du prêtre pour toutes ses œuvres.

Je ne développerai pas davantage cette esquisse. D'autres dans ce congrès vous parleront plus au long des œuvres sociales auxquelles vous devez collaborer. Je vous demande seulement une résolution généreuse et efficace de vous mettre à ces œuvres sous la conduite de vos pasteurs.

XIII. C'est cette vaste action sociale du Tiers-Ordre que Léon XIII a considérée, quand il nous a présenté le Tiers-Ordre comme l'instrument du salut pour la société contemporaine.

Oh ! combien Léon XIII doit-il être aimé de saint François ! Personne depuis six siècles n'avait compris aussi largement la pensée de François d'Assise. L'histoire dira que le second père du Tiers-Ordre est Léon XIII.

Je vous propose en terminant d'acclamer à la fois le fondateur et le restaurateur du Tiers-Ordre, saint François et Léon XIII. Unissons-les dans un même amour et travaillons sous leur lumineuse direction à la rénovation de la société chrétienne.

XIV. Nos congrès précédents ont déjà signalé cette orientation nouvelle du Tiers-Ordre dans son recrutement et dans son action. Aucun cependant ne l'a mieux fait que le congrès de Paray-le-Monial en 1894. La grâce du Sacré-Cœur a puissamment aidé ce congrès. En quelques vœux bien clairs, il traçait ce recrutement viril et cette action sociale du

Tiers-Ordre. Aussi a-t-il reçu du Saint-Père une approbation toute particulière.

Six années se sont écoulées depuis lors et le Pape pourrait renouveler encore une plainte qu'il a déjà formulée : « On n'a pas assez tenu compte de ses ordres et de ses exhortations. »

Humilions-nous. Renouvelons les vœux de Paray-le-Monial. Remettons-nous à la propagande du Tiers-Ordre, à son recrutement viril, à son action sociale.

XV. Offrons ces vœux au Sacré-Cœur de Jésus, offrons-les à saint François, offrons-les à Léon XIII.

Le Cœur du divin Maître, celui de notre saint Fondateur et celui de notre grand Pontife battent à l'unisson. Leurs vues sur la société contemporaine sont les mêmes. Leur joie sera la même si nous répondons enfin à leur attente.

Vive le Sacré-Cœur de Jésus !

Vive saint François !

Vive Léon XIII !

TABLE DES MATIÈRES

Bar-le-Duc. — Impr. de l'Œuvre de Saint-Paul. — 5745,00.

La Bible depuis ses origines jusqu'à nos jours, par M. l'abbé C. CHAUVIN, ancien professeur d'Écriture sainte, supérieur du Petit Séminaire de Mayenne. *Ouvrage approuvé par S. G. Mgr Geay, évêque de Laval*........................ 2 vol.
Chaque volume se vend séparément.
I. *La Bible chez les Juifs*............................. 1 vol.
II. *La Bible dans l'Église catholique*................. 1 vol.

Études sur l'origine de la Société, par le R. P. MONTAGNE, des Frères Prêcheurs, lecteur en théologie, professeur de philosophie à l'Institut catholique de Toulouse.......... 3 vol.
Chaque volume se vend séparément.
I. *La Théorie du Contrat social*....................... 1 vol.
II. *La Théorie de l'Organisme social, d'après l'École naturaliste*.
1 vol.
III. *La Théorie de l'Être social, d'après saint Thomas d'Aquin*.
1 vol.

Le Matérialisme et la Nature de l'Homme, par M. l'abbé G. CONTESTIN, chanoine titulaire de Nîmes............ 1 vol.

Le Mouvement religieux en Angleterre au XIXe siècle, par le P. RAGEY, mariste.................... 3 vol.
Chaque volume se vend séparément.
I. *L'Anglicanisme*.................................... 1 vol.
II. *Le Ritualisme*.................................... 1 vol.
III. *Le Catholicisme en Angleterre*................... 1 vol.

La Liberté d'Enseignement. *Aperçu historique*, par M. l'abbé LAURENT, docteur en théologie, etc................. 1 vol.

Rivalités scientifiques, ou la Science catholique et la Prétendue Impartialité des historiens, par le R. P. Th. ORTOLAN........................... 3 vol.
Chaque volume se vend séparément.
I. *La Manie du Dénigrement*........................... 1 vol.
II. *Fausses Réputations*.............................. 1 vol.
III. *Les Oubliés*.................................... 1 vol.

L'Hypnotisme transcendant en face de la philosophie chrétienne, ouvrage dédié au D^r Ch. HÉLOT, par A. JEANNIARD DU DOT................................... 1 vol.

Comment se sont formés les Évangiles. *La Question synoptique. — L'Évangile de saint Jean*, par le P. Th. CALMES, professeur au grand séminaire de Rouen........... 1 vol.

L'Ordre de la nature et le Miracle. Faits surnaturels et Forces naturelles, chimiques, psychiques, physiques, par le R. P. DE LA BARRE, S. J., professeur à l'Institut catholique de Paris. 2e édition................ 1 vol.

L'Évolution est-elle une loi générale de la vie ? L'Homme et le Singe, par le marquis DE NADAILLAC, correspondant de l'Institut............................... 2 vol.

L'Occultisme ancien et moderne. *Les mystères religieux de l'antiquité païenne. — La Kabbale maçonnique. — Magie et Magiciens fin de siècle*, par I. BERTRAND........ 1 vol.

Demander la liste complète des volumes SCIENCE & RELIGION parus à ce jour.

Bar-le-Duc. — Impr. de l'ŒUVRE DE S.-PAUL. — 5745;1900